서울대 학문 목적 한국어⁺ 시리즈
말하기·**듣기**·읽기·쓰기

서울대
한국어⁺ *plus*

학문 목적

듣기

서울대학교 언어교육원 지음

서울대학교출판문화원

머리말

최근 들어 한국 내 대학 및 대학원에서 수학하고 있거나 진학하고자 하는 외국인의 수가 더욱 증가하고 있는 추세입니다. 외국인 학생들에게 한국어 구사 능력은 실생활에서 필요할 뿐만 아니라 대학 학업에 있어서도 성패를 좌우하는 불가결한 기본 수단입니다. 학문 목적의 한국어 교재는 일반 목적의 한국어 교재와 내용 및 구조 측면에서 차별화가 필요합니다. 한국어 학습자의 학습 목적은 한국어 교수 학습 방법은 물론 교재화 방식을 결정하는 중요한 변수 중 하나이기 때문입니다.

이러한 사실에 초점을 맞추어 서울대학교 언어교육원 한국어교육센터에서는 외국인 유학생들을 대상으로 한국 대학에서의 학습·연구 활동을 목적으로 하는 새로운 교재를 출간하게 되었습니다. 이 교재는 대학 수학에서 요구되는 기능과 장르를 중심으로 《읽기》, 《쓰기》, 《말하기》, 《듣기》 네 권으로 구성되며, 그중 《듣기》는 다음과 같은 특징을 가지고 있습니다.

첫째, 대학에서의 성공적인 학업 수행에 필수적인 강의 이해 능력을 향상시키기 위해 듣기 학습 활동을 '준비하기', '듣기' 두 단계로 나누어 제시하였습니다. '준비하기'는 듣기 전 단계 활동으로 앞으로 듣게 될 내용과 담화 유형에 대해 예측을 할 수 있도록 하였습니다. '듣기' 단계에서는 전체 내용을 세 부분으로 나누어 부분 듣기를 한 후 전체 듣기가 이루어지도록 하였습니다. 부분 듣기에서는 다양한 듣기 전략을 사용하여 목적이 있는 듣기 연습을 함으로써 대학 수학 과정에서 활용할 수 있도록 하였습니다. 전체 듣기에서는 노트 필기 활동을 통해 들은 내용을 정리하도록 한 뒤, 토론이나 토의 등 다른 언어 기능과의 연계 및 전이 활동이 이루어지도록 구성하였습니다.

둘째, 학문 목적 학습자들에게 적합한 내용 중심 교수요목으로 구성함으로써 새로운 내용 지식을 기반으로 수학 과정의 각종 과제를 원활하게 수행할 수 있게 하였습니다. 정치·경제·사회·문화·역사·문학 등 대학의 교양 과정이나 학과목에서 접할 만한 내용으로 선정하되, 강의·발표·토론 등 실제적 담화 유형으로 제시되도록 하였습니다.

셋째, 담화 유형별로 전형적인 구조와 표현을 제시하고 연습 과정을 포함함으로써 듣기 과제 수행에 필요한 언어 요소들을 익힐 수 있도록 하였습니다. 이러한 연습을 통하여 다양한 담화 유형의 언어 표현에 대한 의식을 고양하고, 나아가 발화의 적절성 및 정확성을 높일 수 있을 것입니다.

이 책이 완성되기까지 많은 분들의 노력과 수고가 있었습니다. 오랜 기간에 걸쳐 이루어진 집필 및 출판 과정에서 이분들의 도움이 아니었다면 책이 만들어질 수 없었을 것입니다. 본 교재를 기획하고 기본 틀을 잡는 데 기여하신 최은규 선생님, 집필 초기에 참여하신 최지영 선생님, 연구반 수업에서 사용하며 많은 조언을 해주신 안경화, 정인아, 최지훈 선생님, 듣기 내용과 듣기 문제를 수정해 주신 김은애, 김민애 선생님의 노고에 감사를 드립니다. 아울러 책이 출판되기까지 오랜 기간 동안 작업을 도와주신 서울대학교출판문화원 관계자 여러분께 고마운 마음을 전합니다.

2019년 2월
저자 일동

일러두기 | 《서울대 한국어⁺ 학문 목적 듣기》는 총 15개 과로 이루어져 있으며 각 과는 다음과 같이 구성됩니다.

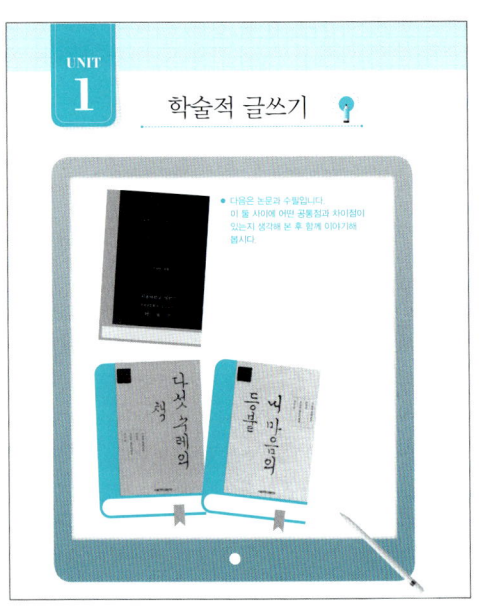

들어가기 및 준비하기

시각 자료와 관련 질문을 통해 학습자의 사전 지식을 활성화하며 해당 과의 학습 내용을 보여 줍니다.

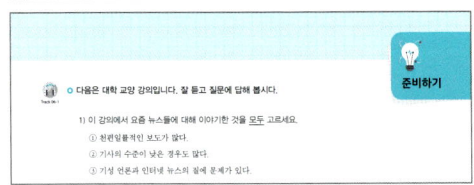

어휘 및 표현 연습하기

문장 단위의 어휘와 표현 연습, 담화 단위의 어휘와 표현 연습을 통해 듣기 과제 수행에 필요한 언어 요소들을 익힐 수 있습니다.

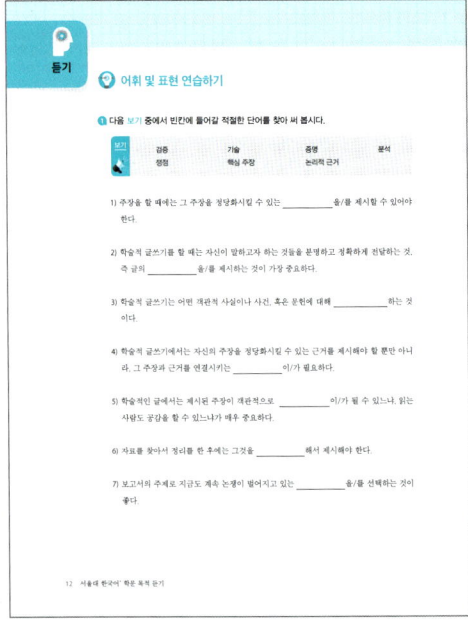

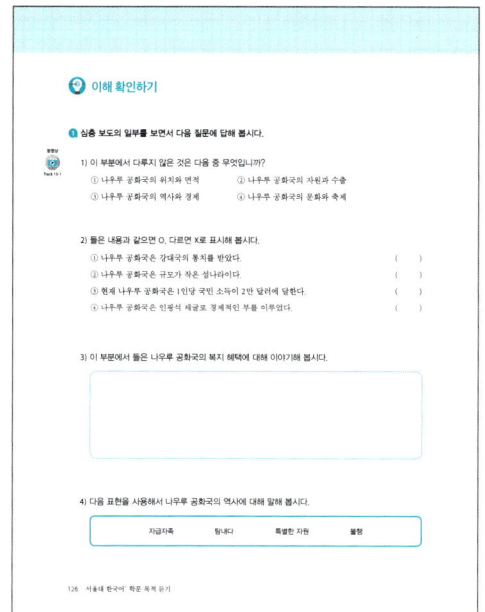

이해 확인하기

학생 개개인의 듣기 과업을 단계별로 수행하기 위한 활동입니다.

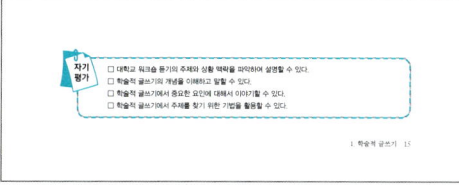

자기 평가

자기 평가 질문을 통해 해당 과의 학습 성취도를 스스로 점검합니다.

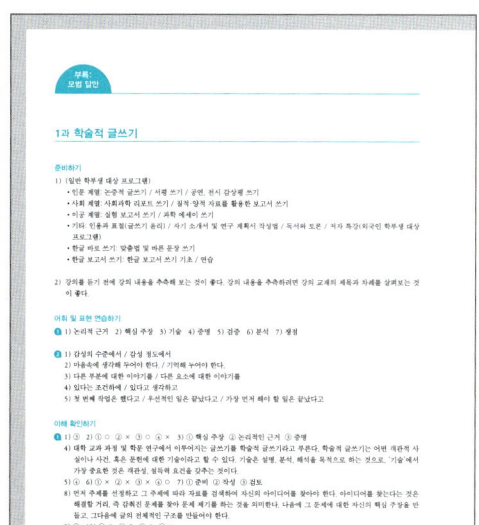

부록

연습 문제의 모범 답안과 듣기 / 동영상 지문, 어휘 색인을 제공합니다.

교재 구성표

단원	듣기	과제
1과 학술적 글쓰기	워크숍 듣기	• 중심 내용(정보) 파악하기
2과 보이지 않는 경제	강의 듣기	• 강의 전개 방식 파악하기(화제 전환)
3과 여러 나라의 인사법	강연 듣기	• 비교, 대조, 예시 구조 파악하며 강연 듣기
4과 음악의 역사	강연 듣기	• 강연에 사용되는 매체 자료 이해하기
5과 도시의 미래	대학 교양 과정 듣기	• 강의에 사용되는 시각 자료 이해하기
6과 언론의 역할	대학 교양 과정 듣기	• 강의의 의도 파악하기
7과 소비의 원리	대학 교양 과정 듣기	• 강의를 듣고 자신의 의견 이야기하기
8과 한국어의 청자 반응 표현	논문 계획 발표 듣기	• 학위 논문 발표의 상황 맥락 파악하기 • 학위 논문 발표 담화의 특징 파악하기
9과 원작과 각색	학술대회 발표 듣기	• 학술대회 발표의 상황 맥락 파악하기 • 학술대회 발표의 언어적 형식 이해하기
10과 에너지 소비와 환경	대학교 수업 발표 듣기	• 학부 수업에서 조별 발표 상황 파악하기 • 발표 준비 시 고려할 사항 파악하기
11과 전통의 보존과 개발	토론 듣기	• 토론에서 주장 파악하며 듣기
12과 함께 사는 사회	토의 듣기	• 의견 파악하며 듣기
13과 새똥 섬의 몰락	심층 보도 듣기	• 심층 보도의 의도 파악하며 듣기
14과 내가 만난 사람	인터뷰 듣기	• 인터뷰의 목적 파악하기 • 질문에 대한 답변의 적절성 파악하기
15과 디지털 중독	전문가 면담	• 면담의 목적 파악하며 듣기

차례

머리말		2
일러두기		4
교재 구성표		6

1과	학술적 글쓰기	8
2과	보이지 않는 경제	16
3과	여러 나라의 인사법	24
4과	음악의 역사	34
5과	도시의 미래	44
6과	언론의 역할	54
7과	소비의 원리	64
8과	한국어의 청자 반응 표현	72
9과	원작과 각색	82
10과	에너지 소비와 환경	92
11과	전통의 보존과 개발	102
12과	함께 사는 사회	112
13과	새똥 섬의 몰락	122
14과	내가 만난 사람	132
15과	디지털 중독	142

부록	150

UNIT 1 학술적 글쓰기

- 다음은 논문과 수필입니다. 이 둘 사이에 어떤 공통점과 차이점이 있는지 생각해 본 후 함께 이야기해 봅시다.

준비하기

○ 다음은 서울대학교 교수학습개발센터에서 진행하는 워크숍에 대한 안내입니다.

1) 서울대학교 교수학습개발센터에서는 학생들을 위한 다양한 글쓰기 워크숍 프로그램을 진행하고 있습니다. 어떤 프로그램이 있는지 함께 이야기해 봅시다.

2) 워크숍 강의를 듣고 중심 내용은 어떻게 찾을 수 있는지 함께 이야기해 봅시다.

3) 목록 중에 여러분에게 필요한 워크숍이 있습니까? 해당 워크숍을 통해 여러분이 얻을 수 있는 것은 무엇인지 이야기해 봅시다.

TIPS

워크숍이란?
업무에 필요한 지식이나 기술을 단기간에 실천적·체험적으로 학습하여 구체적인 성과를 만들기 위한 것. 많은 경우에 단기성의 특정 교육을 통칭하기도 함.

1. 학술적 글쓰기 9

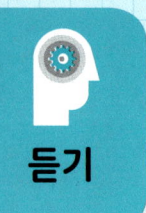

듣기

어휘 및 표현 연습하기

1 다음 보기 중에서 빈칸에 들어갈 적절한 단어를 찾아 써 봅시다.

보기			
검증	기술	증명	분석
쟁점	핵심 주장	논리적 근거	

1) 주장을 할 때에는 그 주장을 정당화시킬 수 있는 _____을/를 제시할 수 있어야 한다.

2) 학술적 글쓰기를 할 때는 자신이 말하고자 하는 것들을 분명하고 정확하게 전달하는 것, 즉 글의 _____을/를 제시하는 것이 가장 중요하다.

3) 학술적 글쓰기는 어떤 객관적 사실이나 사건, 혹은 문헌에 대해 _____하는 것이다.

4) 학술적 글쓰기에서는 자신의 주장을 정당화시킬 수 있는 근거를 제시해야 할 뿐만 아니라, 그 주장과 근거를 연결시키는 _____이/가 필요하다.

5) 학술적인 글에서는 제시된 주장이 객관적으로 _____이/가 될 수 있느냐, 읽는 사람도 공감을 할 수 있느냐가 매우 중요하다.

6) 자료를 찾아서 정리를 한 후에는 그것을 _____해서 제시해야 한다.

7) 보고서의 주제로 지금도 계속 논쟁이 벌어지고 있는 _____을/를 선택하는 것이 좋다.

❷ 다음 밑줄 친 부분을 다른 표현으로 바꿔 써 봅시다.

1) 어떤 주장이 개인적인 감성의 차원에서 끝난다면 학술적인 글쓰기가 될 수 없다.

2) 학술적인 글쓰기를 한다고 했을 때 객관성과 설득력을 염두에 두어야 한다.

3) 지금까지 학술적 글쓰기의 기본 요소에 대해 말씀드렸는데, 이번에는 다른 측면의 이야기를 좀 더 해 보겠습니다.

4) 고등학교까지는 어느 정도 답이 결정되어 있다는 전제하에 문제를 풀어 나갔다.

5) 큰 주제를 정하고 그 주제와 관련된 문헌이나 자료를 정리하면 일차적인 작업이 끝났다고 할 수 있다.

이해 확인하기

❶ 특강의 일부를 들으면서 다음 질문에 답해 봅시다.

1) 이 부분의 중심 내용으로 알맞은 것은 다음 중 무엇입니까?
  ① 핵심 주장의 의의　　　　② 논리적 근거의 필요성
  ③ 학술적 글쓰기의 기본 요소　④ 객관적 검증의 중요성

2) 들은 내용과 같으면 O, 다르면 X로 표시해 봅시다.
  ① 리포트는 학술적인 글쓰기이기 때문에 객관성을 검증받는 것이 중요하다.　(　　)
  ② 읽는 사람이 내용에 동의하게 하는 방법으로는 감정에 대한 호소와 논리적 설득이 있다.(　　)
  ③ '기술'이라는 개념에서 가장 중요한 것은 객관성, 설득력 같은 것이다.　(　　)
  ④ 독자를 설득하기 위해 주장을 정당화시킬 수 있는 논리적인 근거를 제시해야 한다.　(　　)

3) 리포트를 작성할 때 중요한 요소 세 가지는 무엇입니까?

① _____ ② _____ ③ _____

4) 다음 표현을 사용해서 학술적 글쓰기의 특성에 대해 말해 봅시다.

| 교과 과정 | 학문 연구 | 기술 | 설명 |
| 분석 | 해설 | 객관성 | 설득력 |

5) 이 부분에서 다루지 <u>않은</u> 것은 다음 중 무엇입니까?

① 리포트 준비 단계별 내용 ② 리포트에서 새로운 주장의 중요성
③ 리포트 검토 과정의 중요성 ④ 리포트 자료의 정리와 분석 방법

6) 들은 내용과 같으면 O, 다르면 X로 표시해 봅시다.

① 리포트를 쓸 때 자료 정리를 잘하는 것이 중요하다. (   )
② 자료의 핵심 주장을 잘 요약해서 리포트를 작성해야 한다. (   )
③ 이전에 이미 다루어진 연구 문제라면 그 내용을 정리해 보는 것이 좋다. (   )
④ 리포트를 쓴 다음 다른 사람의 의견을 듣고 수정하는 단계가 필요하다. (   )

7) 리포트 작성의 세 단계는 무엇입니까?

① _____ ② _____ ③ _____

8) 다음 표현을 사용해서 리포트 쓰기 준비 단계에서 해야 할 내용에 대해 말해 봅시다.

| 주제 선정 | 아이디어 | 문제 제기 | 핵심 주장 | 글의 구조 |

9) 이 부분의 중심 내용으로 알맞은 것은 다음 중 무엇입니까?

① 브레인스토밍 방법　　　② 핵심 쟁점의 중요성

③ 연구 문제 탐색 방식　　　④ 아이디어 열거 방법

10) 들은 내용과 같으면 O, 다르면 X로 표시해 봅시다.

① 핵심 주장을 제기하려면 먼저 연구 문제를 찾아야 한다. （　）
② 주어진 주제와 관련된 질문들을 통해 주제를 구체화할 수 있다. （　）
③ 생각을 나뭇가지처럼 확장시켜 나가는 방식을 클러스터링이라고 한다. （　）
④ 계속 논쟁이 벌어질 가능성이 있는 문제는 좋은 주제라고 할 수 없다. （　）

11) 좋은 아이디어가 생각나지 않을 때 사용할 수 있는 방식 세 가지는 무엇입니까?

① _____　② _____　③ _____

12) 다음 표현을 사용해서 아이디어 찾는 방식에 대해 말해 봅시다.

> 카테고리별　　범주　　나뭇가지　　확장　　핵심 쟁점

❷ 특강 전체를 듣고 다음 질문에 답해 봅시다.

1) 이 특강의 주제는 다음 중 무엇입니까?

① 학술적 글쓰기의 종류　　　② 학술적 글쓰기의 윤리

③ 학술적 글쓰기의 방법　　　④ 학술적 글쓰기의 중요성

2) 다음은 특강의 핵심 내용을 정리한 것입니다. 빈칸에 들어갈 내용을 써 봅시다.

강의 주제: _____
차례: 1. _____
　　　2. 리포트의 중요성
　　　3. 리포트 작성법

▶ 리포트란 무엇인가
　1) 수필과 학술적인 글쓰기

수필	학술적인 글쓰기
감정에 대한 호소	• 객관성 검증 • _____

　즉, 객관적인 _____을/를 요구함. _____에 대한 호소보다는 논리적 설득력에 초점을 둠.

　2) 학술적인 글의 조건 (예) _____의 기준
　　① _____이/가 있는가? (즉, 말하고자 하는 것들을 분명하고 정확하게 전달하는 것)
　　② _____을/를 제시했는가?
　　③ _____을/를 연결시키는 증명이 있는가?

▶ 리포트의 중요성
　• 리포트는 단순히 _____하여 쓰는 보고서가 아님. _____이/가 되어서는 안 됨.
　• 자료를 정리하는 것보다 그다음 작업, 자신의 _____하고 _____을/를 하는 것이 더 중요함.

▶ 리포트 작성법
　• 3단계 과정: _____ - _____ - _____
　• 보통 사람들이 작성만 하고 준비는 잘 하지 않음.
　• 준비와 검토 과정이 매우 중요함. 오히려 _____ 과정이 덜 중요하다고 할 수 있음.
　• 검토 = _____하다 = 다른 사람에게 자신의 글을 읽어 보게 하고 조언을 받고 그것에 따라 _____는 과정
　• 준비 단계에서 할 일
　　- 주제에 따라 자료 검색
　　- _____: 쓸거리, 해결해야 할 문제
　　- _____ 주장 만들기: 글 전체를 하나로 _____시킬 수 있는 주장 만들기

▶ 주제 혹은 연구 문제 찾기
　• 큰 제목과 관련된 _____, _____, _____, _____ 등을 열거해 봄.
　• 특히 _____이/가 되고 있는 것들은 답이 없는 문제이기 때문에 _____ 답이 가능함.

• 아이디어가 필요할 때
  - _____: 아무 생각이나 말해 본 다음 범주별로 묶기
  - 클러스터링: 생각을 일종의 _____ 처럼 _____ 시켜 보기
  - 프리 라이팅: _____ 들을 _____ 처럼 막 써 보기

3) 리포트를 써 본 경험이 있습니까? 이 특강을 듣고 새롭게 알게 된 것이나 중요하다고 생각하는 것을 이야기해 봅시다.

4) 여러분이 이 워크숍에 참가했다면 강사에게 어떤 질문을 하겠습니까?

5) 다음 내용을 듣고 받아 적어 봅시다.

(1) ① _____
    ② _____

(2) ① _____
    ② _____

(3) ① _____
       _____
    ② _____

자기 평가
- ☐ 대학교 워크숍 듣기의 주제와 상황 맥락을 파악하여 설명할 수 있다.
- ☐ 학술적 글쓰기의 개념을 이해하고 말할 수 있다.
- ☐ 학술적 글쓰기에서 중요한 요인에 대해서 이야기할 수 있다.
- ☐ 학술적 글쓰기에서 주제를 찾기 위한 기법을 활용할 수 있다.

UNIT 2
보이지 않는 경제

● '프로슈머'가 무엇인지 생각해 본 후 함께 이야기해 봅시다.

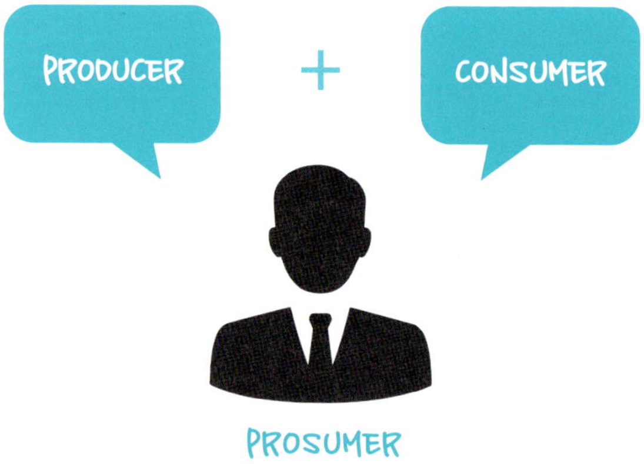

PRODUCER + CONSUMER

PROSUMER

생산자(Producer)는 돈을 번다.　　소비자(Consumer)는 돈을 쓴다.

준비하기

○ 다음은 대학의 한 교양 강의에서 사용되는 강의의 차례입니다.

제3의 물결 – 보이지 않는 경제

1. 경제의 두 부문
   ① A부문: 자가소비용 생산 부문
   ② B부문: 교환용 생산 부문

2. 문명의 변동
   ① 제1의 물결: 농업 문명
   ② 제2의 물결: 산업적 대량 생산 문명
   ③ 제3의 물결: 정보 사회 문명, 프로슈머(prosumer)의 등장

3. 프로슈머의 등장과 변화 양상
   ① 시장의 변화
   ② 노동 양식의 변화
   ③ 생활 양식의 변화

4. 미래 사회
   ① 새로운 사회 제도 등장
   ② 새로운 정치 제도 등장

1) 이 강의는 무엇에 대한 내용이겠습니까?

2) 위 차례를 보고 이 강의에서 다루어질 내용을 찾아 ✓ 표시해 봅시다.

☐ 문명 변동 양상   ☐ 경제의 두 부문   ☐ 각 문명의 특징
☐ 각 문명의 경제 부문 구성   ☐ 프로슈머 변화 양상   ☐ 프로슈머 등장의 문제점
☐ 새로운 가치관과 인간상   ☐ 프로슈머 등장으로 인한 변화 양상
☐ 문제점 개선 방안   ☐ 미래 사회의 모습

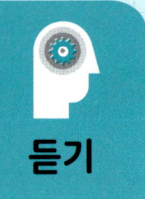

어휘 및 표현 연습하기

1. 다음 보기 중에서 빈칸에 들어갈 적절한 단어를 찾아 써 봅시다.

보기				
	화폐 경제	무보수	프로슈머	생산하다
	소비하다	비화폐 경제	시장	경제적인 수치

1) 경제적 의미에서 _____(이)란 상품으로서 재화 및 서비스의 교환 및 판매가 이루어지는 범위나 영역을 말한다.

2) 인간의 삶에서 돈은 막강한 힘을 가지고 있다. 그러나 아무런 소득 없이 자급자족하면서 _____ 와/과는 무관하게 살아가는 사람들도 많다.

3) _____ 만으로 부를 평가해서는 안 된다. 돈은 적게 벌지만 행복하게 사는 사람도 많다.

4) _____ 은/는 생산자(PRO-ducer)와 소비자(con-SUMER)의 합성어로 생산적 소비자를 말한다.

5) 개인 또는 집단이 스스로 _____ 동시에 _____ 행위를 프로슈밍이라고 한다.

6) 자원봉사는 보수를 받지 않고 하는 활동이다. 이런 _____ 활동들도 돈을 받고 하는 경제 활동과 마찬가지로 가치 있는 일이다.

7) 프로슈머에 의해 이루어지는, 돈이 오가지 않고 수치로 측정되지도 않는 _____ 을/를 프로슈머 경제라고 한다.

2 다음 밑줄 친 부분을 다른 표현으로 바꿔 써 봅시다.

1) 지구상에는 <u>돈의 힘을 누리는</u> 부자들도 많지만, 하루에 1달러도 안 되는 돈으로 연명하는 사람들도 10억 명 이상 된다.

2) 그런 돈이 어디 있느냐고 <u>반문하겠지만</u> 그 돈은 분명히 우리 주위에 있다.

3) 가사 노동, 자원봉사 활동은 <u>돈이 오가지 않을 뿐</u> 모두 생산적인 일이라고 할 수 있다.

4) 모든 경제에는 프로슈머가 존재한다. 왜냐하면 개인적인 필요나 욕구를 <u>시장을 통해서만 해결할 수 없기</u> 때문이다.

5) 경제적인 수치만으로 부를 평가하는 사회는 머지않아 <u>수명을 다하게</u> 될 것이다.

이해 확인하기

1 강의의 일부를 들으면서 다음 질문에 답해 봅시다.

1) 이 부분의 중심 내용으로 알맞은 것은 다음 중 무엇입니까?
   ① 돈의 힘은 크다.　　　　② 숨어 있는 경제가 있다.
   ③ 소득의 양극화가 심하다.　④ 화폐 경제는 중요하다.

2) 들은 내용과 같으면 O, 다르면 X로 표시해 봅시다.
   ① 하루에 1달러도 안 되는 돈으로 연명하는 사람들도 많다. (　)
   ② 자급자족하며 산 조상들과 달리 우리는 화폐 경제 안에서만 살고 있다. (　)
   ③ 우리 주위에 보이지 않는 돈이 존재한다. (　)
   ④ 세계의 화폐 경제 규모는 매년 100조 달러에 달한다. (　)

3) 이 부분의 뒤에 이어질 내용을 이야기해 봅시다.

4) 다음 내용을 듣고 화제를 바꿀 때 사용하는 표현이 나오는 부분을 찾아 말해 봅시다.

5) 이 부분의 중심 내용으로 알맞은 것은 다음 중 무엇입니까?
   ① 봉사활동의 중요성　　　　　　② 자원봉사자들의 희생
   ③ 생산적이고 가치 있는 무보수 활동　④ 어머니의 헌신적인 가사 노동

6) 들은 내용과 같으면 O, 다르면 X로 표시해 봅시다.
   ① 엔키 탠 씨는 미국에서 자원봉사 활동을 하였다. ( )
   ② 영국에 사는 샤론 베이츠 씨는 '최고의 엄마상'을 받았다. ( )
   ③ 가사 노동은 돈이 된다고 볼 수 없다. ( )
   ④ 무보수 활동은 돈을 받지 않으므로 생산적이지 않다. ( )

7) 장소에 따른 가사 노동의 가치 변화에 대해 정리해 봅시다.

자기 집에서의 가사 노동	
다른 곳에서의 가사 노동	

8) 내용을 듣고 화제를 바꿀 때 사용한 표현을 찾아 적어 봅시다.
   ① _____ 영국에 사는 샤론 베이츠 씨는 관절염으로 움직이기가 불편하면서도 간질병 환자인 남편을 간병하고 있는데요.

   ② _____ 돈을 받지는 않지만 아주 중요하고도 가치 있는 활동이 하나 더 있습니다.

9) 이 부분의 중심 내용으로 알맞은 것은 다음 중 무엇입니까?

① 부의 종말
② 비화폐 경제
③ 프로슈머의 정의
④ 자본주의 사회에서의 행복

10) 들은 내용과 같으면 O, 다르면 X로 표시해 봅시다.

① 집에서 과자를 구워 먹는다면 프로슈머이다. ( )
② 스스로 생산하고 소비하는 행위는 경제 활동이 아니다. ( )
③ 가끔 프로슈밍이 필요한 상황도 벌어진다. ( )
④ 자본주의는 프로슈머가 행복한 사회 구조이다. ( )

11) 왜 강사는 "경제적인 수치만으로 부를 평가하는 사회는 머지않아 수명을 다하게 되리라고 본다."라고 했는지 써 봅시다.

12) 다음 표현을 사용해서 프로슈머가 무엇인지 말해 봅시다.

| 상업적인 목적 | 자신 | 사용 | 만족 |
| 서비스 | 제품 | 생산 | |

2 강의 전체를 듣고 다음 질문에 답해 봅시다.

1) 이 강의의 주제는 다음 중 무엇입니까?

① 보이지 않는 경제
② 자본주의의 미래
③ 무보수 활동의 필요성
④ 프로슈머 경제가 생겨난 배경

2) 다음은 이 강의를 들으면서 필기한 내용입니다. 강의를 전체적으로 다시 들으면서 빈칸에 들어갈 알맞은 내용을 써 봅시다.

1. _____ 절반의 부
   - 인간의 삶에서 돈은 막강한 힘 가짐: 지구상에는 부자와 _____ 와/과 무관하게 사는 사람이 존재함. (자급자족)
   - 전 세계 화폐 경제: 연간 총 생산되는 돈의 가치 _____ 조에 달함.
   - 숨어 있는 돈: 보이지 않는 곳에 또 다른 _____ 이/가 있음.

2. 무보수 _____ 활동: 돈은 오가지 않지만 돈이 되는 _____ 인 일
   1) 자원봉사 활동
      - 예 ①: 내과 의사 엔키 씨 사례 – _____ 봉사
      - 예 ②: 피네이로 씨 사례 – 빈민가 아이들에게 _____ 와/과 _____ 가르침.
      - 예 ③: 샤론 베이츠 씨 사례 – 남편 _____ 와/과 _____ 돌봄.
   2) _____
      – 어머니가 다른 집에 가서 이런 일을 한다면? – 보수 받는 일임.

3. _____ 의 등장
   - 등장 시기: _____ 시대
   - 의미: 판매나 교환 같은 _____ 목적이 아니라 자신이 사용하거나 만족하기 위해 _____ 나 _____ 또는 _____ 을/를 _____ 사람
   - '_____'로 해석됨: 생산자(PRO-ducer) + 소비자(con-SUMER)
   - 예 ①: 집에서 과자를 구워 가족과 함께 먹음.
   - 예 ②: 자신이 직접 만든 옷이나 액세서리를 하고 다님.
   - 프로슈밍: 개인 또는 집단이 _____ 이/가 되어 스스로 _____ 동시에 _____ 행위
   - _____ : _____ 에 의해 이루어지는, 돈이 오가지 않고 _____ (으)로 측정되지 않는 _____ 경제
   - 모든 경제에는 프로슈머가 존재함.
      – 이유: 개인적인 필요나 욕구를 늘 시장을 통해서만 해결할 수 없기 때문. 또한 프로슈밍 자체를 좋아하는 사람들도 있고 프로슈밍이 꼭 필요한 상황도 벌어지기 때문.

4. 변화하는 미래 사회
   - 프로슈머가 생산하는 부분 – 화폐 경제 밖에 존재하는 보이지 않는 경제임.
   - 경제의 두 부문: A 부문 – 무보수 노동

B 부분 - 판매, 교환을 위한 재화나 서비스
- 미래: A 부문이 보다 더 확대될 것임. - 원하는 물건을 자신의 개성대로 만들고 직접 정치에 참여, 정책을 결정하는 _____ (으)로서의 역할을 하는 사회로 변화해 갈 것임.
- 잘 사는 것의 기준은 돈에만 있지 않음. - _____ 만으로 부를 _____ 사회는 사라질 것임.

3) 여러분은 프로슈머입니까? 여러분이 겪은 또는 여러분 주위에서 본 프로슈밍에 대해 말해 봅시다.

4) 다음 내용을 듣고 받아 적어 봅시다.

Track 02-6
(1) ① _____

Track 02-7
(2) ① _____
② _____
③ _____

Track 02-8
(3) ① _____

자기 평가
☐ 강의를 듣고 중심 내용을 파악하여 설명할 수 있다.
☐ 한국어로 진행되는 강의에서 주로 사용되는 화제 전환 표지의 종류를 말할 수 있다.
☐ 강의에서 사용하는 화제 전환 표지를 바탕으로 강의가 어떻게 전개되고 있는지 이야기할 수 있다.
☐ 강의의 핵심적인 내용을 이해하고 요약하여 말할 수 있다.

UNIT 3 여러 나라의 인사법

● 다음은 세계 여러 나라의 인사 장면입니다. 나라마다 어떤 특징이 있고 그 차이는 무엇인지 이야기해 봅시다.

준비하기

동영상
Track 03-1

○ 강연을 보고 질문에 답해 봅시다.

1) 무엇에 대한 내용인지 말해 봅시다.

2) 다음 내용을 '강연 전', '강연 중', '강연 후'로 나누어 정리해 봅시다.

① 메모를 토대로 강연의 내용을 정리해 놓는다.
② 강연 제목을 통해 강연 내용을 추측해 본다.
③ 강연의 내용을 분석하며 듣는다.
④ 질의응답 시간에 적극적으로 질문한다.
⑤ 강연 내용에 관해 궁금한 점, 이해하지 못한 점, 강연에 대한 비판과 의견, 더 알고 싶은 내용 등도 기록해 둔다.
⑥ 강연자의 말하는 방식, 강연자가 제시하는 자료에 주의를 기울인다.
⑦ 새롭게 알게 된 내용이나 기억하고 싶은 내용을 기록한다.

강연 전

강연 중

강연 후

3) 여러분이 특별히 듣고 싶은 강연 주제가 있습니까?

3. 여러 나라의 인사법   25

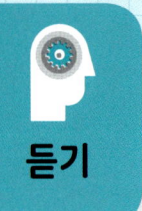

듣기

어휘 및 표현 연습하기

1 다음 보기 중에서 빈칸에 들어갈 적절한 단어를 찾아 써 봅시다.

보기			
의사소통	신체 접촉	유래하다	특이하다
가치관	예절	공통점	

1) 인사란 상대방에 대한 호감을 표시하는 _____ 방법이다.

2) 다양한 사람들이 사는 세상이지만, 이들의 사고방식이나 가치관에는 _____ 이/가 많다.

3) 다른 사회에서는 찾아볼 수 없는 _____ 인사법도 있다.

4) 인사는 그 사회의 문화적 전통이나 _____ 을/를 따라 형성되게 마련이다.

5) 악수는 원래 무기를 쥐는 오른손을 내밀어 평화와 화해, 친밀감의 뜻을 표시한 데서 _____.

6) 인사는 _____ 범주에 속하므로 상대방의 불필요한 오해를 사지 않도록 상호 간 커뮤니케이션 양식에 주의하여야 한다.

7) 악수와 포옹, 뺨에 입맞춤하는 '비주'는 _____ (이)라는 공통점을 가지고 있다.

2 다음 밑줄 친 부분을 다른 표현으로 바꿔 써 봅시다.

1) 나라마다 인사법이 같은지 다른지, 만약 다르다면 왜 그렇게 되었는지 살펴보려고 한다.

2) 인사법은 신체 접촉이 없는 인사법과 신체를 접촉해서 하는 인사법으로 나눌 수 있다.

3) '비주'는 중동과 아프리카, 남미 등지에서 통용되는 인사법이다.

4) 이들은 남녀 불문하고 서로의 입술을 대여섯 차례 새 모이 쪼듯 재빠르게 입맞춤을 한 뒤 주먹으로 가슴을 번갈아 쳐서 반가움의 인사를 나눈다.

5) 인사란 상대방에 대한 호감을 표시하는 의사소통 방법이기 때문에, 저마다 자기 사회의 문화적 전통이나 가치관을 따라 형성되게 마련이다.

 이해 확인하기

1 강연의 일부를 보면서 다음 질문에 답해 봅시다.

1) 이 부분의 중심 내용으로 알맞은 것은 다음 중 무엇입니까?
   ① 인사의 기능과 유래   ② 불교 국가의 인사법
   ③ 의사소통과 인사   ④ 인사의 의미와 각국의 인사법

2) 들은 내용과 같으면 O, 다르면 X로 표시해 봅시다.

① 인사를 통해 의사소통을 한다. ( )

② 인사법은 신체 접촉 여부에 따라 나눌 수 있다. ( )

③ 일본에서는 여러 번 고개를 숙여 인사하면 실례가 된다. ( )

④ 고개를 숙이고 있는 시간으로 한국과 태국의 인사를 구별할 수 있다. ( )

3) 이 강연에서는 인사법들을 비교하여 설명했습니다. 어떠한 인사법들을 비교하였습니까?

① _____ 인사법과 _____ 인사법

② _____ 인사법과 _____ 인사법

4) 다음 표현을 사용해서 인사는 무엇이고 여러 나라의 인사법을 알아야 하는 이유는 무엇인지 말해 봅시다.

| 의사소통 방법 | 표현 | 다양한 문화적 배경 | 예절 |

5) 이 부분의 중심 내용으로 알맞은 것은 다음 중 무엇입니까?

① 남녀 악수 방식의 차이   ② 악수의 유래

③ 각 나라의 악수 방식   ④ 악수와 신체 접촉의 강도

6) 들은 내용과 같으면 O, 다르면 X로 표시해 봅시다.

① 악수는 원래 유럽에서 남성들이 하던 인사법이다. ( )

② 예전에는 악수할 때 장갑을 벗는 것이 예의였지만 지금은 괜찮다. ( )

③ 유럽에서는 악수할 때 상대방의 눈을 정면으로 보는 것은 예의가 아니라고 생각한다. ( )

④ 한국에서는 악수하며 동시에 허리도 굽혀 절하는 것을 예의라고 생각한다. ( )

7) 이 강연에서 비교하고 있는 악수 예절 두 가지를 찾아봅시다.

① _____

② _____

8) 다음 표현을 사용해서 한국 사람들이 악수를 하는 동시에 허리를 굽혀 인사하는 이유를 말해 봅시다.

| 절 | 인사 습관 | 정면 | 시선 |
| 피하다 | 예의 | 어긋나다 | 머리를 숙이다 |

9) 이 부분의 중심 내용으로 알맞은 것은 다음 중 무엇입니까?

① 좋은 인사법의 예시 ② 동양 인사법과 서양 인사법의 차이

③ 세계의 다양한 인사법 ④ 문화와 관습이 다양한 이유

10) 들은 내용과 같으면 O, 다르면 X로 표시해 봅시다.

① 비주는 쪽 소리를 내거나 뺨에 뽀뽀를 하는 방식이다. (   )

② 동양인들은 신체 접촉에 익숙하지 않아 비주를 불편하게 생각할 수도 있다. (   )

③ 노인들은 마오리족의 인사에 당황해 한다. (   )

④ 아프리카 마사이족은 서로 콧등을 비비는 인사를 한다. (   )

11) 이 강연에서 비교하고 있는 인사법을 써 봅시다.

| 보편적인 인사법 | |
| 특정 지역에서만 통용되는 인사법 | |

12) 다음 표현을 사용해서 세상에 다양하고 특이한 인사법이 존재하는 이유를 말해 봅시다.

| 환경 | 방법 | 문화 | 관습 | 차이 |

2 강연 전체를 보고 다음 질문에 답해 봅시다.

1) 이 강연의 주제는 다음 중 무엇입니까?
   ① 각 나라의 인사법의 유래
   ② 인사법이 서로 다른 이유
   ③ 세계 여러 나라의 인사법
   ④ 세계 여러 나라의 인사법을 알아야 하는 이유

2) 강연 내용을 들으며 메모해 봅시다.

- 강연 제목: _____
- 날짜: 2019년 XX월 XX일   • 강연자: 안소영

강연 메모

강연 내용	궁금한 점, 이해하지 못한 부분 질문
1. 신체 접촉이 없는 인사법 • 인사란?: _____ 방법 　다른 문화권 사람 만날 일 많아짐. → 다른 문화권 사람들의 의사소통 방식과 예절 알아야 함. • 인사법의 종류: 신체 접촉 없는 인사법 - 허리 굽혀 절하기, 합장 　　　　　　　　신체 접촉 인사법 - 악수, 포옹 • 한국과 일본의 인사법: 　방식 - 허리를 굽혀 인사함. 　차이 - 한국과 달리 일본은 허리를 30도 이상 굽히며, 오랜 시간 동안 여러 차례 머리를 숙임.	

- 태국, 라오스와 인도의 인사법:
  방식 – 두 손을 합장함.
  차이 – 태국, 라오스와 달리 인도에서는 연장자에게 존경을 나타내기 위해 무릎을 꿇고 상대방의 발을 만진 다음, 그 손을 자신의 눈과 이마에 차례로 갖다 댐.

2. 신체 접촉이 있는 인사법
   1) 악수
      - 유래: _____
        _____
      - 시대에 따른 악수법의 차이:
        과거 – 여성들과 악수 하지 않음.
        현재 – 남녀 간의 악수가 자연스러움.
      - 성별에 따른 악수 예절의 차이:
        남성 – 반드시 장갑을 벗어야 함.
        여성 – 장갑을 낀 채 해도 됨.
      - 나라에 따른 악수 예절의 차이:
        유럽 – _____을/를 똑바로 봄.
        한국 – _____을/를 정면으로 보는 것은 _____에 어긋남.
   2) _____
      - 중동, 아프리카, 남미에서 통용되는 인사:
        이름 – 비주, 방식 – 볼에 입맞춤.
      - 에티오피아 징카족의 인사: 서로의 입술을 여러 차례 새 모이 쪼듯 입맞춤한 뒤 주먹으로 _____을/를 _____.
   3) 특정 지역에서만 통용되는 인사법
      - 마오리족의 인사법 '홍이':
        서로 마주 서서 _____.
        종족 간의 _____을/를 나타내는 _____.
      - 아프리카 마사이족의 인사법:
        상대방의 손바닥에 _____을/를 뱉음.
        물이 귀한 지역에서 _____을/를 함께 나눔으로써 _____
        _____.

> 3. 여러 나라 인사법을 살펴보는 의의
>   - 인사법은 각각 자기 사회의 문화적 전통과 가치관 따라 형성됨. 따라서 여러 나라 인사법을 살펴보는 것은 우리와 다른 문화를 이해하는 첫걸음이 될 수 있음.

3) 비교하는 내용을 들을 때 무엇을 어떻게 정리하는 것이 좋은지 말해 봅시다.

4) 여러분 나라의 인사법을 한국의 인사법과 비교하여 이야기해 봅시다.

5) 다음 내용을 듣고 받아 적어 봅시다.

(1) ① _____

(2) ① _____
    ② _____

(3) ① _____
    ② _____
    ③ _____

자기 평가
- ☐ 강연을 통해 중심 내용을 파악하여 말할 수 있다.
- ☐ 강연 듣기의 상황 맥락을 파악하여 이야기할 수 있다.
- ☐ 비교를 통한 설명 방식의 효과를 이해하여 설명할 수 있다.
- ☐ 강연을 듣고 이해하지 못한 내용이나 궁금한 점을 정리하여 질문할 수 있다.

UNIT 4 음악의 역사

● 특별히 좋아하는 음악 장르가 있습니까? 그 음악의 탄생에 대해 이야기해 봅시다.

○ 다음은 한 교양 강연의 개요입니다.

음악의 역사

1. 음악의 기원
   (1) 일종의 소통 신호로서의 음악
   (2) 고대 시대의 음악
      ① 그리스 문명과 음악
      ② 동양 문명과 음악

2. 중세·근세 시대의 음악
   ① 교회의 역할: 악보의 등장
   ② 고전(클래식) 시대: 전문 음악가의 등장

3. 현대 음악
   ① 음악의 획기적인 방향 전환: 녹음 기술의 영향
   ② 새로운 장르의 대중음악의 발전: 블루스, 재즈, 스윙, 비밥, 로큰롤

4. 음악의 미래
   ① 대중 매체의 혜택
   ② 대중 매체의 함정

1) 위의 강연을 청중이 보다 이해하기 쉽도록 매체를 활용하려고 합니다. 다음 **보기**를 참고하여 어떤 부분에서 어떤 매체를 활용하면 좋을지 말해 봅시다.

보기
매체의 종류: 도표, 그림, 사진, 음악, 동영상, 플래시 애니메이션
필요 장치: 비디오, 컴퓨터, 인터넷, 실물 화상기, 오버 헤드 투사기, 영상 화상기

강연 내용	축제와 축하 모임은 음악으로 흥을 돋우고, 전쟁과 가두 행진은 음악을 통해 힘을 얻는다. 음악은 배를 나아가게 하고 노를 젓게 만든다. 또 여자들은 아기를 재울 때 자장가를 부르고 노래를 흥얼거리며 집안일을 했다.
활용할 매체	동영상과 음악
사용할 장치	빔 프로젝터, 컴퓨터, 인터넷

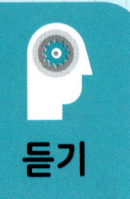

어휘 및 표현 연습하기

1) 다음 보기 중에서 빈칸에 들어갈 적절한 단어를 찾아 써 봅시다.

보기				
	신호	의례	악보	녹음 기술
	대중 매체	혁명	취향	

1) 미국으로 건너온 흑인들의 감성을 파고드는 듯한 새로운 종류의 음악이 등장하면서 음악 양식에 _____ 이/가 일어나게 된다.

2) 인류 초기의 노래는 오늘날 기준에서 보자면 노래라기보다는 위급 상황을 알리기 위한 일종의 _____ 와/과 비슷한 것이었다고 할 수 있다.

3) 결혼식이나 장례식, 특히 교회에서의 예식 등에서 음악은 공동체의 결속 강화를 위한 _____ 요소로 사용되었다.

4) 수많은 이에게 무료로 음악을 듣게 한 방송의 등장으로 20세기는 이제 _____ 의 시대로 접어들게 되었다.

5) _____ 와/과 라디오 등의 전파 매체로 인해 이제 음악회에 가지 않아도 전문가가 연주하는 음악을 접할 수 있게 되었다.

6) 이제 새로운 음악 장르에 돈을 쓰는 이들은 대부분 10대가 되었고, 점점 더 그들의 _____ 에 부합하게끔 음악이 조정되어 가고 있다.

7) 음악을 기록으로 남기기 위해 교회의 음악가들은 _____ 을/를 개발하였다.

2 다음 밑줄 친 부분을 다른 표현으로 바꿔 써 봅시다.

1) 중국의 공자는 사람의 성정에 미치는 <u>음악의 힘</u>을 믿었다.

2) 인류 초기의 노래가 오늘날과 같이 즐거움을 위해 사용됐으리라 <u>단언할 수는 없다</u>.

3) 오늘날까지도 고전 클래식이라는 장르는 대중음악과는 구분되어 <u>통칭되는</u> 용어가 되었다.

4) 음악의 역사에 있어서 인쇄술보다 더욱 근본적으로 <u>음악의 향방을 바꾼</u> 과학 기술은 바로 녹음이다.

💡 이해 확인하기

동영상
Track 04-1

1 강연의 일부를 보면서 다음 질문에 답해 봅시다.

1) 이 부분의 중심 내용으로 알맞은 것은 다음 중 무엇입니까?
　① 음악의 유래와 소통　　② 음악의 예술성과 과학성
　③ 음악의 기원과 발전　　④ 음악에 대한 동서양의 인식

2) 들은 내용과 같으면 O, 다르면 X로 표시해 봅시다.
　① 인류 초기의 노래는 일종의 소통 신호였을 것이다.　　　　　　　　(　　)
　② 인류 초기의 노래는 즐거움을 위해서 사용되었다.　　　　　　　　(　　)
　③ 고대 그리스에서는 주로 음악을 이용하여 젊은이들을 교육했다.　　(　　)
　④ 동서양 모두 사람들에게 미치는 음악의 영향을 중요하게 생각했다.　(　　)

3) 음악의 기능은 무엇이라고 했는지 세 가지만 찾아 써 봅시다.

① <u>듣고 즐기는 기쁨</u>　　　②　　　　　　　　　　　③

4) 다음 표현을 사용해서 고대 사회에서 음악이 활용된 예를 말해 봅시다.

축제	흥	돋우다	전쟁
가두 행진	힘	흥얼거리다	

5) 이 부분의 중심 내용으로 알맞은 것은 다음 중 무엇입니까?

① 교회 음악의 시대　　　　　　　　② 악보의 등장과 고전 음악 시대
③ 천재 작곡가들의 등장과 고전 음악 시대　　④ 대중 매체 등장 이전의 음악 향유 방식

6) 들은 내용과 같으면 O, 다르면 X로 표시해 봅시다.

① 교회는 음악을 기록으로 남기는 방법을 개발하기 위해 음악가들을 전문적으로 교육시켰다. (　)
② 음악은 인간의 영혼을 위로해 주기도 한다. (　)
③ 초기의 악보는 음높이만 기록되었다. (　)
④ 악보의 개발로 인해 천재적인 음악가가 등장하게 되었다. (　)
⑤ 전문가들이 연주하는 음악을 듣는 것이 보편화된 시기였다. (　)
⑥ 이 시대 사람들이 음악을 즐기는 방법은 경제적 문제와 관련이 있다. (　)
⑦ 중산층 집안에서도 기초적인 음악 지식을 갖추도록 교육했다. (　)

7) 고전 시대의 사람들이 음악을 접한 방법에 대해 말해 봅시다.

- 상류층
- 중류층
- 하류층

8) 이 강연에서 활용하고 있는 매체와 그를 통해 보여 준 내용은 무엇입니까? 매체를 활용할 때와 하지 않을 때의 차이를 말해 봅시다.

활용하고 있는 매체	
보여 준 내용	
매체를 활용할 때와 하지 않을 때의 차이	

9) 이 부분의 중심 내용으로 알맞은 것은 다음 중 무엇입니까?

① 음악 방송의 변화　　　　　② 대중 매체 시대의 음악

③ 음악 향유 세대의 변화　　　④ 음악에 미치는 대중 매체의 부작용

10) 들은 내용과 같으면 O, 다르면 X로 표시해 봅시다.

① 음악의 역사에 있어서 가장 획기적인 것은 인쇄술의 발명이었다. (　　)

② 녹음 기술과 전파 매체의 발달로 음악의 방향은 완전히 바뀌게 되었다. (　　)

③ 클래식 음악 작곡 기술이 새로운 음악을 발전시켰다. (　　)

④ 대중 매체는 다양한 음악을 제공함으로써 많은 혜택을 주었다. (　　)

11) 음악 양식의 기원을 찾아봅시다.

장르	기원
찬송가	흑인들이 미국으로 건너옴.
재즈, 블루스, 스윙, 비밥	
로큰롤	

12) 다음 표현을 사용해서 대중문화 시대의 음악의 홍수를 큰 혜택이라고만 볼 수 없다고 말한 이유가 무엇인지 말해 봅시다.

| 방송 | 편식 | 길들이다 |
| 다양성 | 포기 | 확보하다 |

2 강연 전체를 보고 다음 질문에 답해 봅시다.

1) 이 강연의 주제는 다음 중 무엇입니까?
   ① 음악의 기원
   ② 음악의 혁명
   ③ 음악의 발전 과정
   ④ 음악의 종류와 미래

2) 강연을 다시 보면서 내용을 메모하여 봅시다.

강연 내용	궁금한 점, 이해하지 못한 점, 강연자에게 하고 싶은 질문
• 강연 제목: 음악의 역사 • 강연자: 박유미	

1. 음악의 기원
 • 인류 초기의 노래: _____을/를 위해 사용했다고 단언 못함.
 • 노래란?: 목구멍의 압력을 조절해 높이가 다른 소리를 내는 것
 • 인류 최초 노래: 일종의 _____임.
 • _____와/과 긴밀히 연관되어 있음.
 	
 2. 고대의 음악
 • 자유로운 언어 사용: 음악으로서 제대로 기능하게 됨.
   음악의 기능: 듣고 즐기는 기쁨, 이성 간의 _____, 심신 완화, _____을/를 위한 의례 행위
 • 그리스 문명
   - '음악'이라는 말은 문학, _____, 과학을 관장하는 아홉 명의 뮤즈 신의 활동을 의미하는 그리스어 '_____'에서 나옴.	

- 음악을 예술이자 과학으로 인식 – 체계적으로 연구, 음악을 _____ (으)로 생각함.
    - 음악을 젊은이들 교육의 필수 일곱 과목에 포함시킴.
  - 중국 공자의 음악에 대한 견해: 사람의 _____에 미치는 음악의 힘을 믿음.
- 고대: 음악이 모두 중요한 _____에 필수적 요소로 들어감.
- 생활에서 다양하게 활용되는 음악
    - 남자들의 활동: 종교적 찬양, _____ 모임, 전쟁과 _____
    - 여자들의 활동: _____, 집안일 할 때
- 오늘날의 음악 활용: 결혼식, _____, 교회에서의 음악
    음악은 _____임.

3. 중세·근세의 음악
  - 음악 전문 직업 생김.
    - 교회의 역할: 전문적인 음악가를 양성함. 음악을 필수 요소로 생각함.
    - 교회가 한 가장 큰 일: 음악을 _____(으)로 남기려 함, _____을/를 개발
  - 악보의 등장이 음악에 미친 영향
    - 음악의 발전을 빠르게 진행시킴.
    - 음높이와 리듬 모두 기록
    - 여러 사람이 동시에 각자 다른 선율을 불러도 _____을/를 이룰 수 있게 됨.
  - 고전(클래식) 시대: 음악의 복잡한 체계를 잘 다루는 천재 등장
  - 모차르트 시대의 음악 즐기는(향유하는) 방법
    상류층 – 전문적인 음악가의 음악회에 가거나 음악가를 집으로 초대함.
    중류층 – 기초적인 음악 지식을 배움. 개인적인 _____(으)로 욕구 채움.
    하류층 – 전해 들은 멜로디를 따라 부름.

4. 현대 음악과 미래
  - 악보의 보급: _____이/가 큰 기여를 함.
  - 녹음 기술의 등장: 음악의 향방을 바꾼 가장 획기적인 _____임.

- 전파 매체의 발달
  - 녹음 기술과 라디오 등의 _____의 등장으로 음악회에 가지 않아도 전문가의 음악을 접할 수 있게 됨.
  - 방송의 등장으로 20세기는 _____의 시대로 들어감.
  - 음악의 _____, 음악 양식 바뀜. 엄청난 음악적 혜택을 제공하게 됨.
- 음악 양식에서의 혁명
  - 새로운 종류의 음악 등장: _____의 음악
  - 클래식 음악 작곡 기술이 이런 새로운 종류의 음악을 발전시키는 _____(으)로 작용함.
  - 음악의 선택권이 _____(으)로 넘어감.
  - 10대 소비자의 취향에 부합되게 음악이 조정되어 감.

5. 마무리
- 대중문화 시대: 음악의 홍수
- 생각해 볼 문제:
  - 이러한 음악의 홍수가 과연 큰 혜택인가?
  - 방송에서 제공하는 음악에만 길들여져 가고 있는 것은 아닌가?

3) 여러분 나라의 전통 음악의 유래와 특성은 무엇인지 이야기해 봅시다.

4) 다음 내용을 듣고 받아 적어 봅시다.

Track 04-4
(1) ① _____
② _____

Track 04-5
(2) ① _____
② _____

Track 04-6
(3) ① _____
② _____

자기 평가
☐ 강연을 듣고 중심 내용을 파악하여 말할 수 있다.
☐ 강연을 들으면서 어떤 매체 자료를 활용하는 것이 효율적인지 설명할 수 있다.
☐ 강연을 들으면서 궁금한 점을 메모할 수 있다.
☐ 강연을 들으면서 자신에게 필요한 정보를 선별하여 이야기할 수 있다.

UNIT 5 도시의 미래

- 지금까지 본 공상과학 영화 중 가장 기억에 남는 영화는 무엇입니까? 그 영화에서 그리는 미래의 도시는 어떤 모습인지 이야기해 봅시다.

준비하기

○ 다음은 대학의 한 교양 강의에서 사용되는 수업 자료입니다. 잘 보고 질문에 답해 봅시다.

전 세계 메가시티 현황

UN 도시화 보고서(2009년 자료)

- 1975년: 전 세계 메가시티 3개
  ▶ 뉴욕, 도쿄, 멕시코시티
        ↓ 급증
- 2009년: 전 세계 메가시티 21개
  ▶ 아시아 11개, 라틴 아메리카 4개, 아프리카 · 유럽 · 북미에 각각 2개씩
  ▶ 이 중 11개의 메가시티는 해당 국가의 수도
  ▶ 세계 전체 도시 인구의 9.4%가 메가시티에 거주
  ▶ 그중 메가시티 인구 비율은 4.7%로 세계 20명 중 1명은 메가시티에 거주
- 2025년: 29개로 증가
  ▶ 아시아 5개, 라틴 아메리카 2개, 아프리카 1개 증가
- 몇몇 도시와 주변 지역이 기능적인 면에서 연결된 복합체로 메가시티가 생겨나기도 함.

2009년		순위	2025년	
도시, 국가명	인구(백만 명)		도시, 국가명	인구(백만 명)
도쿄, 일본	36.5	1	도쿄, 일본	37.1
델리, 인도	21.7	2	델리, 인도	28.6
상파울로, 브라질	20.0	3	뭄바이, 인도	25.8
뭄바이, 인도	19.7	4	상파울로, 브라질	21.7
멕시코시티, 멕시코	19.3	5	다카, 방글라데시	20.9
뉴욕, 미국	19.3	6	멕시코시티, 멕시코	20.7
상하이, 중국	16.3	7	뉴욕, 미국	20.6
캘커타, 인도	15.3	8	캘커타, 인도	20.1
다카, 방글라데시	14.3	9	상하이, 중국	20.0
부에노스아이레스, 아르헨티나	13.0	10	카라치, 파키스탄	18.7
카라치, 파키스탄	12.8	11	라고스, 나이지리아	15.8
로스앤젤레스-롱비치, 미국	12.7	12	킨샤사, 콩고	15.0
베이징, 중국	12.2	13	베이징, 중국	15.0
리우데자네이루, 브라질	11.8	14	마닐라, 필리핀	14.9
마닐라, 필리핀	11.4	15	부에노스아이레스, 아르헨티나	13.7
오사카-고베, 일본	11.3	16	로스앤젤레스-롱비치, 미국	13.7
카이로, 이집트	10.9	17	카이로, 이집트	13.5
모스크바, 러시아	10.5	18	리우데자네이루, 브라질	12.7
파리, 프랑스	10.4	19	이스탄불, 터키	12.1
이스탄불, 터키	10.4	20	오사카-고베, 일본	11.4
라고스, 나이지리아	10.2	21	선전(심천), 중국	11.1
		22	충칭(중경), 중국	11.1
		23	광저우(광주)/광둥성, 중국	11.0
		24	파리, 프랑스	10.9
		25	자카르타, 인도네시아	10.8
		26	모스크바, 러시아	10.7
		27	보고타, 콜롬비아	10.5
		28	리마, 페루	10.5
		29	라호르, 파키스탄	10.3

자료: UN(2010.3), World Urbanization Prospects The 2009 Revision.

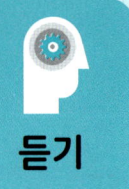

듣기

1) 이 강의는 무엇에 대한 내용입니까?

2) 이 강의에 사용된 시각 자료는 무엇이며 어떤 효과가 있습니까?

3) 제시된 자료 외에 이 강의에 필요하다고 생각하는 자료로는 어떤 것들이 있습니까?

어휘 및 표현 연습하기

1 다음 보기 중 빈칸에 들어갈 적절한 단어를 찾아 써 봅시다.

보기			
메가시티	증가세	거대화	도시 인프라
인구 밀도	인구 집중	융화시키다	

1) 선진국과 개도국*은 서로 다른 모습으로 성장할 것이다. 개도국의 경우에는 새롭게 _____을(를) 건설하는 일이 핵심이 될 것이고, 선진국의 경우는 기존의 도시를 보다 효율적이고 스마트하게 만드는 일이 핵심이 될 것이다.

2) 현대 도시화의 특징적인 모습은, 하나의 거점 도시가 있으면 많은 사람과 자원을 빨아들여서 인구와 영역이 _____ 되는 것이다.

3) 고령자, 도시 빈민층, 이방인들을 _____ 일은 지속 가능한 메가시티를 만드는 전제가 될 것이다.

4) 천만 명 이상의 인구를 가진 도시를 _____(이)라고 한다.

5) 선진국에 비해 개발 도상국의 도시 거주 인구 _____이/가 더 뚜렷하다.

*개도국: 개발 도상국을 줄여서 부르는 말

6) _____은/는 메가시티가 직면할 문제의 가장 큰 원인이 될 것이다. 물, 인프라 부족, 범죄 위협 증가, 교통 혼잡 등 높은 인구 밀도로 인한 문제가 심화될 것이다.

7) 지진, 쓰나미, 신종 전염병, 테러 등이 _____이/가 높은 메가시티에서는 중대한 위협 요인이 될 수밖에 없다.

2 다음 밑줄 친 부분을 다른 표현으로 바꿔 써 봅시다.

1) 이번 강의에서는 글로벌 메가시티의 <u>미래 지형도를</u> 한번 살펴보려고 합니다.

2) 미래의 메가시티들은 다양한 가능성<u>과 더불어 많은 문제들에도 직면하게 될</u> 것입니다.

3) 여기서는 개도국의 메가시티<u>를 중점적으로 살펴보기로 한다.</u>

4) 첨단 IT, 금융, 제조업에 이르는 다양한 글로벌 기업들이 <u>앞다퉈 진입하고</u> 있다.

5) 개도국에서는 신규 건설 수요가 선진국에 비해 훨씬 크다<u>는 점에 주목할 필요가 있다.</u>

이해 확인하기

1 강의의 일부를 보면서 다음 질문에 답해 봅시다.

1) 이 부분의 중심 내용으로 알맞은 것은 다음 중 무엇입니까?
   ① 도시화 보고서
   ② 메가시티의 역할
   ③ 메가시티의 증가
   ④ 선진국과 개도국의 도시화 차이

2) 들은 내용과 같으면 O, 다르면 X로 표시해 봅시다.

① 2009년에 처음으로 도시 거주자가 전 세계 인구의 50%를 넘었다. (   )

② 거대 도시들의 빠른 증가는 미래 세상을 변화시킬 중요한 사회 현상이다. (   )

③ 세계 전체 인구의 50%가 메가시티에 살고 있다. (   )

④ 이번 강의에서 다룰 내용은 글로벌 메가시티의 미래에 관한 것이다. (   )

3) 다음 그림 자료를 보면서 강의를 듣고 질문에 대한 답을 써 봅시다.

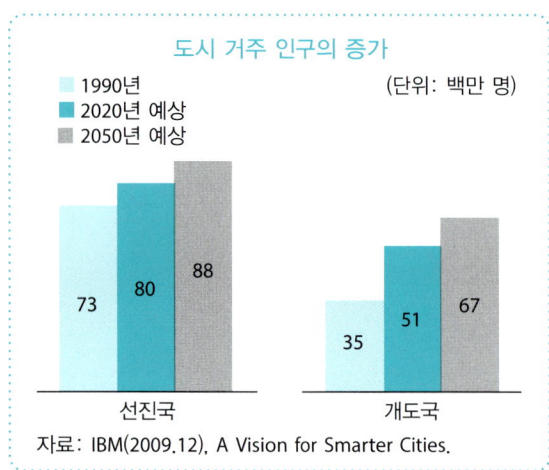

① 도시 거주 인구는 어떻게 변화하고 있습니까?

_____

② 선진국과 개도국의 도시 거주 인구 변화를 비교해 봅시다.

_____

Track 05-2

4) 다음 표현을 사용해서 현대 도시화의 특징적인 모습이 무엇인지 말해 봅시다.

거점 도시   사람   자원   거대화

5) 이 부분의 중심 내용으로 알맞은 것은 다음 중 무엇입니까?

① 개도국 메가시티의 문제점　　　　② 개도국 메가시티의 전망

③ 개도국 메가시티의 문제 해결 방법　　④ 선진국과 개도국 메가시티의 차이점

6) 들은 내용과 같으면 O, 다르면 X로 표시해 봅시다.

① 미래의 메가시티들은 많은 문제를 안게 될 것이다. ( )

② 개도국은 기존의 도시를 보다 효율적이고 스마트하게 만들 것이다. ( )

③ 선진국과 개도국의 메가시티는 도시 인프라 건설에 중점을 둘 것이다. ( )

④ 개도국의 메가시티에서는 선진국에 비해 신규 건설 수요가 많을 것이다. ( )

7) 다음 그림 자료를 보고 강의에서 언급한 개도국 도시 중산층 인구 변화에 대해 이야기해 봅시다.

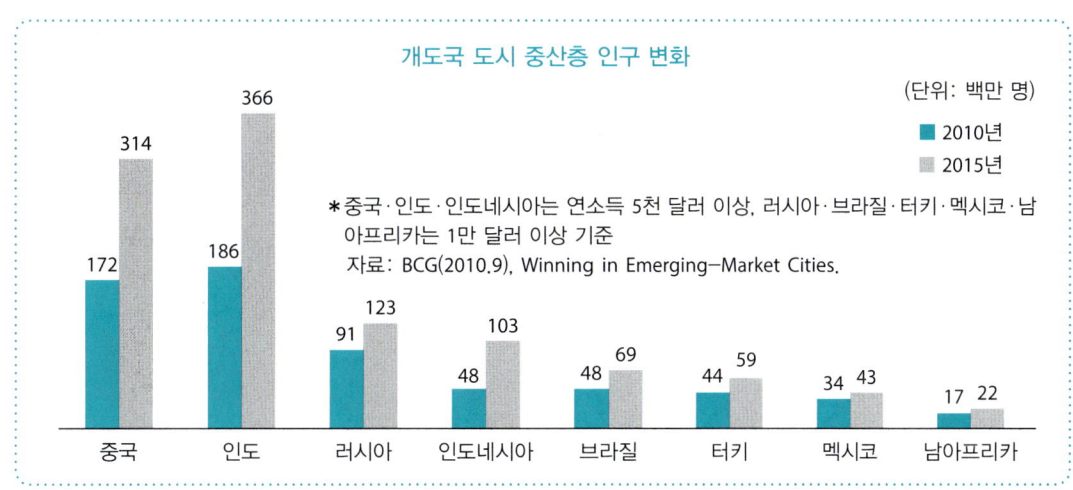

8) 다음 그림 자료와 표현을 이용하여 강의를 듣고 알게 된 정보를 이야기해 봅시다.

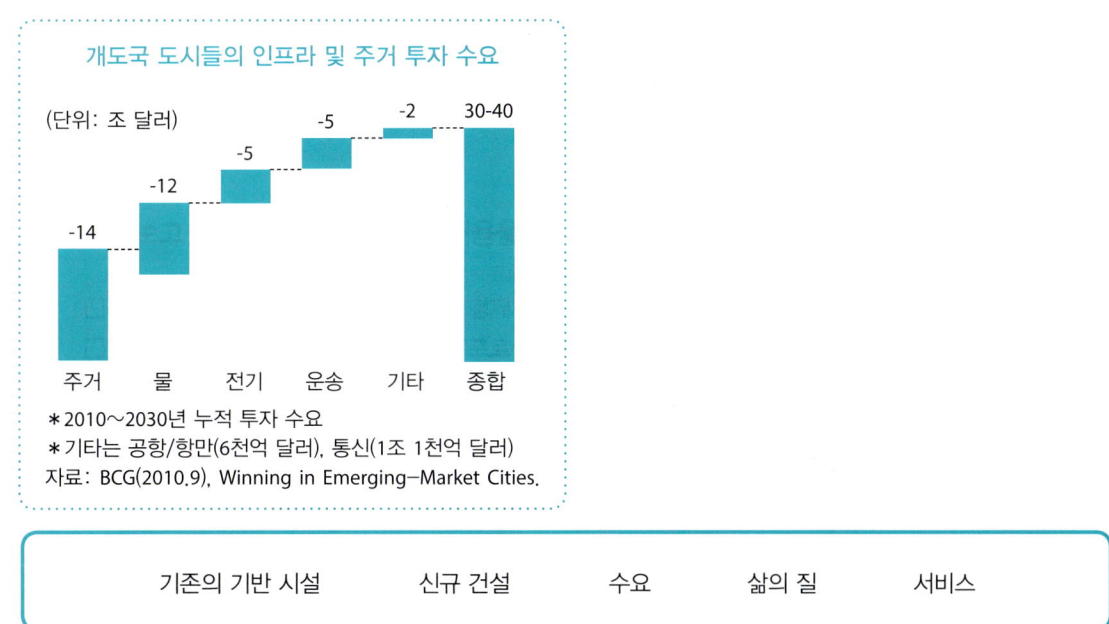

| 기존의 기반 시설 | 신규 건설 | 수요 | 삶의 질 | 서비스 |

9) 이 부분의 중심 내용으로 알맞은 것은 다음 중 무엇입니까?

① 메가시티의 미래 모습과 IT 기술 ② 메가시티의 문제점과 위협 요인
③ 메가시티의 에너지 관리와 통제 ④ 메가시티의 문제 해결 방법과 과제

10) 들은 내용과 같으면 O, 다르면 X로 표시해 봅시다.

① 메가시티가 직면하게 될 문제의 가장 큰 원인은 인구 집중이라고 할 수 있다. (   )
② 거대 도시를 스마트하고 친환경적으로 운영할 수 있는 것은 첨단 IT 기술과 친환경 기술 덕분이다. (   )
③ 첨단 기술로 지속 가능하고 경쟁력 있는 메가시티를 만들 수 있다. (   )
④ 삶의 질을 높이고 발전된 서비스를 제공하는 것이 미래 메가시티의 남은 숙제이다. (   )

11) 강의에서 언급한 메가시티가 직면할 수 있는 문제 중 세 가지를 찾아 써 봅시다.

① _____   ② _____   ③ _____

12) 다음 표현을 사용해서 메가시티의 문제를 풀 수 있는 해결책에 대해 말해 봅시다.

| IT 기술 | 유비쿼터스 | 시설의 노후화 |
| 파악 | 통제 | 관리 |

2 강의 전체를 보고 질문에 답해 봅시다.

1) 이 강의의 주제는 다음 중 무엇입니까?

① 인류의 진화와 미래 ② 메가시티의 발달과 미래
③ 메가시티의 의의와 미래 ④ 전 세계 주요 메가시티의 현황

2) 다음은 강의를 보면서 주요 내용을 필기한 것입니다. 빈칸에 들어갈 내용을 써 봅시다.

1. 도시 거주 인구의 증가세
   ① 2009년: 도시 거주자가 전 세계 인구의 _____
   ② 2050년까지: 선진국, 개도국 모두 지속적인 증가
      ✓ 현재 전 세계에 _____ 의 메가시티 존재
      ✓ 전 세계 인구의 _____
      ✓ 30년 후 메가시티 _____ (으)로 증가
         → 메가시티가 정치의 중심, 경제 거점의 역할을 함.

2. 미래 메가시티의 가능성과 문제점
   ① 편리하고 효율적인 생활
      ✓ 각종 인프라의 _____
      ✓ 생존에 필요한 _____
      ✓ 생산과 이동 수단
      ✓ 생활 공간 유지
         막대한 _____ 필요함.
   ② 문제 해결 방법
      ✓ IT
      ✓ _____
      ✓ _____
   ③ 개도국 VS. 선진국
      ✓ 개도국: 새로운 도시 인프라 건설
      ✓ 선진국: _____

1) 개도국 메가시티의 특징
   ① 메가시티 거주자
      ✓ 높은 소득과 생활 수준을 갖춘 _____
      ✓ 보다 나은 교육을 받은 _____
      ✓ 보다 나은 직장과 삶의 터전을 찾아 이동한 _____
   ② 메가시티 거주자 증가에 따라 예상되는 현상
      ✓ 교통, 통신, 주거 등에서 막대한 수요 증가

✓ 기반 시설 부족에 따른 _____

✓ 더 많은 중산층 소비자를 위한 _____

2) 메가시티의 인구 집중에 따른 문제

① 물 부족

② 인프라 부족

③ _____

④ _____

⑤ _____

⑥ 지진, 쓰나미, 신종 전염병, 테러 등

3. 메가시티의 문제 해결

① IT 기술

✓ 도시 전체를 총괄하는 거대한 시스템의 기반

✓ 모바일 단말기: _____

✓ USN(Ubiquitous Sensor Network)

• 도시 내 시설의 _____

• 테러, 전염병, 자연재해 등 다양한 _____

② 친환경 기술

✓ BIPV(Building Integrated Photovoltaic) 시스템: _____

✓ 효율성이 높은 _____

✓ 무선 에너지 전송 시스템

4. 미래 메가시티의 과제

① 인간다운 삶을 살 수 있는 여건 마련

② _____

③ _____

∴ 지식 경제 시대의 진정한 경쟁력 확보 가능

3) 이 강의에서는 여러 가지 도표를 활용하고 있습니다. 여러분이 강의실에서 접할 수 있는 다른 자료로 어떤 것들이 있습니까? 각 자료의 특징과 효과에 대해 이야기해 봅시다.

시각 자료	• 요약지(핸드 아웃) / 발제지 • • •

청각 자료	• • •

4) 다음 내용을 듣고 받아 적어 봅시다.

(1) ① _____
    ② _____

(2) ① _____
    _____

(3) ① _____

자기 평가
☐ 강의의 주요 내용을 파악하여 말할 수 있다.
☐ 강의에서 다양한 시각 및 청각 자료가 사용될 수 있음을 이야기할 수 있다.
☐ 강의에서 사용하는 강의 요약지, 도표 등을 바탕으로 강의의 흐름을 추론하여 설명할 수 있다.
☐ 강의의 핵심적인 내용을 이해하고 요약할 수 있다.

5. 도시의 미래

UNIT 6

언론의 역할

- 여러분 나라에서 가장 영향력 있는 언론사는 어디입니까? 여러분은 그들이 제공하는 정보가 객관적이라고 생각합니까?

준비하기

○ 다음은 대학 교양 강의입니다. 잘 듣고 질문에 답해 봅시다.

1) 이 강의에서 요즘 뉴스들에 대해 이야기한 것을 <u>모두</u> 고르세요.

① 천편일률적인 보도가 많다.
② 기사의 수준이 낮은 경우도 많다.
③ 기성 언론과 인터넷 뉴스의 질에 문제가 있다.
④ 낚시 관련 기사가 많다.
⑤ 제목으로 클릭을 유도하는 기사도 있다.

2) 쏟아져 나오는 수많은 기사들이 존재한다는 것을 이야기한 의도는 무엇입니까?

① 언론의 현황을 소개하려고
② 기성 언론을 비판하려고
③ 신뢰할 수 있는 기사 찾기가 힘들다는 것을 알리려고
④ 기자가 되려는 학생들의 주의를 환기시키려고

3) 강사는 이 강의의 최종 목표가 무엇이라고 했습니까?

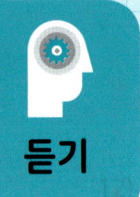

어휘 및 표현 연습하기

1 다음 보기 중에서 빈칸에 들어갈 적절한 단어를 찾아 써 봅시다.

보기			
의제 설정	편파 보도	정파적	객관 보도
갈등	다양성	언론	

1) 언론이 어떤 이슈를 중요한 사회적 안건으로 취사선택하느냐 하는 것을 _____(이)라고 한다.

2) 양립 불가능한 목표를 지녔다고 여겨지는 2~3개 집단 간의 충돌을 _____(이)라고 한다.

3) _____은/는 갈등적 이슈를 대중에게 전달해 주고 갈등 해결을 위한 공론장 역할을 한다.

4) 사회 내 갈등 세력 간 의견의 _____을/를 인정하는 문화가 선진적인 문화이다.

5) 언론은 사실 보도, _____에 대한 성찰과 학습을 해야 한다.

6) 의견의 다양성을 인정하지 못하는 사회 문화적 풍토에서 _____(으)로 갈려진 정치 집단과 언론 집단은 서로를 비방하고 공격한다.

7) 언론은 사실을 왜곡하고 한쪽만을 두둔하는 _____을/를 하는 경우가 많다.

2 다음 밑줄 친 부분을 다른 표현으로 바꿔 써 봅시다.

1) 집단 간의 갈등을 원만하게 해결하는 능력을 보유한 사회는 <u>신뢰 자산을 많이 보유한</u> 사회라고 할 수 있다.

2) 한국 언론은 정파적 편향 보도 문제를 <u>관행처럼 반복해 왔다.</u>

3) 보수 언론과 진보 언론은 이미 정해진 정파적 위치에 서서 편파 보도를 <u>일삼아 왔다.</u>

4) 언론들은 편파적 방향에 따라 저마다 <u>코드가 맞는</u> 취재원과 기고자들을 동원한다.

5) 의견의 다양성을 인정하지 못하는 사회적 풍토에서 <u>갈정의 골이 점점 깊어져 가고 있다.</u>

이해 확인하기

1 강의의 일부를 들으면서 다음 질문에 답해 봅시다.

1) 이 부분의 중심 내용으로 알맞은 것은 다음 중 무엇입니까?
① 언론의 발달　　　　② 지배 권력의 언론 통제
③ 언론과 정치의 갈등　　④ 갈등 해결과 언론의 역할

2) 들은 내용과 같으면 O, 다르면 X로 표시해 봅시다.

① 지난 시간에는 한국 언론의 발달 상황과 지배 권력의 언론 통제 방식에 대해 살펴봤다. (　　)

② 사회적 관계의 발달과 다원화로 인해 갈등 양태가 복잡하게 나타난다.　(　　)

③ 한국 사회의 계층 갈등은 다른 사회보다 다양하고 복잡하다.　(　　)

④ 언론의 의제 설정 기능과 프레임 기능은 한 사회의 갈등 해결 능력과 관계가 깊다.　(　　)

3) 한국 사회에서 일상적으로 표출되는 갈등을 세 가지만 찾아 써 봅시다.

① _____

② _____

③ _____

4) 다음 표현을 사용해서 현대 사회에서 언론 매체가 하는 역할과 기능은 무엇인지 설명해 봅시다.

| 갈등적 이슈 | 공론장 | 의제 설정 기능 | 프레임 기능 |

5) 이 부분의 중심 내용으로 알맞은 것은 다음 중 무엇입니까?

① 민주적 토론　　　　　② 정파적 편향 보도

③ 언론의 취사선택　　　④ 저널리즘의 근본 원칙

6) 들은 내용과 같으면 O, 다르면 X로 표시해 봅시다.

① 사회적 갈등을 해결하는 과정에서 언론이 부정적인 결과를 불러일으키는 경우도 있다. (　　)

② 언론은 자사의 이해관계에 따라 어떤 이슈를 사회적 중요 안건으로 결정하는 경우가 많다. (　　)

③ 진보 언론보다 보수 언론의 정파적 편향 보도 양상이 더 두드러진다.　(　　)

④ 언론 간의 싸움은 시민 집단 간의 분열과 다툼으로 이어진다.　(　　)

7) 한국 언론의 편파 보도에 관한 예를 세 가지만 찾아 써 봅시다.

① _____

② _____

③ _____

8) 다음 표현을 사용해서 한국 언론의 갈등 해결 능력에 대해 말해 봅시다.

> 정파적   경제적   이해관계   편향적   취사선택

9) 이 부분의 중심 내용으로 알맞은 것은 다음 중 무엇입니까?

① 한국 언론의 문제 해결   ② 언론의 이념적 성향
③ 저널리즘의 가치   ④ 언론 보도의 편파 시비

10) 들은 내용과 같으면 O, 다르면 X로 표시해 봅시다.

① 미국의 경제지 월스트리트저널은 진보적인 성향을 가지고 있다는 평가를 받는다. (   )
② 한국 언론 매체는 이념적 성향을 가지고 있어서 사실과 의견을 분리해서 보도한다. (   )
③ 대중은 언론의 영향을 받기 때문에 언론의 편파 보도는 사회 분열을 일으킨다. (   )
④ 의견의 다양성을 인정해야 정파적으로 갈라져 서로 비방하는 것을 피할 수 있다. (   )

11) 미국의 '뉴욕타임스'와 '월스트리트저널'은 어떠한 성향을 가지고 있습니까?

뉴욕타임스 — _____

월스트리트저널 — _____

12) 다음 표현을 사용해서 언론의 정파적 편파 보도 문제를 해결하기 위해서는 어떻게 해야 한다고 했는지 말해 봅시다.

> 정치적 독립성   민주적 저널리즘   객관 보도   의견의 다양성   관용

2 강의 전체를 들으면서 다음 질문에 답해 봅시다.

1) 이 강의의 주제는 다음 중 무엇입니까?
   ① 언론은 사회적 갈등 문제 해결에 중요 역할을 해야 한다.
   ② 한국 언론의 정파적인 편파 보도는 심각한 문제이고 반드시 해결되어야 한다.
   ③ 한국 언론은 선진국 언론의 기사 보도 원칙을 따라야 한다.
   ④ 한국 언론의 정파적 편향 보도를 해결하기 위한 방안을 찾는 일이 시급하다.

2) 강의를 다시 들으면서 다음 빈칸에 들어갈 내용을 써 봅시다.

▶지난주에 배운 것
한국의 언론이 어떻게 _____해 왔고, _____이/가 언론을 어떤 방식으로 _____해 왔는지 살펴봄.

▶오늘 배울 내용
한국 언론의 정파적 _____ 문제

I. 언론의 사회 갈등 해결 기능

1) 사회의 갈등
 • 사회적 관계가 발달하고 다원화 → _____ 양상은 다양하고 복합적인 모습이 됨.
 • 갈등 표출: _____ 간, _____ 간, 지역 간, 집단 간, _____ 간, 문화 간 갈등
 • 갈등의 정의: _____을/를 지녔다고 여겨지는 2~3개 집단 간의 관계
 • 원만한 _____을/를 보유한 사회 = 신뢰 자산을 많이 보유한 사회

2) _____
 • _____이/가 있을 때 언론이 하는 일
  - 언론은 갈등적 이슈를 대중에게 _____
  - 언론은 갈등 해결을 위한 _____

- 갈등 해결 능력과 관련 있는 언론의 기능
  - 의제 설정 기능: 어떤 이슈를 중요한 사회적 안건으로 _____하는가?
  - 프레이밍 기능: 이슈를 _____(으)로 보도하는가?

2. 한국 언론의 사회 갈등 해결 능력

   1) 의심스러움 - 언론이 _____하고 부추기는 것은 아닌지
      예) 정파적·경제적 이해관계에 따라 엉뚱한 이슈를 _____인 것처럼 다루거나 불공정 편향 보도를 하여 어느 한편을 _____하게 만들거나 _____하게 만들기도 함.

   2) 바람직한 언론의 모습
      • 공정한 보도
        갈등적 사안이 있을 때
        → 사건이나 현상을 _____이고 _____(으)로 보도
        → 대립하는 편들의 _____을/를 이해
      • 객관적이고 공정한 보도를 하면 사안의 갈등적 측면을 _____ 보여 줌.
        → 갈등하고 반목하는 집단들이 서로 _____ 토론
        → 문제 해결

   3) 한국 언론의 태도 비판
      • 스스로를 _____, 정파적 편향 보도
        예) 대통령 선거 과정: 보수 언론과 진보 언론의 정파적 위치, 불공정 편파 보도, 사실 _____, 한쪽을 _____거나 _____ (북한, 미국, 대통령 등의 문제에 대해)
      • 처음부터 _____을/를 정함. → 사실과 정보들을 _____(으)로 취사선택 편집 → 이슈를 편파적 방향으로 끌고 감. → 코드에 맞는 취재원과 기고자 동원
        예) 광우병 보도, 촛불시위 보도
        _____, 객관 보도의 정신 _____
      • 언론의 공격 저널리즘
        _____와/과 _____이/가 다른 편을 공격 → 언론들 간의 한바탕 싸움 → 시민 집단 간의 _____(으)로 비화

3. 한국 언론의 정파적 편파 보도 해결 방안

   1) 선진국 언론의 모습
      선진국 언론도 일정한 _____와/과 _____을/를 가짐.
      예) 미국 뉴욕타임스의 _____ 성향, 월스트리트저널의 _____ 성향
      그러나 편파 _____(이)나 사회 분열 _____에 휘말리지 않음. 원칙을 지키기 때문

2) 민주적 저널리즘의 원칙
- _____와/과 _____의 분리 원칙 준수
- 사회적 갈등 세력 간의 의견, 정파적 신문의 의견의 _____을/를 인정함.
  * 의견의 다양성을 인정하지 못할 때
     정치 집단과 언론 집단은 서로를 비방하고 공격
     → 대중 집단 감정의 골 깊어짐.
     → 분열된 _____

3) 한국 언론의 문제 해결 방안
① 정치적 _____ 확보 필요
② 언론의 _____, _____에 대한 성찰과 학습 필요
③ 저널리즘 언어의 품위 회복 필요
④ _____의 정신 학습과 제도화 필요
  * 관용(tolerance)의 정신이란?
     사회 내의 다른 _____을/를 존중하게 _____해서 의견의 _____을/를 구현해 내는 정신

3) 강의를 통해 알게 된 내용을 바탕으로 각 방송사 사이트에서 '오늘의 주요 뉴스'를 찾아본 다음, 방송사별로 '의제 설정'에 어떤 차이가 있는지 살펴봅시다.

4) 다음 내용을 듣고 받아 적어 봅시다.

(1) ① _____
    ② _____
    _____

(2) ① _____

(3) ① _____
    _____
    ② _____

자기평가
□ 강의를 통해 한국 언론의 문제점에 대해 이해하고 설명할 수 있다.
□ 강의에서 나온 주요 용어와 개념을 파악하여 말할 수 있다.
□ 강의하는 사람의 의도를 파악하여 이야기할 수 있다.
□ 강의의 핵심 정보를 알고 내용을 이해하여 설명할 수 있다.

UNIT 7 소비의 원리

- 여러분은 돈이 행복의 필수 조건이라고 생각합니까? 행복해지기 위해서는 얼마나 많은 돈이 필요할까요?

 준비하기

○ 다음은 대학생활문화센터에서 개최한 특강 안내입니다. 잘 읽고 질문에 답해 봅시다.

소비의 원리

강사: 강신주

강의 내용
자본주의는 사람들을 유혹하여 끊임없이 소비하게 만든다. 자본주의의 진정한 목적은 또 다른 소비를 위해 다시 노동하게 하는 데 있다. 자본주의적 삶은 너무나 친숙하고 평범해서 우리 삶이 얼마나 자본주의에 길들어 있고 그로부터 상처받는지 깨닫지 못하게 한다. 따라서 소비 사회의 유혹적 논리를 제대로 인식하고 그로부터 벗어날 수 있는 가능성을 숙고해 봐야 한다.

강사 소개
- 연세대학교 철학 박사
- 문사철 기획위원회 위원
- 「나는 누구인가」, 「스무 살의 인문학」 등

강의 일정
- 일시: 2018년 9월 3일(월) 2~4시(2시간)
- 장소: 한국대학교 문화관 대강당
- 대상: 한국대학교 재학생

참고 텍스트
『상처받지 않을 권리』

1) 이 강의에서는 어떤 내용을 다룹니까?

2) 이 강의에서 듣게 될 내용 중 어떤 표현이 자주 등장할까요?

3) 이 강의를 통해 여러분은 무엇을 얻을 수 있을까요?

 **TIPS** 강의 내용에 대해 비판적 시각을 가지고 들어 보세요.

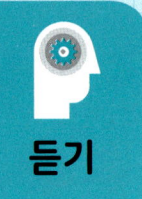

듣기

어휘 및 표현 연습하기

1 다음 보기 중에서 빈칸에 들어갈 적절한 단어를 찾아 써 봅시다.

보기				
	욕망	유혹	노동	자본주의
	결여	화폐	소비	

1) 어떤 상품과도 교환할 수 있는 _____의 가치에 대해 생각해 봐야 한다.

2) _____은/는 일종의 종교 체계와도 같고 화폐는 신의 노릇을 대행하고 있다.

3) 자본주의는 인간의 _____을/를 길들이고 자극하여 끊임없이 상품을 소비하게 한다.

4) 우리는 끊임없는 _____을/를 위해 끊임없이 일을 한다.

5) 우리가 일을 하면 그 _____의 대가로 임금이나 보너스를 받는다.

6) 자본주의는 사람들을 노동으로 계속 내몰기 위해 지속적으로 돈을 쓰도록 _____ 하는 장치를 고안했다.

7) 돈을 모아서 원하는 물건을 샀지만 무언가 _____된 느낌이 들 때가 있다.

2 다음 밑줄 친 부분을 다른 표현으로 바꿔 써 봅시다.

1) 점원들은 손님이 구매 능력이 있는지 없는지를 <u>귀신같이 안다.</u>

2) 쇼핑 전과 쇼핑 후의 심리적 변화에 <u>주목할 필요가 있다.</u>

3) 노동자는 소비를 강하게 함으로써 자신이 노동자라는 것을 <u>은폐하고 싶어 한다.</u>

4) 소비와 노동이라는 다람쥐 쳇바퀴 같은 <u>삶의 굴레를 벗어나지 못할 때</u> 자본주의는 계속해서 번영하고 발전할 수 있다.

5) 자본주의의 유일한 자유인 <u>소비의 자유를 누리려면</u> 일단 돈이 있어야 한다.

이해 확인하기

1 강의의 일부를 들으면서 다음 질문에 답해 봅시다.

1) 이 부분의 중심 내용으로 알맞은 것은 다음 중 무엇입니까?
   ① 소비의 원인　　② 소비의 문제점
   ③ 화폐의 가치　　④ 화폐의 교환

2) 들은 내용과 같으면 O, 다르면 X로 표시해 봅시다.
   ① 수지 씨는 예상보다 많은 보너스를 받고 퇴근 후 명품관으로 쇼핑하러 갔다. (　　)
   ② 수지 씨는 원하는 물건의 구입과 앞으로의 수입에 대한 기대로 기뻤다. (　　)
   ③ 명품관 직원들은 수지 씨의 구매 능력을 알아차리고 불친절하게 대했다. (　　)
   ④ 수지 씨가 쇼핑 후 느낀 결여감은 화폐가 그 상품과 동등한 가치를 가지기 때문이다. (　　)

3) 이 이야기에서 수지 씨가 느낀 점을 찾아봅시다.

4) 다음 제시어를 사용해서 수지 씨가 왜 3)과 같이 느꼈는지 그 이유에 대해 말해 봅시다.

| 백화점 | 화폐 | 상품 | 동등 | 가치 |

5) 이 부분의 중심 내용으로 알맞은 것은 다음 중 무엇입니까?
   ① 노동과 종교   ② 자본주의의 체계
   ③ 노동의 대가   ④ 자본주의와 신

6) 다음을 읽고 맞으면 O, 틀리면 X로 표시해 봅시다.
   ① 오늘날의 종교는 자본주의로 대체되어야 한다. (   )
   ② 화폐라는 신은 전통적인 신과 달리 현세의 행복을 약속한다. (   )
   ③ 자본주의는 우리가 계속 노동하게 하기 위해 돈을 쓰도록 만든다. (   )
   ④ 자본주의는 우리 각자의 노동과 소비를 통해 살아가고 유지된다. (   )

7) 강사는 자본주의와 화폐를 무엇에 비유하고 있습니까?

   자본주의

   화폐

8) 다음 표현을 사용해서 자본주의가 계속 번영하고 발전하는 방식에 대해 말해 봅시다.

| 화폐 | 소비 | 노동 |
| 인간의 욕망 | 길들이다 | 자극하다 |

9) 이 부분의 중심 내용으로 알맞은 것은 다음 중 무엇입니까?

    ① 노동과 소비의 특징　　② 자본주의의 운영 메커니즘
    ③ 화폐의 회수와 이익의 축적　　④ 자본주의를 붕괴시키는 방법

10) 다음을 읽고 맞으면 O, 틀리면 X로 표시해 봅시다.

    ① 직장인은 한평생 이익 축적을 목표로 살아간다.　　(　　)
    ② 마르크스는 자본이 반복해서 돈을 회수하는 과정을 착취라고 했다.　　(　　)
    ③ 소비자는 수명이 다하면 죽지만 자본은 계속 유지된다.　　(　　)
    ④ 불매 운동을 해서 돈이 회수가 안 되면 자본주의는 붕괴될 것이다.　　(　　)

11) 강사가 자본주의 붕괴 방법이라고 언급한 것을 찾아 써 봅시다.

12) 다음 표현을 사용해서 회사가 왜 나한테 돈을 주는지에 대해 고민해 봐야 하는지 말해 봅시다.

| 돈 | 소비 | 회수 | 자본 | 이익 | 축적 |

2 강의 전체를 들으면서 다음의 질문에 답해 봅시다.

1) 이 강의의 주제는 다음 중 무엇입니까?

    ① 소비와 유혹　　② 소비의 행복의 관련성
    ③ 자본주의의 목표　　④ 노동과 소비의 관련성

2) 다음은 강의를 들으면서 주요 내용을 필기한 것입니다. 빈칸에 들어갈 내용을 써 봅시다.

1. 자본주의의 메커니즘

   1) 자본주의는 일종의 종교 체계
   - ✓ _____ =신
   - ✓ 신은 내세의 행복을 약속하지만 돈은 _____ 을/를 약속
   - ✓ 돈이 있으면 _____, 돈이 없으면 _____
   - ✓ 왜 초라해질까? _____ 기 때문
       → 돈이 없으면 다시 _____(으)로

   2) 자본주의 유지 방법
   노동 → 돈(_____ 의 대가로 받음) → 소비(지속적으로 _____게 하는 유혹 장치)
   → 다시 돈이 필요함. → 다시 _____ 을/를 해야 함.

   3) 자본주의 체제의 번영과 발전
   - ✓ _____ 을/를 길들이고 자극
       → 끊임없는 _____ 구매
       → _____(으)로 얻은 _____ 소비
       → 다시 _____
   - ✓ 소비와 노동이라는 _____ 같은 삶의 굴레

2. 소비의 논리

   1) 직장에서 왜 월급을 줄까?
   - 자본주의 사회에서는 사람들이 _____ 기 때문
   - 마르크스는 이런 과정을 '_____'(으)로 봄.
   - 요약하면 사람들이 월급을 받아 다시 대자본(대기업)이 만든 것들을 사게 됨.

   2) 소비와 자본주의
   - ✓ '돈을 받는다 → _____ → 자본이 _____ 된다'의 반복
   - ✓ 아무도 물건을 안 사면? - _____
   - ✓ 나: 한 달 동안 돈을 쓰고 _____
       그러나 자본가: 월급으로 준 돈 _____

3. 소비의 자유

   1) 모든 노동자는 곧 _____
   2) 소비를 하면 _____(이)라는 느낌을 받을 수 있음.
      돈이 있으면 _____ (무엇이든지 마음대로 고를 수 있음.)
      자본주의의 자유=소비의 자유
      이 자유를 얻기 위해서는 돈의 _____이/가 되어야 함.(돈은 한정되어 있기 때문)
      돈의 노예 = _____의 자유(일을 해서 돈을 벌어야 함.)

3) 강의를 '수지 씨 이야기'로 시작한 이유는 무엇인지에 대해 이야기해 봅시다.

4) 강의에서는 우리가 소비에 대해 고민하는 이유를 돈이 충분하지 않기 때문이라고 했습니다. 이에 대한 여러분의 생각을 이야기해 봅시다.

5) 다음 내용을 듣고 받아 적어 봅시다.

(1) ① _____

(2) ① _____
    ② _____
       _____

(3) ① _____
    ② _____

자기 평가

☐ 자본주의의 운영 메커니즘에 대해 설명할 수 있다.
☐ 소비의 본질과 인간의 행복 사이의 관계를 말할 수 있다.
☐ 강의의 핵심적인 내용을 이해하고 요약하여 설명할 수 있다.
☐ 강의를 통해 배운 개념을 이용하여 자신의 의견을 이야기할 수 있다.

UNIT 8 한국어의 청자 반응 표현

● 다음 대화에서 밑줄 친 표현은 각각 어떤 의미가 있는지 말해 봅시다.
화자와 청자의 대화에서 밑줄 친 표현이 가지는 기능은 무엇인지 생각해 봅시다.

여자: 친구 얘기 해 주시면 안 돼요?
남자: 어, 그게… 그 친구가 사랑한 여자가 있었는데, 2년 전에 그 여자가 떠났거든.
여자: (조심스레) 헤어진 거예요, 차인 거예요?
남자: 둘 다. 아니다, 차인 쪽이 맞겠다. 여자한테 남자가 생겼으니까.
여자: 근데요?
남자: 그 여자가 2년 만에 마술처럼 나타났대. 다시 시작할까 고민하나 보더라구.

아주머니: 학생! 학생 반에 김현수라는 친구 있죠?
김현수: 네, 제가 김현수인데요. 아주머니 누구…세요?
아주머니: 중앙초등학교 동창 이지수라고 알죠?
김현수: (멈칫하며) 네, 그런데요?
아주머니: 난… 지수 엄마예요.

준비하기

○ 다음은 논문 발표를 위해 작성한 준비표입니다. 질문에 답해 봅시다.

연구 계획 발표 개요

주제	한국어 {그러-}형 청자 반응 표현의 기능과 교육 연구 - 중국인 고급 학습자를 대상으로 -
도입 (3분)	맥락적 의미와 담화 기능을 연계하여 교육할 수 있는 문법 교육의 모형을 제시하기 위해 '청자 반응 표현'의 의미 기능과 사용 양상을 고찰함.
전개 (10분)	1. 청자 반응 표현의 이론적 고찰 　- 청자 반응 표현의 개념 　- 청자 반응 표현의 유형 및 기능 　- 청자 반응 표현의 교육 필요성과 교재 수록 양상 2. {그러-}형 청자 반응 표현 분석 　- {그러-}형 청자 반응 표현 선정 　- {그러-}형 청자 반응 표현의 의미 기능 분석 　- 한국인 모어 화자와 중국인 학습자의 {그러-}형 청자 반응 표현 인식 양상 조사 분석
마무리 (2분)	{그러-}형 청자 반응 표현 교육의 목적과 내용, 교수 학습 활동을 설정하고 이러한 작업이 지니는 의의를 제시함.
준비 자료	발표용 파워포인트 파일, 배부용 요약지

1) 연구 계획 발표를 하는 목적은 무엇입니까?

2) 다음은 논문 발표 준비 과정입니다. 각 단계에서 무엇을 해야 하는지 보기에서 찾아 써 봅시다.

보기	PPT 준비　　발표 주제, 시간, 장소, 시설에 맞는 자료 선정　　서론, 본론, 결론 3단계로 구성

정보 및 자료 수집	모은 자료 분석, _____
내용 구성	_____
연습	준비한 것 순서대로 정리, 발표 시 주의할 점 유의하여 연습
발표	배부용 발표지 준비, _____

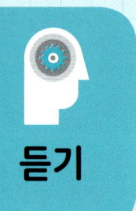

어휘 및 표현 연습하기

1 다음 보기에서 빈칸에 들어갈 적절한 단어를 찾아 써 봅시다.

보기				
	고찰하다	구현하다	담화	맥락
	제안하다	구사하다	반응 표현	

1) 의사소통 상황에서 화자의 이야기에 청자가 적절한 _____을/를 하지 않으면 그 대화는 단절되거나 어색해진다.

2) 결론에서는 4장의 분석 결과를 바탕으로 {그러-}형 표현의 교수 학습 활동을 _____ 것이다.

3) 드라마 대본의 경우 청자 반응 표현이 나오는 대화 _____와/과 대화자의 심리 상태가 비교적 잘 드러나 있다.

4) 문법 형식 및 문장 구조 중심의 문법 교육이 문장보다 더 큰 단위인 _____(이) 나 텍스트 관점에서의 문법 교육으로 변모하였다.

5) 외국어 교수의 주요 목표가 언어적 수행 능력을 기르는 데 있지만, 실제 교육 현장에서는 이를 제대로 _____ 못하고 있다.

6) 2장에서는 제시된 문법 요소의 교재 수록 양상에 대해 _____.

7) 어휘와 문법 지식을 가지고 있어도 그 지식을 사용하여 의사소통 상황에 맞게 언어를 _____ 못하는 경우가 많다.

2 다음 밑줄 친 부분을 다른 표현으로 바꿔 써 봅시다.

1) 이 논문은 {그러-}형 청자 반응 표현 교육의 내용과 방법을 <u>마련하는 것을</u> 목표로 한다.

2) 학습자들이 이러한 표현을 사용하는 데 어려움을 겪고 있는 것은 이에 대한 <u>교육 내용의 부재</u>, 교육 부족의 결과라고 할 수 있다.

3) 4장의 분석 결과를 <u>바탕으로</u> 교육의 목적과 내용, 교수 학습 활동을 설정할 것이다.

4) 이 교육 방안은 학습자의 의사소통 능력을 향상시키는 데에 <u>실질적인 도움을 줄</u> 수 있을 것이다.

 이해 확인하기

1 발표의 일부를 들으면서 다음 질문에 답해 봅시다.

1) 이 부분에서 발표자가 말한 내용이 아닌 것은 다음 중 무엇입니까?
   ① 연구의 목적　　　② 연구의 의의
   ③ 연구의 필요성　　④ 연구 자료의 예

2) 들은 내용과 같으면 O, 다르면 X로 표시해 봅시다.
   ① 1970년대 전후로 외국어 교수 및 학습의 주요 목표가 달라졌다.　　　(　　)
   ② 담화에서 나타나는 어휘와 문법의 의미를 제시해 놓은 한국어 교재가 많다.　　(　　)
   ③ '청자 반응 표현'은 구체적인 담화 맥락에서 의미가 드러난다.　　　(　　)
   ④ 의사소통 과정에서 화자뿐만 아니라 청자의 역할도 중요하다.　　　(　　)

3) 이 연구의 목적은 무엇인지 써 봅시다.

4) 다음은 들은 발표를 내용 구성에 따라 세 부분으로 나눈 것입니다. 잘 듣고 각 구성에 맞는 것을 보기에서 찾아 빈칸에 써 봅시다.

| 보기 | 주제 명시화하기   연구의 필요성 설명하기   발표 시작 알리기 |

❶	
❷	
❸	

5) 다음 표현을 사용해서 '청자 반응 표현'에 대해 말해 봅시다.

| 의사소통 과정   청자   화자   발화 |
| 반응   상호 작용적   협력적 |

6) 이 부분에서 발표자가 말한 내용이 <u>아닌</u> 것은 다음 중 무엇입니까?

① {그려~}형의 기능　　　　② {그려~}형의 예
③ {그려~}형 사용의 문제　　④ {그려~}형 표현 교육 활동

7) 들은 내용과 같으면 O, 다르면 X로 표시해 봅시다.

① {그러-}형 표현은 문어뿐만 아니라 구어에서도 중요한 역할을 담당한다.　　　(　　)
② 실제로 한국어 학습자들이 {그러-}형 반응 표현들을 부적절하게 사용하는 경우가 있다.(　　)
③ 드라마 대본은 무엇보다도 외국에서 열풍을 불러일으킨 드라마가 많기 때문에 분석 자료로 선정되었다.　　　(　　)
④ 청자 반응 표현 교육의 목적과 내용, 교수 학습 활동을 제안할 것이다.　　　(　　)

8) 다음 세 대화를 듣고 각각의 청자 반응 표현 '그래, 그래요, 그래서'가 나타내는 기능은 무엇인지 써 봅시다.

대화	청자 반응 표현	기능
❶	그래	
❷	그래요	
❸	그래서	

9) 다음 표현을 사용해서 이 논문의 의의 두 가지를 말해 봅시다.

| [의의 1] | 이전의 연구 | 다루다 | 교육 내용 마련 | 교육 방안 제안 |
| [의의 2] | 중국인 한국어 학습자 | 상호 작용 | 의사소통 능력 향상 | 실질적인 도움 |

10) 질의 응답 내용을 메모해 봅시다.

	질문자	질문 및 의견	발표자의 대답
첫 번째 질문	한국어 교육 전공 김철수		'그니까요'라는 응답 - 상대방의 생각에 대한 강한 동의 표현임.
두 번째 질문	교수 A	외국인 학습자에게 이런 것까지 가르칠 필요가 있는지?	
세 번째 질문	교수 B		먼저 분석의 틀이 될 수 있는 이론들을 고찰할 것임. 그 틀에 따라 드라마 대본에 대해 담화 분석을 하여 연구 대상의 의미 기능을 분석할 것임.

11) 여러분이 발표자에게 질문을 한다면 어떤 질문을 할 것인지 함께 이야기해 봅시다.

 2 발표 전체를 듣고 다음 질문에 답해 봅시다.

1) 이 연구의 최종 목표는 다음 중 무엇입니까?

   ① {그러-}형 청자 반응 표현의 의미와 기능 분석
   ② {그러-}형 청자 반응 표현 교육의 내용과 방법 제안
   ③ 외국인 학습자들의 {그러-}형 청자 반응 표현에 대한 인식 분석
   ④ 한국어 교재에서의 {그러-}형 청자 반응 표현 교육 내용

2) 전체 발표를 보며 빈칸을 채워 봅시다.

1. 연구의 목적과 필요성
   1) 목적
      - 중국인 고급 학습자를 위한 {그러-?}형 청자 반응 표현의 _____ 고찰, 의사소통 과정에서 적절하게 사용할 수 있는 _____ 살핌.
      - 외국어 교수 및 학습 목표: 그 언어를 사용하여 의사소통하는 능력, 즉 _____을/를 기르는 것임.
   2) 필요성
      - 한국어 문법 교육의 변모: 문법 형식 및 문장 구조에 초점을 둔 언어 지식 → _____나 _____ 관점에서의 문법 교육
      - 실제 교육 현실: 교육 현장에서 문법 교육 변모 양상을 제대로 구현하지 못함. 교재에서도 _____ 제시하지 않는 경우 많음. – 학습자들이 의사소통을 원활히 하지 못하는 경우 많음.
      - 해당 어휘와 문법의 _____와/과 담화 기능을 교육시킬 수 있는 문법 교육 모형을 마련할 필요 있음.
      - '청자 반응 표현': 의사소통 과정 중 청자가 화자의 _____에 대한 _____을/를 나타내는 발화 – 의사소통 과정에서는 청자의 역할도 대화를 _____, _____ 데 큰 역할을 하므로 청자 반응 표현에 대한 연구가 필요함.

2. 연구 대상
   - 청자 반응 표현 중 {그러-?}형으로 제한: 모든 표현을 다루는 것은 한계가 있기 때문
   - 한국어 학습자들의 {그러니까}, {그렇게} 같은 {그러-?}형 표현에 대한 인식, 사용 양상: 이런 표현을 이해하지 못하거나 _____ 사용하고 있음. – 이런 표현에 대한 _____ 부족 때문임.

3. 연구 방법과 자료
   1) 연구 방법
      - 연구 대상으로 선정된 {그러-?}형 표현 7개 선정: {그래}, {그렇지}, {____}, {____}, {그래서}, {____}, {그럼}
      - 이론 고찰을 통해 {그러-?}형 표현의 담화적 의미 기능을 분석하기 위한 _____ 마련 → 이에 따라 담화 분석 실시 → 의미 기능 분석함.
   2) 연구 자료
      - 분석 자료로 _____ 선정: 이 자료에는 청자 표현이 나오는 _____와/과 _____이/가 잘 기술되어 있기 때문
      - 선정된 자료:

4. 논문 구성
- 서론, 연구 목적과 방법
- 청자 반응 표현의 _____, 유형 및 _____ 고찰
- 청자 반응 표현 교육의 필요성, _____ 고찰
- 연구 대상 {그러-}형 반응 표현 선정, 각 표현의 _____ 분석
- {그러-}형 청자 반응 표현에 대한 한국어 모어 화자와 _____의 인식과 _____ 조사, 그 결과 분석
- 결론. {그러-}형 청자 반응 표현의 목적, 내용, _____ 설정

5. 연구의 의의
① 이전에 다루지 않았던 {그러-}형 청자 반응 표현의 _____을/를 마련하고 _____을/를 제안했음.
② 중국인 한국어 학습자의 _____ 능력 향상에 실질적인 도움이 됨.

3) 한국 사람과 대화했을 때나 한국 드라마를 봤을 때를 떠올려 보고 '청자 반응 표현'을 제대로 이해하지 못하고 잘못 사용했거나 오해한 경험이 있다면 이야기해 봅시다.

4) 발표 내용을 참고하여 여러분 나라의 '청자 반응 표현'에 대해 설명해 봅시다.

5) 다음 내용을 듣고 받아 적어 봅시다.

(1) ① _____
    ② _____
       _____

(2) ① _____
    ② _____

(3) ① _____

자기 평가
- ☐ 학위 논문 발표의 상황 맥락을 파악하여 설명할 수 있다.
- ☐ 학위 논문 발표 담화의 특징에 대해 말할 수 있다.
- ☐ 학위 논문 발표와 질의응답 내용을 듣고 이해하여 이야기할 수 있다.
- ☐ 논문에 대해 자신의 생각을 말할 수 있다.

UNIT 9 원작과 각색

● 다음은 소설을 원작으로 하여 만들어진 오페라입니다. 원작과 오페라는 어떤 차이가 있는지 말해 봅시다.

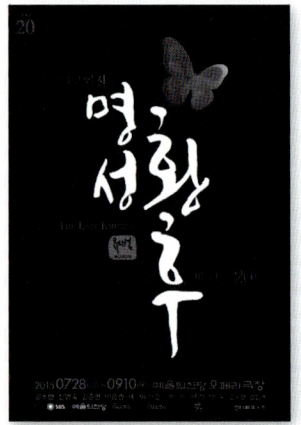

준비하기

○ 다음은 학술대회 개최에 대한 안내문입니다. 잘 보고 함께 이야기해 봅시다.

한국○○문학회 2018년 가을 학술대회 안내

한국○○문학회에서는 아래와 같이 2018년 가을 학술대회를 개최합니다. 회원 여러분의 많은 참여 바랍니다.

일시: 2018년 10월 27일(토)
장소: ○○대학교 서울캠퍼스
주제: 한국 문학의 세계화

*개인 발표를 원하는 회원 여러분께서는 다음 안내를 참고하시어 신청해 주시기 바랍니다.

개인 발표 안내

- 배정 시간: 30분(발표: 20분, 토론 및 질문: 10분)
- 논문 초록 제출: 한국어 또는 영어로 제출(A4 용지 2매 이내)
- 초록 형식: 아래한글 또는 MS Word로 작성
- 초록 제출 시 유의 사항: 별도 페이지에 (1) 발표자 성명, (2) 논문 제목, (3) 소속, (4) 전화번호, (5) 이메일 주소를 적어 초록과 함께 추가로 보내 주시기 바랍니다.
- 보내실 곳: literature@lit.or.kr
- 논문 초록 제출 마감: 2018년 8월 31일(금)
- 논문 발표 수락 통보: 2018년 9월 28일(금)

학술대회와 관련하여 궁금한 점이 있으시면 아래 연락처로 문의해 주시기 바랍니다.
문의: 학술대회 간사 김지미(010-1234-5678, literature@lit.or.kr)

한국○○문학회

1) 학술대회에 참석해 본 적이 있습니까? 학술대회에서 발표를 하기 위해서는 무엇을 준비해야 합니까?

2) 위 내용과 같으면 O, 다르면 X로 표시해 봅시다.
   ① 초록은 정해진 형식에 맞춰서 작성해야 한다. (   )
   ② 발표 시간은 토론 시간을 포함하여 1인당 30분이다. (   )
   ③ 발표를 하려면 논문 초록을 제출해야 한다. (   )
   ④ 초록을 제출한 사람은 모두 발표를 할 수 있다. (   )

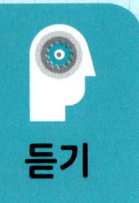

어휘 및 표현 연습하기

1 다음 보기 중에서 빈칸에 들어갈 적절한 단어를 찾아 써 봅시다.

보기				
	판소리 공연	서사	사설	각색하다
	시각화	해학성	수용	

1) 판소리 자체를 영화화할 때는 그 판소리의 내용을 어떻게 영상으로 _____ 하느냐가 중요하다.

2) 영화 〈춘향뎐〉은 판소리에 대한 이야기가 아니라 _____ 자체를 영화화했다는 점에서 기존 영화와 차별화된다.

3) 〈춘향뎐〉은 판소리 본연의 가치를 살려 충실하게 각색을 했다는 점에서 판소리의 공연과 _____ 방식을 교육하는 데 좋은 자료가 될 수 있다.

4) 영화의 한계로 판소리의 특성인 _____ 을/를 제대로 드러내지 못했다는 것을 들 수 있다.

5) 영화는 복잡한 심리 묘사보다는 사건의 전개를 나타내는 _____ 이/가 중심이 되는 장르이다.

6) 판소리는 복잡하고 긴 이야기로 이루어진 _____ (으)로 구성되어 있다는 점에서 문학이고, 심정을 노래를 통해 전달한다는 점에서 음악이다.

7) 판소리 자체가 음악, 문학, 연극적 요소를 다 지니고 있기에 각각을 _____ 때 여러 문제점이 생길 수 있다.

2 다음 밑줄 친 부분을 다른 표현으로 바꿔 써 봅시다.

1) 감독은 영화〈서편제〉로 한국 영화사상 최초로 백만 관객을 돌파하는 <u>쾌거를 이뤘다.</u>

2) 이렇게 판소리 자체를 영화화한 것은 전 세계적으로 <u>유례를 찾아보기 힘든</u> 독특한 사례이다.

3) 영화는 기본적으로 <u>시각을 통해</u> 관객들에게 <u>수용된다.</u>

4) 영화는 문학의 표현 매체인 <u>문자를 따라가지 못한다.</u>

5) 이 영화는 계절에 따라 변하는 한국의 자연을 갖가지 색으로 <u>화면에 담아내고 있다.</u>

이해 확인하기

1 발표의 일부를 보면서 다음 질문에 답해 봅시다.

Track 09-1

1) 이 부분에서 다룬 내용은 다음 중 무엇입니까?
① 영화〈춘향뎐〉분석　　② 영화〈춘향뎐〉의 특징
③ 임권택 감독의 영화 철학　　④ 영화〈춘향뎐〉에 대한 관객의 평가

2) 들은 내용과 같으면 O, 다르면 X로 표시해 봅시다.
① 임권택 감독은 주로 판소리를 영화 소재로 다루는 감독이다. (　)
② 〈춘향뎐〉은 한국 영화사상 최초로 백만 관객을 모은 영화이다. (　)
③ 영화〈춘향뎐〉에는 실제 전문 판소리꾼의 소리가 포함되어 있다. (　)
④ 영화는 복잡한 심리 묘사보다는 사건과 사건의 연쇄에 의한 전개가 중심이 된다. (　)

3) 영화 〈서편제〉와 〈춘향뎐〉이 소재로 다루고 있는 것은 무엇입니까?

　　서편제
　　춘향뎐

4) 다음 표현을 사용해서 발표에 나온 '판소리'의 특징을 이야기해 봅시다.

| 사설 | 문학 | 노래 | 음악 |
| 몸짓 | 대사 | 연극 | |

5) 이 부분의 중심 내용으로 알맞은 것은 다음 중 무엇입니까?

① 영화 〈춘향뎐〉 인물의 희로애락 표현 기법
② 영화 〈춘향뎐〉 판소리 각색의 특징과 한계
③ 영화 〈춘향뎐〉의 복합적인 성격
④ 영화 〈춘향뎐〉의 장면 구성 방식

6) 들은 내용과 같으면 O, 다르면 X로 표시해 봅시다.

① 영화에 판소리가 직접 삽입되어 인물의 감정을 표현하고 있다. (　　)
② 영화에서 판소리 내용 시각화를 위해 가사의 내용을 영상화하는 방법을 사용하였다. (　　)
③ 각색을 통해 문자 표현의 한계를 넘어설 수 있다. (　　)
④ 판소리의 특징을 충실히 반영한 결과 영화에서는 다소 부자연스러운 부분이 나타난다.
(　　)

7) 판소리를 영화화하는 과정에 나타난 한계점 중에서 두 가지만 찾아 써 봅시다.

① _____
② _____

8) 다음 표현을 사용해서 〈춘향뎐〉이 뮤직비디오나 뮤지컬 같다고 한 이유를 말해 봅시다.

| 음악 | 영상 | 중심적 역할 | 독립적 | 노래 | 춤 |

9) 이 부분의 중심 내용으로 알맞은 것은 다음 중 무엇입니까?
① 영화 〈춘향뎐〉의 의도 ② 영화 〈춘향뎐〉의 가치
③ 다양한 각색의 필요성 ④ 영화 〈춘향뎐〉의 각색 방향

10) 들은 내용과 같으면 O, 다르면 X로 표시해 봅시다.
① 영화 〈춘향뎐〉의 가치는 판소리 본연의 가치를 살린 충실한 각색에서 찾을 수 있다. (   )
② 영화 〈춘향뎐〉은 판소리 교육을 하는 데 좋은 자료로 사용될 수 있다. (   )
③ 영화 〈춘향뎐〉에는 한국의 사계절과 한복의 아름다움이 잘 표현되어 있다. (   )
④ 원작에 충실한 고전 각색이 늘어날 필요가 있다. (   )

11) 판소리 특유의 흥을 보여 주기 위해 영화에 삽입한 장면은 무엇입니까?

12) 다음 표현을 사용해서 영화 〈춘향뎐〉의 판소리 영화화의 의의에 대해 써 봅시다.

| 본연의 가치 | 충실한 각색 | 교육 자료 | 한국적 미 |

2 발표 전체를 보고 다음 내용에 답하여 봅시다.

1) 이 발표의 주제는 다음 중 무엇입니까?

   ① 춘향전 영화화의 역사　　　② 영화 〈춘향뎐〉의 가치
   ③ 판소리의 영화화와 그 한계점　　④ 판소리 고전의 중요성

2) 다음은 발표 자료 화면입니다. 빈칸을 채워 완성하여 봅시다.

판소리의 영화화 과정에 나타난 문제점
임권택의 〈춘향뎐〉을 중심으로

- 발표 주제: 판소리의 영화화 과정에 나타난 _____ – 임권택의 〈춘향뎐〉을 _____ 으로
- 발표자: 안효진(서울대학교)

I. 영화 〈춘향뎐〉
- 감독: 임권택, 한국의 대표적인 _____
- 관련 영화: 〈서편제〉(1993)
  - 이청준 소설 원작, 판소리 소리꾼의 _____을/를 다룬 영화
  - _____을/를 영화로 옮겨 대성공을 거둠.
- 〈서편제〉와 〈춘향뎐〉의 공통점과 차이점
  - 공통점: _____이/가 소재라는 점
  - 차이점

〈춘향뎐〉	〈서편제〉
판소리 공연 자체를 영화화 _____을/를 그대로 보여 주려고 함. 조상현 명창의 _____을/를 삽입	판소리 _____ 이야기

- 〈춘향뎐〉은 _____ 려는 시도가 기존 영화와 다름.

2. 영화와 판소리의 장르적 특성
• 영화
  - 관객들에게 _____ 감수성으로 전달되는 예술 장르
  - 일회적, 한 방향성
  - _____이/가 서로 연결되며 순차적으로 절정을 향해 진행
  - 과거를 회상하는 플래시백 기법을 이용하기도 하지만 자주 사용하지는 않음.
• 판소리
  - 음악적 특성: 주인공의 심정이 _____을/를 통해서 전달
  - _____적 특성: 복잡하고 긴 이야기로 이루어짐.
  - _____적 특성: 인물의 생각이 _____와/과 대사를 통해서 전달

3. <춘향뎐>에서 판소리의 영화화 특징과 한계점
• 판소리가 영화에서 어떻게 표현되었을까?
  - _____(으)로 인물의 희로애락 표현 → 다른 영화보다 클로즈업 기법을 _____ 사용
    굳이 영상을 통해 _____을/를 드러내지 않아도 되기 때문
  - 영화 상영 시간은 ____시간 ____분, 그중에서 판소리가 ____분을 차지
  - 판소리 춘향전의 ____%가 영화에 있음.
  - 판소리로 인물의 _____을/를 묘사할 때 그에 맞는 영상을 보여 줌.
  - 판소리 내용, 즉 노래 가사의 _____
    음악 리듬, 템포(tempo, 박자)를 영상의 빠르기로 반영하거나
    판소리의 _____을/를 그대로 보여 주거나
    예) _____을/를 타고 있는 춘향을 부르러 건너가는 장면, 포졸들이 사또의 명령대로 의기양양
       하게 _____(으)로 춘향을 잡으러 가는 장면
  - 따라서 영화가 뮤직비디오 같기도 하고 뮤지컬 같기도 하다는 평
    음악이 바탕이 되어 중심적 역할을 한다는 점에서 _____
    노래와 춤이 나타난다는 점에서 _____
    예) 사랑가, 옥중가
• <춘향뎐> 판소리 영화화의 _____
  - 영화에서 판소리의 _____을/를 모두 반영하지는 못함. 상상력이 제한됨.
  - 판소리의 특성인 _____도 충분히 드러나지 않고 축소됨.
  - _____ 장면: 판소리 때문에 현장음이 잘 안 들리거나 '좋을 호(好)' 글자를 그래픽
    으로 나타낸 부분
• <춘향뎐>에서 판소리를 영화화한 것의 _____

- 판소리를 충실하게 각색하여 판소리 내용을 보여 줄 뿐만 아니라 _____을/를 알려 줌.
  예) _____ 장면을 영화에 삽입해 판소리 특유의 흥을 보여 줌.
  → 판소리의 공연과 수용 방식을 _____ 데 좋은 자료가 될 수 있음.
- _____이/가 무엇인지 느끼게 해 주는 작품
  계절에 따라 변하는 우리나라의 자연을 갖가지 색으로 화면에 담아냄.
  수많은 의상을 통해 _____의 멋스러움을 잘 표현함.

• 앞으로의 바람
  앞으로 고전을 각색하는 방향이 _____게 나타나야 할 것
  예) _____에 충실한 각색, 고전을 _____한 각색, 새롭게 창조된 각색 등
  → 관객의 _____을/를 더욱 자극할 수 있는 새로운 영화가 나오기를 기대함.
•
•
•

3) 여러분이 본 영화 중에서 원작을 읽은 영화에 대해 다음과 같이 말해 봅시다.

4) 여러분이 이 발표의 청중이라고 생각해 봅시다. 발표를 듣고 난 후의 소감, 질문, 반대 의견 등을 자유롭게 이야기해 봅시다.

5) 다음 내용을 듣고 받아 적어 봅시다.

Track 09-4
(1) ① _____
② _____

Track 09-5
(2) ① _____

Track 09-6
(3) ① _____
② _____

자기 평가
☐ 학술대회 발표의 상황 맥락을 이해하여 말할 수 있다.
☐ 학술대회 발표의 언어적 형식을 이해하여 설명할 수 있다.
☐ 영화를 판소리로 각색했을 때 나타나는 특징에 대해서 말할 수 있다.
☐ 판소리를 영화화했을 때의 한계점에 대해 이야기할 수 있다.

UNIT 10 에너지 소비와 환경

● 다음과 같은 장소들은 에너지 소비가 많은 곳입니다. 에너지 소비량이 많은 이유에 대해 생각해 봅시다.

대학

빌딩

병원

공장

준비하기

○ 다음은 대학교 수업의 강의 계획서입니다. 조별 발표에 대한 안내를 듣고 질문에 답해 봅시다.

현대 산업 사회의 환경 문제

학사 과정 / 교양 과목

- 담당 교수: 김은정/이민수
- 강의 시간 및 장소: 매주 월요일 14:00-16:50(100동 333호)
- 연락처: 1234(환경계획학과 사무실)
- 이메일: coolagc@snu.ac.kr(김은정), energo@gmail.com(이민수)

강의 목표
다양한 분야의 전문가 강의와 토론, 사례 발표를 통하여 오늘날의 환경 문제에 대해 학생들의 종합적·과학적 이해를 돕는다. 지구 환경 문제에서부터 일상생활에서 경험하는 환경 문제에 이르기까지 다양한 환경 문제의 원인과 현황을 살펴보고 바람직한 해결 방안을 모색해 본다.

Track 10-1

1) 발표의 평가 기준 네 가지는 각각 무엇입니까?

   ① _____   ② _____

   ③ _____   ④ _____

2) 다음 중에서 조별 발표에 대한 설명으로 틀린 것을 골라 봅시다.

   ① 두세 명이 협동하여 공동 연구를 해야 한다.

   ② 학교 내 환경 문제에 대해서 발표해도 된다.

   ③ 발표와 보고서가 모두 평가 대상이다.

   ④ 발표할 때 보고서도 제출해야 한다.

3) 어떤 방식으로 발표해야 좋은 결과를 얻을 수 있을지 이야기해 봅시다.

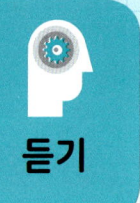

듣기

어휘 및 표현 연습하기

1 다음 보기 중에서 빈칸에 들어갈 적절한 단어를 찾아 써 봅시다.

보기			
에너지원	조달	밀폐	선도
악취	가연	무상	

1) 신재생 에너지 발전 방식은 사용하는 _____ 에 따라 열한 가지 정도가 존재한다.

2) 폐기물 발전소는 그 특성상 원료의 _____ 이/가 영구적으로 가능하다.

3) 폐기물 발전에 대한 여러 가지 오해 중 하나가 쓰레기에서 _____ 이/가 날 것이라는 생각이다.

4) 냄새 문제는 발전소를 _____ 하여 냄새를 완전히 막는 방법으로 이미 해결이 된 상태이다.

5) 학교 내 많은 쓰레기가 _____ 재료로서 폐기물 발전의 연료로 사용이 가능하다.

6) 대표적인 국립 대학의 실천은 다른 대학들을 이끄는 _____ 효과가 있다.

7) 폐기물 발전소에서 발전하고 남은 폐열은 학내 _____ 난방 공급에 사용될 수 있다.

❷ 다음 밑줄 친 부분을 다른 표현으로 바꿔 써 봅시다.

1) 서울대학교는 기타 대학과 비교했을 때 <u>독보적으로</u> 이산화탄소 배출량이 많다.

2) 기술 극대화를 통해서 오염 물질 배출이 <u>영에 가깝다</u>는 결과가 나온 연구가 있다.

3) 기존 방식과 비교해 볼 때 약 460억 원의 <u>차이가 발생한다.</u>

4) 오늘날에는 친주민 시설, 친환경 시설로 이 지역의 대표적인 관광 명소<u>로 자리매김했다</u>고 한다.

💡 이해 확인하기

❶ 발표의 일부를 들으면서 다음 질문에 답해 봅시다.

1) 이 부분의 중심 내용으로 알맞은 것은 다음 중 무엇입니까?
　① 대학교의 에너지 다소비 문제
　② 에너지원 선정의 세 가지 기준
　③ 폐기물 발전 신재생 에너지 플랜트 건립 제안
　④ 바이오매스를 이용한 한국전력과의 프로젝트 제안

2) 들은 내용과 같으면 O, 다르면 X로 표시해 봅시다.
　① 이 대학교는 이산화탄소 배출량에서 국내 대학 중 1위를 했다.　　　　　(　　)
　② 이 대학교는 국내 대학에서 유일하게 학생 수가 증가하고 있다.　　　　　(　　)
　③ 이 대학교의 에너지 문제 해결은 다른 기관에도 긍정적인 영향을 미칠 것이다.　(　　)
　④ 이 대학교는 현재 전력 생산을 위해 투자를 많이 하고 있다.　　　　　　(　　)

3) 에너지원 선정 시 고려한 기준 세 가지는 무엇입니까?

① _____ ② _____ ③ _____

4) 다음 표현을 사용해서 최종 선정된 신재생 에너지 발전 방식은 무엇이며, 그 이유는 무엇인지 이야기해 봅시다.

| 바이오매스 | 폐기물 발전 | 원료 조달 | 지속 가능성 | 쓰레기 |

5) 이 발표에서 다루지 않은 것은 다음 중 무엇입니까?

① 신재생 에너지 활용의 예 ② 학내 플랜트 대지 선정 기준
③ 학내 플랜트 대지 선정 과정 ④ 신재생 에너지 활용의 장단점

6) 들은 내용과 같으면 O, 다르면 X로 표시해 봅시다.

① 폐기물 발전소 건설에 반대하는 학생들이 많다. ( )
② 폐기물 발전에서의 악취 문제는 해결이 되었다. ( )
③ 서울대학교 표본 폐기물은 대부분 연료화에 적합하다. ( )
④ 발전소 내 편의 시설은 학내 구성원에게서 사랑을 받고 있다. ( )

7) '구리시 자원 회수 시설'에 문제가 없음을 나타내기 위해 발표자가 예로 든 두 곳은 어디입니까?

① _____ ② _____

8) 다음 표현을 사용해서 '구리시 자원 회수 시설'의 성공적인 운영에 대해 이야기해 봅시다.

| 주민 편의 시설 | 친환경 시설 | 친주민 시설 | 관광 명소 |

9) 이 부분에서 다룬 내용은 다음 중 무엇입니까?

① 발전소 건설의 기대 효과
② 대학교의 반납비 실천 사례
③ 발전소에서의 건축물 폐기물 활용 가능성
④ 타는 폐기물과 타지 않는 폐기물의 처리 방안

10) 들은 내용과 같으면 O, 다르면 X로 표시해 봅시다.

① 다음 주 발표 주제는 폐기물 처리 방안이다. (   )
② 학내 폐기물의 대부분은 건축물 쓰레기이다. (   )
③ 폐기물 발전소의 가장 큰 장점은 경제성이다. (   )
④ 건축물 폐기물도 가연 재료로 볼 수 있다. (   )

11) 발표자는 발전소 건립의 효과를 크게 세 가지로 설명했습니다. 어떠한 효과들입니까?

① _____ ② _____ ③ _____

12) 다음 표현을 참조하여 질문과 답변 내용을 메모해 봅시다.

> 건축물 폐기물   폐기물 발전   가연 재료   연료화   가연 쓰레기

질문	
답변	

2 발표 전체를 듣고 다음 내용에 답해 봅시다.

1) 이 발표에서 신재생 에너지 발전소 프로젝트를 제안한 이유는 무엇입니까?

   ① 환경을 오염시키지 않는 새로운 에너지원을 발견했기 때문에
   ② 폐기물을 생산적으로 사용할 수 있는 방법을 모색하기 위해서
   ③ 서울대학교가 처한 경제적 위기 상황을 극복할 수 있는 해결책을 찾기 위해서
   ④ 에너지 다소비 기관인 이 대학교의 문제를 해결하기 위해서

2) 다음은 발표를 하기 위해서 작성한 발표자용 대본입니다. 먼저 대본의 빈칸을 완성해 봅시다. 또 발표자가 어떤 점에 주의하여 발표를 하였는지 생각하며 들어 봅시다.

   1. 배경 설명
      1) 뉴스: _____에서 10년 연속 1위
      2) 학생 _____, 하지만 에너지 사용량 배출량은 매년 _____% 증가
      3) 주제 제시: 서울대학교 캠퍼스 내 신재생 에너지 발전소 건립
      4) 퀴즈: 190개 에너지 다소비 기관 중 _____개가 이것
      5) 주장 제기: 현재 건립 중인 제3 플랜트를 신재생 에너지 플랜트로 건립

   ✓ 어느 분야에서 1위한 것인지 강조하며 제시함.

2. 에너지원 선정
   1) _____ 가지 에너지원 중에서 선정해야 함.
      선정 기준: 가능성, 경제성, 적합성
   2) 가능성: _____을/를 예를 들어 설명
   3) 경제성: 감가상각, 할인율, 신재생 에너지 대체율 등 고려
      - 현재 한국전력에서 에너지 구입: 투자비 0, 연간 612억 원의 비용 발생
      - 우리의 제안: 건설비 필요, 매년 발전 비용 → _____, _____
   4) 적합성
      → 폐기물 발전 방식이 최종 선정됨.
         _____ 가능성, 지속 가능성

✓ 논리적 기준에 따라 선정되었음을 강조

3. 폐기물 발전
   1) 폐기물 발전에 대한 의문 해소
      - _____: 신재생 에너지 중 _____% 차지, 480기가 이미 운용 중
      - _____에 대한 염려: 에어 커튼, 건물 밀폐 등 이미 기술 발전으로 해소됨.
      - 다이옥신 발생 우려: 기술 극대화를 통해 _____ 배출이 거의 없음.
   2) 긍정적 사례 제시
      - 구리시 자원 회수 시설: 사진, 주민들의 반대, 이후의 긍정적 반응
        축구장, 실내 수영장, 사우나 등의 주민 편의 시설 도입 + 관광 명소
        고급 레스토랑도 설치되어 있음.

✓ 폐기물 발전에 대한 편견과 거부감을 없애는 데 초점을 둠.

4. 발전소 건립
   1) 폐기물 발생 현황
      6개의 쓰레기통 표본 조사: _____(으)로서 연료화에 매우 적합
   2) 대지 선정: 테니스장, 공대 주차장, 야구장 등
      고려 요소: _____ 용이성, _____ 적절성, 거부감 최소화 가능성
   3) 학내 캠페인 제안
      - 학내 _____을/를 통해 오해 최소화
      - 발전소 내 _____ 확충
      - 이름을 _____을/를 주지 않도록 명명
        • 학생들 대상 공모전 제안

5. 기대 효과
   1) 경제적 효과: 설비비 444억, 발전비 142억,
      기존 방식에 비해 약 _____의 차이 발생/ 원료가 쓰레기이므로
      쓰레기 처리 비용 122억 원 절감
   2) 환경적 측면: _____(으)로 에코 캠퍼스 실현, 환경 교육의
      장으로 거듭남.
   3) 국립 대학교로서 _____ 효과, 반닙비 실천 사례
   4) 학내 구성원에 돌아가는 이익
      - _____을/를 통한 무상 난방 가능: 샤워실, 찜질방, 화장실 오수
      - 잔여 이익, 528억으로 다양한 복지 지원 가능: 환경 장학금, 해외 봉사
        지원 등(설문 조사를 통해 _____ 조사)

6. 마무리

3) 다음은 에너지 절약과 환경 보호 방안입니다. 세계 여러 나라에서 진행되고 있는 것으로는 어떤 것이 있는지 찾아보고 이야기해 봅시다.

- 건물 옥상 자연 정원 만들기
- 그린 마일리지 제도 운영
- '탄소 배출권 거래제' 그린 카드 발급
- 나홀로 운전자들을 위한 '같이 타기' 정류장
  ⋮

- 가장 효과적이라고 생각하는 것은 무엇입니까?

- 그렇게 생각하는 이유는 무엇입니까?

4) 다음 내용을 듣고 받아 적어 봅시다.

① _____

② _____

③ _____

④ _____

자기 평가
☐ 수업에서 조별 발표 상황에 대해 파악하여 이야기할 수 있다.
☐ 발표 준비 시 고려해야 할 점에 대해서 말할 수 있다.
☐ 폐기물 발전의 이점에 대해서 설명할 수 있다.
☐ 대학 내 에너지 문제의 해결 방안을 제시할 수 있다.

UNIT 11 전통의 보존과 개발

● 다음 한옥 사진을 보고 각 부분의 이름을 확인해 봅시다. 그리고 여러분 나라의 전통 가옥에 대해 이야기해 봅시다.

준비하기

○ 다음은 토론 과정을 정리한 것입니다.

1) 다음 보기 중에서 알맞은 것을 찾아 빈칸을 채워 봅시다.

> 보기
> • 토론 주제 분석하기
> • 상대방의 주장에 대해 반론하기
> • 상대편의 반론에 대해 예상해 보고 논증 과정 생각해 보기
> • 토론 활동을 되돌아보면서 토론이 문제 해결에 어떤 도움을 주었는지 이야기해 보기

토론 전	① _____ ② 자신의 주장을 정리하고 자료 수집하기 ③ _____ ④ 토론 팀을 구성하고 역할 분담하기
토론 중	① 자신의 주장과 근거를 분명하게 제시하기 ② 상대방의 주장과 근거 잘 듣기 ③ _____ ④ 합리적인 문제 해결 방안 찾기
토론 후	① _____ ② 토론 평가해 보기

2) 토론을 평가하는 기준이 될 만한 것을 모두 찾아 봅시다.

① 반박이 치밀하였다. ( )

② 주장을 강하게 제시하였다. ( )

③ 표현과 전달이 효율적이었다. ( )

④ 상대방의 완전한 동의를 얻었다. ( )

⑤ 주장을 적절하고 일관되게 제시하였다. ( )

⑥ 주장에 대해 다양하고 타당한 근거를 제시하였다. ( )

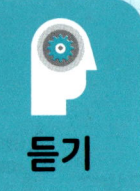

어휘 및 표현 연습하기

1 다음 보기 중에서 빈칸에 들어갈 적절한 단어를 찾아 써 봅시다.

보기			
보존되다	문화유산	계승	침해하다
고유성	문화재	개량되다	재현되다

1) 실제로 _____(으)로 지정된 한옥도 현대 생활에 맞게 개량된 경우가 많다.

2) 외국인 관광객들은 우리 문화의 _____을/를 발견하고 싶어 한다.

3) 한옥은 반드시 _____(어)야 하기에 한옥 마을 지정은 타당하다고 생각한다.

4) 한옥은 과학성을 갖춘 우리의 소중한 _____ 중의 하나이다.

5) 우리나라 아파트의 구조는 전 세계에서 유일한 것으로, 한옥의 동선 형식이 지금의 아파트에서 _____ 것이라고 할 수 있다.

6) 한옥의 장점을 살리되 현대 생활에 맞게 변용하는 것이 진정한 전통의 _____(이)다.

7) 한옥 마을을 지정하면 그곳에 거주하는 사람의 재산권과 자유권을 _____ 수 있다.

8) 한옥이 창조적으로 _____ 모습에서 우리 문화의 전통을 발견할 수 있다.

2 다음 밑줄 친 부분을 다른 표현으로 바꿔 써 봅시다.

1) 우리의 소중한 전통 유산인 한옥은 생활의 편리와 개발이라는 <u>명목하에</u> 우리 주변에서 점점 사라지고 말 것이다.

2) 현재 우리의 삶을 <u>풍요롭게</u> 하지 못하는 전통의 보존이란 죽은 과거에 집착하는 것에 불과할 것이다.

3) 한옥의 <u>장점을 살리되</u> 현대 생활에 불편함이 없게 변용하는 것이 진정한 전통의 계승이다.

4) 한옥이라고 하면 구시대의 유물쯤으로 <u>치부하는</u> 경향도 있다.

5) 일부 한옥적 요소를 가지고 아파트가 한옥을 계승했다고 보는 것은 <u>논리적으로 비약이 있다.</u>

이해 확인하기

1 토론의 일부를 들으면서 다음 질문에 답해 봅시다.

1) 이 부분의 중심 내용으로 알맞은 것은 다음 중 무엇입니까?
   ① 한옥 마을의 설립   ② 한옥 마을의 지정
   ③ 한옥 마을의 가치   ④ 한옥 마을의 결점

2) 들은 내용과 같으면 O, 다르면 X로 표시해 봅시다.
   ① 전주 한옥 마을 주민들은 원한다면 집을 허물고 현대식 집을 지을 수 있다.   (   )
   ② 한옥은 과학성을 갖춘 가옥이다.   (   )
   ③ 한옥 마을 지정은 마을 주민의 재산권, 자유권을 침해할 수 있다.   (   )
   ④ 공공의 이익은 개인의 자유와 권리보다 우선시되어야 한다.   (   )

3) 반대 측에서 주장하는 내용을 정리해 봅시다.

_____

4) 다음을 듣고 아래 표현을 사용해서 이 주장의 근거는 무엇인지 말해 봅시다.

| 공공의 이익 | 개인의 자유와 권리 | 제한 |
| 세계화 시대 | 외국인 관광객 | 국제 경쟁력 |

5) 이 부분에서 나오지 <u>않은</u> 주장은 다음 중 무엇입니까?

① 관광객 유치보다 주민의 삶이 더 중요하다.

② 전통 보존은 경제적 이익이 수반되어야 할 수 있다.

③ 현대 생활에 맞게 한옥의 전통을 이어 나가자.

④ 진정한 전통 계승을 위해 어느 정도의 제도적 강제가 필요하다.

6) 들은 내용과 같으면 O, 다르면 X로 표시해 봅시다.

① 요즘은 내부가 현대식으로 개량된 한옥이 많다.   (   )

② 한국의 주거 문화가 대부분 서구식으로 바뀐 지 오래되었다.   (   )

③ 문화재로 지정된 한옥은 전통식 구조를 보존하고 있다.   (   )

④ 사람들이 한옥을 선호하지 않는 이유는 생활의 불편함 때문이다.   (   )

7) 찬성 측이 '사회의 핵심 가치를 지켜내는 힘'이 어떻게 만들어진다고 했는지 찾아봅시다.

8) 다음을 듣고 아래 표현을 사용해서 여기에서 언급한 현재 한옥의 모습에 대해 말해 봅시다.

| 외형적 | 한옥의 모습 | 내부 | 현대 생활 | 개량 |

9) 이 부분에서 나오지 않은 내용은 다음 중 무엇입니까?

① 한옥의 특별한 구조 ② 한옥과 아파트의 동선 형식
③ 한옥의 정책적 보존 필요성 ④ 한옥 공간 분리 방식

10) 들은 내용과 같으면 O, 다르면 X로 표시해 봅시다.

① 한국의 아파트 구조는 전 세계에서 하나밖에 없는 구조이다. (   )
② 반대 측은 한옥 마을을 지정하지 않더라도 한옥의 전통을 계승하는 것은 가능하다고 주장한다.
(   )
③ 한옥 문화에서 핵심이 되는 것은 자연과 함께한다는 것이다. (   )
④ 한국의 아파트 구조는 한옥의 오르내림과 꺾임을 그대로 반영하였다. (   )

11) 다음을 듣고 이 토론자가 "아파트의 일부 한옥적 요소를 한옥의 현대적 계승이라고 볼 수 없다." 라고 말한 이유는 무엇인지 찾아봅시다.

12) 여러분 나라에 현대적 요소와 전통적 요소가 복합되어 있는 문화가 있다면 이야기해 봅시다.

2 토론 전체를 듣고 다음 내용에 답하여 봅시다.

1) 이 토론의 논제는 아래와 같습니다. 이 토론의 하위 쟁점 세 가지를 찾아봅시다.

 논제
한옥의 전통을 계승하기 위해 한옥 마을 지정이 필요하다.

 쟁점
① 전통의 계승을 위해 개인의 희생을 요구하는 것은 정당한 일인가?
② 한옥 마을 지정이 한옥 전통 계승에 꼭 필요한 일인가?
③ _____

2) 이 토론의 내용을 다음과 같이 정리해 봅시다.

   1. 입론

	주장	한옥 마을 지정은 타당하다
찬성 측	근거	- 전통 주거 양식 중 하나임. - _____ ▶사라지고 있는 이유 • 급격한 도시화·현대화 과정 때문 • 한옥은 시대에 뒤떨어진 낡은 것이라고 생각하는 사람들의 인식 때문 - _____
	방법	_____ 지역을 한옥 마을로 _____ 할 필요가 있음. 있는 그대로의 한옥을 보존하는 것은 _____ 다는 점에서 매우 의미 있는 일임.

	주장	한옥 마을 지정에 반대한다
반대 측	근거	- 굳이 한옥 마을을 지정하지 않더라도 _____ 은/는 사라지지 않을 것 - 한옥 마을 거주자의 _____ 와/과 _____ 침해 • 한옥에 살기 싫어도 한옥에 살아야 함. • 한옥을 _____ 고 새 건물을 _____ 도 그렇게 할 수 없음. • 개인의 자유권과 재산권은 _____ 는 권리 • _____ 게 누려야 할 권리 • _____ 을/를 위해 도시 경관을 보존 • 한옥의 전통을 계승한다는 명분으로 개인의 주거권과 재산권 침해 → 그 피해는 누가 _____ ?

2. 반박

찬성 측 반박	주장1	공공의 이익을 위해서 개인의 자유와 권리는 _____ 수 있는 것
	근거	_____만을 생각하여 공공의 이익을 고려하지 않는다면 결국 _____도 지켜지지 않을 것
	주장2	한옥을 보존하는 일은 바로 세계화 시대에 _____는 일
	근거	지금은 세계화 시대이고 _____도 많이 유치할 필요가 있음. 외국인 관광객들은 _____고 싶어 함. 그러므로 한옥과 같은 _____여 국제 경쟁력을 갖출 필요가 있음.

반대 측 반박	주장1	_____지 못하는 전통의 보존이란 곧 과거에 집착하는 것에 불과할 것. 한옥 마을 지정보다는 한옥을 _____ 자연스럽게 한옥의 전통을 이어 가는 것이 바람직함.
	근거	과거보다는 _____이/가 더 중요함. 외국인에게 보여 주어야 한다는 이유로 현재 생활을 희생할 수는 없음. 경제적인 이유 혹은 막연한 전통 보존이라는 명분만으로 우리의 현재 생활을 희생한다면 _____은/는 어려운 일이 될 것임.
	주장2	전통적 한옥의 _____되 현대 생활에 불편함이 없게 _____는 것이 진정한 전통의 계승임. 외국인들도 한옥이 _____된 모습에서 우리 문화의 전통을 발견할 수 있을 것임.
	근거	전통이란 _____의 것이 아니라 현재를 살아가는 우리들이 찾아내어 만들어야 하는 것임. 한옥도 지금의 삶에 도움이 될 한옥의 모습을 제시하는 것이 전통 계승 _____만을 전통이라고 한다면 전통의 _____은/는 불가능함. _____을/를 만들어 후대에게 전통으로 물려주어야 함. 예) 문화재 지정 한옥도 외형은 전통 한옥, 내부는 _____ 부엌과 _____ 화장실 등 현대 생활에 맞게

3. 재반박

찬성 측 재반박	주장	만일 모든 것을 개인의 취향과 선택에만 맡긴다면 그 사회의 핵심 가치를 지키기 힘들 것임. 어느 정도는 _____이/가 있어야 우리 문화가 지켜질 수 있음. 따라서 한옥 마을을 지정하여 보존하는 것이 _____는 유효한 방법임.
	근거	한옥을 현대 생활에 맞게 잘 변용하여 그 _____을/를 제대로 살리고 있을까? 우리의 실제 주거 문화는 대부분 _____. 한옥을 _____(으)로 치부하는 경향까지 있음.

반대 측 재반박	주장	한옥의 전통을 계승하는 것은 한옥 마을을 지정하는 등의 _____만 가능한 것이 아니라, _____ 속에서도 충분히 가능한 일이라고 생각함.
	근거	지금 우리의 주거 형태에는 _____이/가 많이 있음. 예) 우리나라 아파트 내부: 현관문-거실-_____-주방-_____=한옥의 _____ 형식, 전 세계 유일 외부: 옛 마을의 _____을/를 살리고 있음. 옛날 마을 입구의 장승과 도당 나무= 요즘 아파트 입구의 'OO 마을 OO 아파트'라고 쓰인 커다란 _____, 큰 _____, 정자

찬성 측 재반박	주장	우리 전통 한옥에만 있는 것들, 조상의 숨결과 지혜가 배어 있는 우리 한옥을 정책적으로 보존하지 않는다면 한옥의 _____와/과 그 속에서 숨 쉬던 _____을/를 잃어버리게 될 것임.
	근거	- 현실에 맞게 변화된 것 모두를 전통 계승과 관련하여 생각한다면 _____을/를 구분하기 어려움. - 아파트가 한옥을 현대적으로 계승했다고 보는 것은 _____ - 한옥 문화의 핵심은 _____, 즉 한옥은 자연을 집 안으로 끌어들여 집 안에서도 하늘을 볼 수 있음. 하지만 아파트는 _____이/가 단절되었음. - 한옥은 신체 움직임이 많아 건강 유지에 도움이 됨. 하지만 아파트는 _____이/가 한옥처럼 많지 않음.

사회자의 마무리	주거와 생활 공간의 측면에서 우리 전통 한옥의 우수성이 무엇이고 _____ 하는 근본적인 물음에 대해 생각해 보는 계기가 되었던 토론이었음.

3) 이 토론의 찬성 측과 반대 측 중 어느 쪽이 더 설득력이 있는지 아래의 평가 기준으로 평가해 보고, 그 이유를 말해 봅시다.

평가 기준	① 주장을 적절하고 일관되게 제시하였다. ② 주장에 대해 다양하고 타당한 근거를 제시하였다. ③ 표현과 전달이 효율적이었다. ④ 반박이 치밀하였다.

더 설득력이 있다고 생각하는 쪽	

그렇게 생각한 이유	

4) 다음 내용을 듣고 받아 적어 봅시다.

Track 11-8
(1) ①　_____
　　 ②　_____

Track 11-9
(2) ①　_____
　　 ②　_____
　　 ③　_____

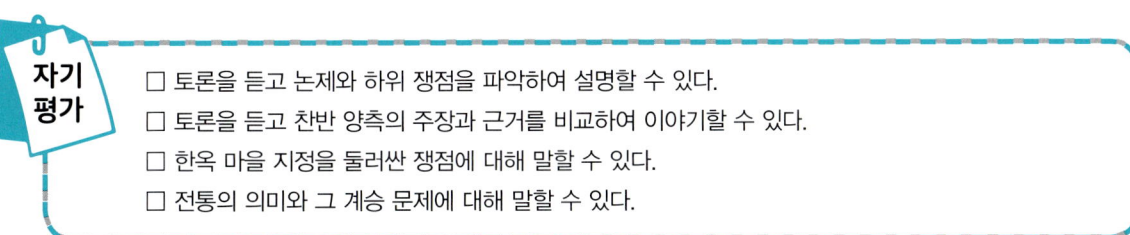

자기 평가
☐ 토론을 듣고 논제와 하위 쟁점을 파악하여 설명할 수 있다.
☐ 토론을 듣고 찬반 양측의 주장과 근거를 비교하여 이야기할 수 있다.
☐ 한옥 마을 지정을 둘러싼 쟁점에 대해 말할 수 있다.
☐ 전통의 의미와 그 계승 문제에 대해 말할 수 있다.

11. 전통의 보존과 개발　111

UNIT 12 함께 사는 사회

- 어떤 사람들이 사회적 약자라고 생각합니까? 이들을 배려하는 방안에 대해 이야기해 봅시다.

 ○ 다음은 토의에 대한 설명입니다.

1) 토의란 무엇인지 이야기해 봅시다.

2) 토의와 토론의 공통점과 차이점은 무엇인지 써 봅시다.

3) 토의 유형에 해당하는 각 토의의 특성을 다음 보기에서 찾아 번호를 적어 봅시다.

보기
① 청중이 직접 참여하여 의견을 교환한다.
② 모든 사람이 동등한 자격으로 토의에 참여한다.
③ 각 분야의 권위자나 전문가가 개별적인 의견을 발표한다.
④ 다양한 결론이 도출되는 논제를 토의하는 데 적합하다.
⑤ 여론을 수렴하여 반영하려고 할 때 많이 선택된다.
⑥ 학술적이고 전문적인 내용을 다룬다.
⑦ 대규모 집단보다 소규모 집단에서 하는 것이 효과적이다.

토의 유형	특성
패널 토의	
심포지엄	
포럼	

4) 토의할 때 유의할 점에 대해 이야기해 봅시다.

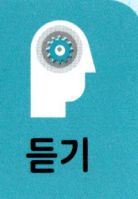

듣기

🔍 어휘 및 표현 연습하기

1 다음 보기 중에서 빈칸에 들어갈 적절한 단어를 찾아 써 봅시다.

보기				
	정책	사회적 약자	편견	소외감
	배려하다	평등하다	정서적	

1) 오늘은 '사회적 약자를 _____ 방안에는 어떤 것들이 있는가?'라는 주제로 토의를 진행하겠습니다.

2) 따뜻한 보살핌을 경험하지 못하는 이들에게 찾아가 말벗도 되어 주고 고충도 들어주는 것과 같은 _____ 측면의 배려도 중요하다고 생각합니다.

3) 사회적 약자를 _____ 와/과 오해의 시선으로 바라보는 사람들이 많다.

4) _____ (이)라고 하면 사람들은 흔히 독거노인이나 장애인들을 생각한다.

5) 정부에서는 기업의 장애인 고용을 의무화하는 _____ 을/를 시행하고 있다.

6) 사회적 약자들은 다른 사람과 동떨어져 있고 교류하지 못한다는 _____ 이/가 상당히 크다.

7) 사회적 약자를 지원하고 배려하되, 우리와 똑같이 가치 있고 _____ 존재로 대하는 것이 필요하다.

114 서울대 한국어+ 학문 목적 듣기

2 다음 밑줄 친 부분을 다른 표현으로 바꿔 써 봅시다.

1) 정부에서 받은 돈으로 <u>생활을 꾸려 나가기</u>에는 턱없이 부족한 사람들과 함께 일하고 있다.

2) 우리 사회에서 사회적 약자에 대한 편견과 불공정이 얼마나 <u>뿌리 깊은지</u> 느끼게 되었다.

3) 자신은 멀쩡한 사람이고 사회적 약자는 안 멀쩡한 사람이라고 <u>선을 그어 버린다.</u>

4) 어떻게 하면 어려운 사람들을 도와줄 수 있느냐는 문의 전화가 예전에 비해 <u>눈에 띄게</u> 늘었다.

5) 사회적 약자를 자신이 속한 <u>공동체로 끌어들여</u> 그들에게 자신이 공동체의 일원이라는 점을 인식하게 하는 것이 도움이 된다.

이해 확인하기

1 토의의 일부를 들으면서 다음 질문에 답해 봅시다.

1) 이 부분의 논제는 다음 중 무엇입니까?
   ① 사회적 약자를 위한 국가의 정책은 무엇인가?
   ② 어떤 사람들을 사회적 약자라고 할 수 있는가?
   ③ 사회적 약자를 배려하는 방안에는 어떤 것들이 있는가?
   ④ 사회적 약자를 위해서는 어떤 분야의 사업이 사회적 기업의 사업으로 적절할까?

2) 들은 내용과 같으면 O, 다르면 X로 표시해 봅시다.

① 김석호 간사는 선천적으로 장애를 가지고 태어났다. ( )

② 일반적으로 사람들은 독거노인과 장애인을 사회적 약자라고 생각한다. ( )

③ 약물 중독자, 신용 불량자, 미혼모도 사회적 약자로 보는 이유는 이들이 스스로 생활을 하기 힘들기 때문이다. ( )

④ 신체에 장애가 생겨도 하고 싶은 일을 마음껏 할 수 있다. ( )

3) 다음을 듣고 여기에서 언급한 사회적 약자를 모두 찾아봅시다.

_____

4) 여러분이 사회적 약자라고 생각하는 사람은 어떤 사람들인지 함께 이야기해 봅시다.

5) 이 부분의 중심 내용으로 알맞은 것은 다음 중 무엇입니까?

① 사회적 약자에 대한 시선과 국가의 정책   ② 사회적 약자에 대한 시선과 배려 방법
③ 사회적 약자 자립 프로그램 마련 방안   ④ 사회적 약자에 대한 정서적인 배려 방안

6) 들은 내용과 같으면 O, 다르면 X로 표시해 봅시다.

① 사회적 약자에 대한 부정적 시선이 예전에 비해 많이 나아졌다. ( )

② 대기업은 장애인 고용에 적극적이다. ( )

③ 사회적 약자에게는 물질적인 지원이 우선이다. ( )

④ 장애인 고용 정책도 중요하지만 정서적 측면의 배려도 중요하다. ( )

7) 사회적 약자를 보는 시선에 대해 각 토의자가 말한 것을 정리해 봅시다.

8) 사회적 약자 배려 방안에 대한 각 토의자의 의견은 무엇인지 정리해 봅시다.

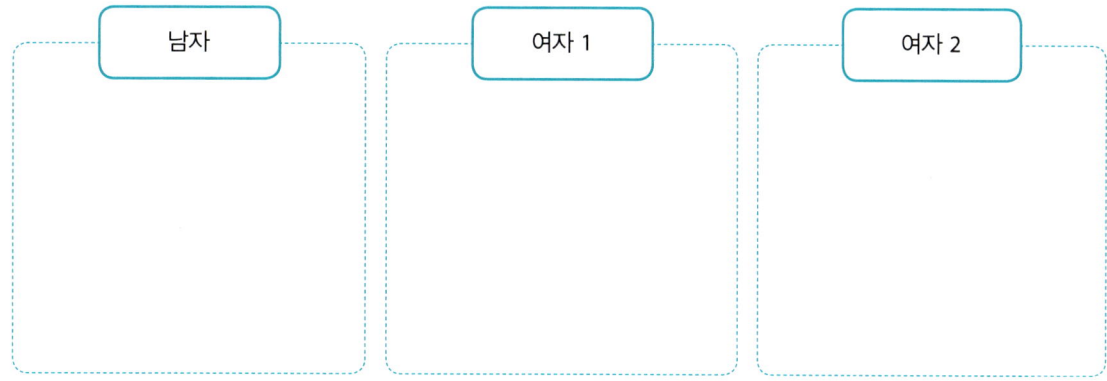

9) 방청객 질문의 내용으로 알맞은 것은 다음 중 무엇입니까?

① 사회적 약자와 가까워질 수 있는 방법   ② 사회적 약자를 대상으로 하는 자원봉사

③ 사회적 약자에 대한 인식 개선의 방법   ④ 누구나 사회적 약자가 될 수 있는 잠재성

10) 들은 내용과 같으면 O, 다르면 X로 표시해 봅시다.

① 우리도 장애인이나 독거노인이 될 수 있기 때문에 모두가 사회적 약자라는 생각을 가지고 살아야 한다. ( )

② 사회적 약자도 우리와 다를 바 없이 동등한 존재이므로 우리와 같은 조건에서 살아가도록 해야 한다. ( )

③ 사회적 약자들에게 공동체의 일원이라는 것을 인식시키는 것이 큰 도움이 된다. ( )

④ 토의자들은 사회적 약자를 배려해야 한다는 부분에서는 모두 동의하였다. ( )

11) 사회적 약자를 위해 작은 공동체에서 할 수 있는 일로 어떤 일이 있다고 했는지 찾아봅시다.

① _____

② _____

③ _____

12) 사회적 약자에게 도움을 줄 수 있는 방법으로 또 무엇이 있을지 자유롭게 이야기해 봅시다.

2 토의 전체를 듣고 다음 질문에 답해 봅시다.

1) 이 토의의 중심 주제로 가장 어울리는 것은 다음 중 무엇입니까?

① 사회자 약자에 대한 취업 지원 ② 사회적 약자를 배려하는 방안
③ 사회적 약자를 위한 정부 대책 ④ 사회적 약자에 대한 실태 분석

2) 토의 전체를 다시 들으면서 토의 내용을 정리해 써 봅시다.

▶토의 제목: 사회적 약자를 _____
▶토의 참석자: 오미정(○○구청 _____)
　　　　　　정다미(_____ 나눔사 대표)
　　　　　　김석호(_____ 관련 단체 강사)
▶토의 내용
　1. _____의 범위
　　1) 오미정
　　　• 사회적 약자란 _____.
　　　• 사회에서 소외받는 사람들
　　　• (기존 인식) _____, 장애인
　　　　(범위 확대) 약물 중독자, 신용 불량자, _____ 등
　　2) 정다미
　　　• 사회적 기업 운영: 노인, 장애인, 기초 생활 수급자들이 근무
　　　• 사회적 약자
　　　　- 혼자 살며 _____이/가 부족한 노인
　　　　- 몸이 아파 _____을/를 얻지 못하는 장애인
　　　　- 정부에서 받는 돈으로 생활이 어려운 _____
　　　　　+ 차상위 계층, _____ 등
　　3) 김석호
　　　• _____은/는 누구보다도 고통받고 소외받는 사회적 약자
　　　• 무엇보다 자기 힘과 능력으로 _____다는 점이 고통스러움.
　　　• _____(으)로 장애인이 된 후 _____(으)로 퇴직.
　　　• 장애인이라는 사회적 약자에 대한 _____이/가 뿌리 깊음.

▶토의 내용 1: 사회적 약자에 대한 우리의 _____

1) 정다미
   - 사회적 약자에 대한 사람들의 잘못된 편견과 오해의 시선 → 멀리하고 차별해야 할 대상
   - 사회적 약자는 _____ 보다 조금 뒤처질 뿐 _____
   - 사회적 약자도 _____ 이/가 있음.
   - 멀쩡한 사람과 _____ (으)로 선을 긋는 것은 잘못된 생각임.

2) 오미정
   - _____. 사회적 약자에 대한 _____ 이/가 많이 희미해져 가고 있음.
   - 어려운 사람을 돕겠다는 _____ 증가
   - 독거노인 식사, 장애인 가정 방문 _____ 증가

▶토의 내용 2: 사회적 약자에 대한 _____ 방법

1) 김서효
   - 기업의 _____ 확대
   - 현재 시행 정책은 너무 _____, 잘 시행되지도 않고 있음.
   - 일정 규모 이상 기업에 대한 장애인 _____ 고용, _____ 점검 및 관리 필요

2) 오미정
   - _____ 인 측면의 배려도 중요
   - 사회적 약자의 _____ 해소 위해 따뜻한 보살핌이 필요한 사람들의 말벗이나 _____ 점수 팀 구성 필요

3) 정다미
   - 사회적 약자 스스로 _____ 을/를 키워야 함.
     → 경쟁력을 키울 수 있는 _____ 마련
     예) 장애인 _____, 사회 적응 훈련 프로그램
        차상위 계층의 자립 향상 직업 훈련으로 _____ 끌어올리기

▶질의응답

질문 1: 사회적 약자에 대한 _____ 은/는?

응답(김서효)
- 사회적 약자도 우리와 다를 바 없이 _____ (이)라는 사실 깨달아야
- 누구나 예기치 못하게 이런 _____ 이/가 될 수 있음.
- 따라서 그들의 처지를 고려해 지원하고 배려하되, 똑같이 _____ (으)로 대해야

질문 2: 동네나 학교 등에서 사회적 약자_____은/는?

응답(오미정)
- 돈을 모아 관련 단체에 _____
- _____ 여 자정 돕기
- _____ 의 일원으로 끌어들이기

3) '복지에 대한 국가의 역할은 어디까지가 적절한가?'라는 논제로 토의해 봅시다.

> 사회자, 패널, 청중 중에서 자신이 맡을 역할을 정해 봅시다.

> 자신이 맡은 역할에 따라 해야 할 일을 적어 봅시다.

> 토의 절차에 맞춰 토의해 봅시다.

4) 다음에서 사회자는 어떤 역할을 하고 있는지 각각 써 봅시다.

사회자	역할
오늘은 …라는 주제로 토의를 진행하겠습니다. 먼저 …에 대한 이야기를 나눠 보겠습니다. 먼저 오미정 선생님 말씀해 주시겠습니까?	
정상적인 생활이나 …이루고 있다는 말씀이시군요. 그럼 다른 두 분은 어떻게 생각하시나요?	
사회적 약자에 대한 시선이 …있다는 의견 주셨습니다. 그럼 이쯤에서, …하려면 어떻게 해야 할지 의견을 나눠 볼까요?	
오늘 토의에서 세부적인 의견 차이는 있었지만 …데에는 다들 동의하신 것 같습니다. 그럼 오늘 토의를 여기에서 마무리하겠습니다.	

5) 다음 내용을 듣고 받아 적어 봅시다.

(1) ① _____
    ② _____

(2) ① _____

(3) ① _____
    ② _____

자기 평가
- ☐ 토의의 유형과 절차에 대해 설명할 수 있다.
- ☐ 논제에 알맞은 방식으로 토의 내용을 구성할 수 있다.
- ☐ 다른 사람의 의견을 경청하면서 비판적으로 설명할 수 있다.
- ☐ 문제를 협력적으로 해결하려는 태도로 이야기할 수 있다.

UNIT 13 새똥 섬의 몰락

● 다음 사진 속의 나라에 어떤 문제가 있는지 이야기해 봅시다.

나우루 공화국

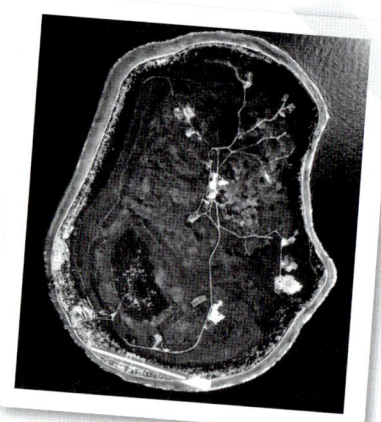

인광석 채취로 폐허가 된 모습

준비하기

○ 다음은 심층 보도에 대해 기자와 인터뷰한 내용입니다. 잘 읽고 질문에 답해 봅시다.

학생: 안녕하세요? 저는 기자가 꿈인 대학신문 기자 김수민입니다. 기자가 하는 대표적인 일은 무엇인가요?
기자: 사회에서 일어나는 많은 사건들 중 가치 있는 것들을 취재하고 분석하여 시청자들에게 전달하는 일입니다. '심층 보도'가 대표적이라고 할 수 있죠.
학생: 그럼 심층 보도는 뉴스와 다른 것인가요?
기자: '심층'이란 말은 겉으로 드러나지 않은, 사물이나 사건의 내부 깊숙한 곳을 뜻하지요. 심층 보도는 사건 뒤에 숨겨진 정보, 즉 배경과 원인 등을 파헤쳐 심도 있게 다루어 보도하는 것을 말합니다. 이를 위해 관찰과 면담을 하기도 하며, 사건을 극화해서 보여주기도 해요. 따라서 심층 보도는 뉴스보다 자세한 내용을 다루며, 방송 시간도 더 길지요.
학생: 아 그렇군요. 심층 보도의 또 다른 특징으로는 무엇이 있나요?
기자: 심층 보도는 진행자가 사건의 전말을 설명하기도 하지만, 기획 의도에 따라 시청자에게 어떤 결론을 내려야 하는지에 대해 주장하기도 합니다.
학생: 그렇다면 심층 보도에서는 정보 전달과 설득의 성격이 모두 나타난다는 말씀이신가요?
기자: 그렇죠. 그래서 심층 보도는 그 타당성과 신뢰성을 파악하며 시청하는 비판적인 태도가 중요합니다.
학생: 심층 보도의 타당성과 신뢰성을 파악하는 구체적인 방법을 설명해 주실 수 있을까요?
기자:

학생: 그 외에 심층 보도를 볼 때 주의할 점은 없나요?
기자: 심층 보도는 영상물이므로 언어로 전달되는 내용 외에 영상이나 소리, 음악에 주의하며 보는 것도 중요합니다.
학생: 네, 그렇군요. 이제 심층 보도에 대해 많은 것을 알게 되었습니다.

출처: 지학사, 『중학교 3-1 생활국어』, 2012, 87쪽

1) 이 인터뷰 자료를 참고하여 심층 보도의 특성을 정리해 봅시다.

- 뉴스보다 자세한 내용을 다룬다.
-
-
-
-

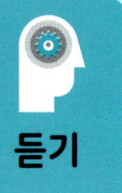
듣기

2) 이 인터뷰에서 기자의 입장이 되어 학생의 질문에 답해 봅시다.

학생: 심층 보도의 타당성과 신뢰성을 파악하는 구체적인 방법을 설명해 주실 수 있을까요?
기자:

어휘 및 표현 연습하기

❶ 다음 보기 중에서 빈칸에 들어갈 적절한 단어를 찾아 써 봅시다.

보기			
고갈	채굴하다	최빈국	헤쳐 나가다
난국	교훈	개혁	표본

1) 나우루 국민들은 모든 것을 잃어 본 뒤 중요한 _____ 을/를 얻었다.

2) 대책 없이 사용한 자원의 _____ 와/과 지구 온난화의 위협으로 나우루 공화국은 큰 어려움을 겪고 있다.

3) 현재 나우루의 생활은 세계 _____ 수준이다.

4) 나우루를 보면서 일각에서는 지구의 _____(이)라고들 말한다.

5) 사람들은 경작지를 밀어내고 고급 비료의 원료가 되는 인광석을 _____ 시작했다.

6) 나우루 공화국 사람들이 지금의 어려움을 _____ 수 있을지는 의문이다.

7) 나우루 대통령은 나우루의 _____을/를 계속해서 추진할 것이라고 말했다.

8) 미래에 대한 대책 없이 소비만 하다가 그 뒤에 찾아온 _____을/를 극복하는 것은 쉽지 않다.

2 다음 밑줄 친 부분을 다른 표현으로 바꿔 써 봅시다.

1) 이 작은 면적의 나라에서 1만 2천 명의 사람들이 <u>소설 같은 역사를 쓰며</u> 살아가고 있다.

2) 일을 하지 않아도 원하는 모든 것을 얻을 수 있었던 나우루 공화국 사람들의 하루하루는 항상 <u>축제와 같았다.</u>

3) 하와이 등지에 부동산 투자를 해 두었지만 그것도 <u>국내 소비를 이기지 못해</u> 모두 잃었다.

4) 성인 비만율은 무려 97퍼센트, 덕분에 <u>문전성시를 이루는</u> 곳은 다름 아닌 병원이다.

5) 이러한 나우루 공화국을 보면서 <u>일각에서는</u> 지구의 표본이라고들 말하고 있다.

이해 확인하기

1 심층 보도의 일부를 보면서 다음 질문에 답해 봅시다.

Track 13-1

1) 이 부분에서 다루지 않은 것은 다음 중 무엇입니까?
   ① 나우루 공화국의 위치와 면적　　② 나우루 공화국의 자원과 수출
   ③ 나우루 공화국의 역사와 경제　　④ 나우루 공화국의 문화와 축제

2) 들은 내용과 같으면 O, 다르면 X로 표시해 봅시다.
   ① 나우루 공화국은 강대국의 통치를 받았다.　　　　　　　　　　(　　)
   ② 나우루 공화국은 규모가 작은 섬나라이다.　　　　　　　　　　(　　)
   ③ 현재 나우루 공화국은 1인당 국민 소득이 2만 달러에 달한다.　(　　)
   ④ 나우루 공화국은 인광석 채굴로 경제적인 부를 이루었다.　　　(　　)

3) 이 부분에서 들은 나우루 공화국의 복지 혜택에 대해 이야기해 봅시다.

4) 다음 표현을 사용해서 나우루 공화국의 역사에 대해 말해 봅시다.

   | 자급자족　　탐내다　　특별한 자원　　불행 |

5) 이 부분의 중심 내용으로 알맞은 것은 다음 중 무엇입니까?

　① 나우루 공화국의 문제와 대처 방안　　② 나우루 공화국이 몰락과 현 상황

　③ 나우루 공화국의 몰락과 위기 극복　　④ 나우루 공화국의 투자와 수익

6) 들은 내용과 같으면 O, 다르면 X로 표시해 봅시다.

　① 나우루 공화국의 자원은 급속히 줄기 시작했다.　　　　　　　　　　(　)
　② 나우루 공화국은 무리한 국내 투자로 경제 위기에 처했다.　　　　　(　)
　③ 나우루 공화국에서는 뚱뚱한 것을 아름답게 생각한다.　　　　　　　(　)
　④ 경제 위기 극복을 위해 나우루 공화국 사람들은 적극적으로 구직 활동을 하고 있다. (　)

7) 나우루 공화국의 현실을 보여 주는 예를 찾아봅시다.

-
-
-
-

8) 다음 표현을 사용해서 부유했던 나우루 공화국이 세계 최빈국 수준으로 떨어진 이유가 무엇인지 말해 봅시다.

채굴량　　수출량　　국내 소비　　실질적인 투자

13. 새똥 섬의 몰락　127

9) 이 부분의 중심 내용으로 알맞은 것은 다음 중 무엇입니까?

① 나우루 공화국의 위협 요인
② 나우루 공화국의 경제 개혁
③ 나우루 공화국의 열악한 상황
④ 나우루 공화국의 위기 극복 노력

10) 들은 내용과 같으면 O, 다르면 X로 표시해 봅시다.

① 나우루 공화국 국민의 사망 1위 원인은 당뇨이다. ( )
② 열악해진 상황이 나우루 공화국 국민을 변화시키기 시작했다. ( )
③ 나우루 공화국은 심각한 환경 문제에 부딪쳤다. ( )
④ 자원의 고갈과 경제적 위기를 교육 정책 강화로 헤쳐 나갔다. ( )

11) 나우루 공화국을 위협하는 요인들을 찾아봅시다.

12) 나우루 공화국이 현재의 어려움을 극복하는 방법으로 선택한 것은 무엇입니까? 그리고 그 방법을 선택한 이유가 무엇인지 함께 이야기해 봅시다.

2 심층 보도 전체를 보고 질문에 답해 봅시다.

1) 이 보도의 기획 의도는 다음 중 무엇입니까?

① 나우루 공화국이 몰락한 원인과 개선 방안을 분석한다.
② 지구의 자원을 이용할 수 있는 방법을 강구하게 한다.
③ 나우루 공화국이 부유해질 수 있는 방안을 모색하게 한다.
④ 나우루 공화국의 이야기를 통해 지구의 문제를 생각하게 한다.

2) 심층 보도 '새똥 섬의 몰락'을 보면서 내용을 정리해 봅시다.

▶보도 대상: 나우루 공화국

▶기획 의도:

내용

▶나우루 공화국 소개
 - 위치: 남태평양의 외딴 섬
 - 면적: 21km², 섬 일주하는 데 차로 20분 걸림.
 - 인구: 1만 1천 명
 - 수도: 야렌

▶나우루 공화국의 역사
 물고기를 잡으며 자급자족함. → _____ → 1968년 독립 → _____

▶나우루 공화국의 형성 과정
 (앨버트로스가 산호초 위에 배설함.) → (_____) → (나우루 공화국 형성)

▶나우루 공화국이 부유해진 원인
 - _____
 - 엄청난 양의 인광석을 손쉽게 얻어서 수출함.

▶높은 국민 소득: _____
 최고의 복지 혜택: _____

▶나우루 공화국의 몰락 원인
 - _____
 - 실질적인 투자 없이 무분별하게 소비함.

▶나우루 공화국의 현재 상황
 - _____
 - _____

▶문제점
 - 적극적으로 직업을 구하려 하지 않음.
 - _____

13. 새똥 섬의 몰락   129

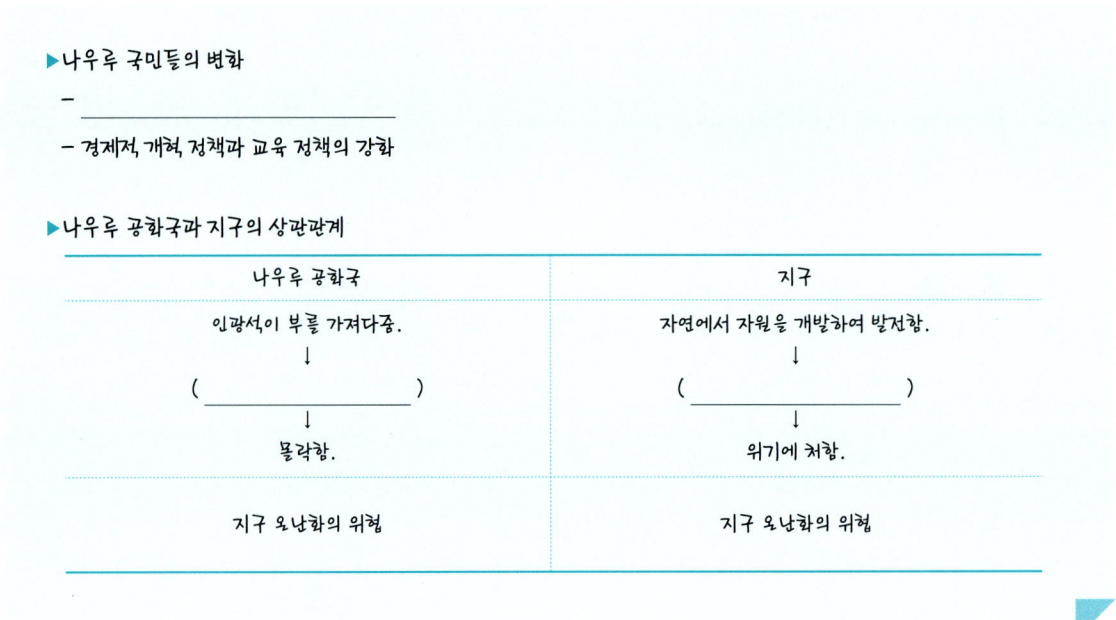

▶ 나우루 국민들의 변화
- _____
- 경제적 개혁 정책과 교육 정책의 강화

▶ 나우루 공화국과 지구의 상관관계

나우루 공화국	지구
인광석이 부를 가져다줌.	자연에서 자원을 개발하여 발전함.
↓	↓
(_____)	(_____)
↓	↓
몰락함.	위기에 처함.
지구 온난화의 위협	지구 온난화의 위협

Track 13-4

3) 다음을 듣고 이 사람이 한 질문에 대해 어떤 대답을 할 수 있을지 함께 이야기해 봅시다.

4) 이 심층 보도에서 기획 의도를 부각하려고 사용한 표현 전략을 골라 ✓ 표시해 봅시다.

- 전문가와 인터뷰했다. ( )
- 도표, 그래프 등의 시각 자료를 이용했다. ( )
- 기자가 자신의 견해를 밝혔다. ( )
- 국내외 다양한 사례를 취재했다. ( )
- 시청자의 참여를 받았다. ( )
- 관련 당사자들의 인터뷰를 실었다. ( )
- 배경 음악을 활용하였다. ( )

5) 다음 내용을 듣고 받아 적어 봅시다.

Track 13-5
(1) ① _____
    ② _____

Track 13-6
(2) ① _____
    ② _____

Track 13-7
(3) ① _____
    ② _____

자기 평가
- ☐ 심층 보도의 특성을 이야기할 수 있다.
- ☐ 심층 보도의 기획 의도를 말할 수 있다.
- ☐ 심층 보도를 타당성과 신뢰성을 판단하여 설명할 수 있다.
- ☐ 심층 보도의 내용 전개 방식을 설명할 수 있다.

UNIT 14

내가 만난 사람

● 다음 사진 속의 인물은 무슨 일을 하는 사람일까요? 이 인물에게 질문을 한다면 어떤 질문을 하고 싶은지 말해 봅시다.

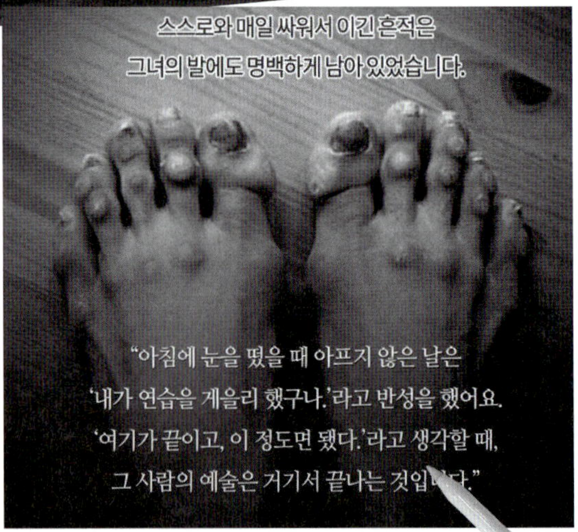

소스로와 매일 싸워서 이긴 흔적은
그녀의 발에도 명백하게 남아 있었습니다.

"아침에 눈을 떴을 때 아프지 않은 날은
'내가 연습을 게을리 했구나.'라고 반성을 했어요.
'여기가 끝이고, 이 정도면 됐다.'라고 생각할 때,
그 사람의 예술은 거기서 끝나는 것입니다."

준비하기

o 다음은 인터뷰 과정을 정리한 것입니다.

1) 다음 보기 중에서 알맞은 내용을 찾아 빈칸을 채워 봅시다.

 보기
① 인터뷰 결과를 정리하고 분석한다.
② 인터뷰의 목적과 구체적인 의도를 정한다.
③ 인터뷰 내용을 녹음하고 기록한다.
④ 인터뷰에 필요한 질문을 작성한다.

단계	내용
인터뷰 준비	• (　　　　　　　　　　) • 인터뷰 목적에 맞는 면담 대상자를 정한다. • (　　　　　　　　　　)
인터뷰 중	• 인터뷰하며 정보를 얻는다. • (　　　　　　　　　　)
인터뷰 후	• (　　　　　　　　　　) • 사진, 그림 등을 정리한다. • 목적에 맞게 인터뷰가 이루어졌는지 평가한다.

2) 직접 인터뷰하고 싶은 사람이 있습니까? 그 인물을 선택한 이유와 하고 싶은 질문은 무엇인지 함께 이야기해 봅시다.

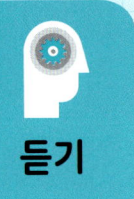

듣기

어휘 및 표현 연습하기

1 다음 보기 중에서 빈칸에 들어갈 적절한 단어를 찾아 써 봅시다.

보기			
좌우명	경쟁하다	극복	은퇴
인정	위기 상황	프로페셔널 정신	

1) _____(이)라는 것은 자기가 책임감을 가지고 돈을 받는 만큼 거기에 맞는 대가를 치르는 그런 것이다.

2) 저한테 힘든 _____은/는 정말 많았지만 매번 그것을 딛고 다시 살아났죠.

3) 전 다른 사람에게는 욕심이 없지만 나 자신에게는 욕심이 많아요. 말하자면 나 자신과 _____고 있다고 말할 수 있어요.

4) 동양인이고 한국인이고 그런 것으로는 차별을 받지 않았어요. 그냥 실력이 좋으면 언제든지 _____을/를 받을 수 있어요.

5) 어려운 일을 겪어도 계속 견뎌내고 다시 살아났죠. 그런 것을 _____(이)라고 하죠.

6) 2016년 7월 20일, 남편 생일에 제 마지막 _____ 공연을 하려고 합니다.

7) 선생님 인생의 가르침이 되는 말, 인생의 _____은/는 무엇인가요?

❷ 다음 밑줄 친 부분을 다른 표현으로 바꿔 써 봅시다.

1) 요즘 한국 사회에서 오디션 열풍이 불고 있다.

2) 프로 정신이라는 것은 자기가 100퍼센트 책임감을 가지고 돈을 받는 만큼 거기에 맞는 대가를 치르는 그런 것이다.

3) 어느 정도의 자리에 올라갔다 하더라도 계속 자기를 채찍질해야 한다.

4) 중요한 것은 자기만의 색깔을 찾는 것이다.

5) 몸이 아무리 아파도 내가 할 수 있는 만큼 최선을 다한다. 그러면 나에게 후회를 안 하고 어깨를 토닥여 줄 수 있다.

 이해 확인하기

❶ 인터뷰 일부를 들으면서 다음 질문에 답해 봅시다.

1) 이 인터뷰의 목적은 다음 중 무엇입니까?
   ① 진로 탐색을 위한 상담 진행
   ② 강수진 씨가 가진 지식이나 능력 파악
   ③ 다른 사람의 생각이나 행동의 변화를 위한 설득
   ④ 강수진 씨라는 인물에 대한 정보와 직업관 파악

2) 인터뷰 내용을 듣고 맞으면 O, 틀리면 X로 표시해 봅시다.

① 강수진 씨가 겪은 위기는 대부분 부상 때문이었다. ( )

② 강수진 씨는 힘든 시기를 극복하면서 좀 더 강해졌다고 생각한다. ( )

③ 강수진 씨는 오디션이라는 경쟁에서 이기는 것을 좋아한다. ( )

④ 강수진 씨는 직업을 가지고 있고 돈을 받는다고 해서 다 프로인 것은 아니라고 생각한다.
( )

3) 강수진 씨가 말하는 프로페셔널 정신이란 무엇인지 이야기해 봅시다.

4) 다음 표현을 사용해서 강수진 씨가 힘든 시기를 겪은 것을 감사하는 이유에 대해 말해 봅시다.

| 극복   딛다   위기 상황   고생 |

Track 14-2

5) 이 부분에서 나오지 않은 것은 다음 중 무엇입니까?

① 강수진 씨의 춤에 대한 생각   ② 강수진 씨의 결혼과 가정 이야기
③ 다문화에 대한 강수진 씨의 의견   ④ 강수진 발레의 개성과 특징

6) 들은 내용과 같으면 O, 다르면 X로 표시해 봅시다.

① 강수진 씨는 요즘 아이돌의 댄스를 어떻게 평가하는가 하는 것은 개인의 취향의 문제라고 생각한다. ( )

② 강수진 씨는 요즘 아이돌이 다양한 색깔로 자신을 꾸미는 것을 좋게 보고 있다. ( )

③ 강수진 씨가 독일 발레단에 있을 때 차별을 당하지 않은 것은 발레 실력 때문이다. ( )

④ 강수진 씨는 단일 민족의 역사와 문화가 이어져야 한다고 생각한다. ( )

7) 강수진 씨가 외국에서 발레리나 생활을 하면서 느낀 것이 무엇인지 정리해 써 봅시다.

8) 다음 표현을 사용해서 강수진 씨가 아이돌의 댄스에 대해서 긍정적으로 보는 부분과 우려하는 부분은 무엇인지 이야기해 봅시다.

| 색깔 찾기 | 노력 | 새로운 것 | 급급하다 |

9) 이 인터뷰를 통해 알 수 없는 내용은 다음 중 무엇입니까?

① 강수진 씨의 선천적 재능 ② 강수진 씨 은퇴 공연 날짜
③ 강수진 씨의 노년 생활에 대한 바람 ④ 강수진 씨 인생의 좌우명

10) 들은 내용과 같으면 O, 다르면 X로 표시해 봅시다.

① 예술 분야의 경우 아무래도 선천적인 재능이 후천적인 노력보다 중요하다. (　)
② 선천적인 재능을 발견해 주고 후천적인 노력을 잘 하도록 이끌어 주는 사람이 선생님이다.(　)
③ 노년에 행복하게 늙기 위해서는 건강을 유지하는 것이 가장 중요하다. (　)
④ 발레를 하느라고 못해 본 일이 많아서 후회가 남는다. (　)

11) 강수진 씨의 좌우명은 무엇인지 이야기해 봅시다.

12) 다음 표현을 사용해서 강수진 씨가 50세에 은퇴하고자 했던 이유는 무엇인지, 그리고 오늘 당장 은퇴해도 괜찮다고 말한 이유는 무엇인지 말해 봅시다.

| 후회 | 미련 | 그만두다 | 은퇴 |

2 인터뷰 전체를 듣고 다음 질문에 답해 봅시다.

1) 이 인터뷰를 신문 기사로 작성한다고 할 때 알맞은 제목은 무엇일까요?

① 발레리나 강수진, 은퇴 선언하다
② 발레리나 강수진, 사랑의 결실을 맺다
③ 발레리나 강수진의 삶과 철학
④ 발레리나 강수진, 국립 발레단 단장 취임

2) 강수진 씨의 인터뷰를 들으면서 내용을 정리해 봅시다.

질문 내용	인터뷰를 통해 새롭게 알게 된 내용
강수진 씨에게 위기 상황이 있었는지, 있었다면 어떻게 _____?	• 위기 상황을 매번 딛고 다시 살아남. • 위기 상황은 별로 _____. • 그때그때 살아남기 위해 열심히 살다보니 _____ • 특히 발레리나로서 _____ 때가 힘든 시기 • 부상 극복 과정을 통해 _____ (으)므로 극복하는 시간에 감사 • 나는 고생 때문에 _____.
오디션은 _____ 보셨는지?	• 별로 _____ 지 않았지만 다 붙었음. • 경쟁이라기보다는 _____ 오디션을 치름.
_____이/가 없으신지?	• 다른 사람이 갖고 있는 것을 갖고 싶어 한 적은 없음. • 그러나 _____ 원하는 것이 많음. • 다른 사람과 _____ 것이 아주 싫음. • 나 자신과 _____을/를 했다고 할 수 있음. 그게 제일 힘듦.
아마추어와 프로페셔널의 차이는?	• _____느냐, 받지 않느냐? • _____하느냐, 아니냐? • 그러나 프로가 됐다고 다 프로페셔널은 아님. • 프로페셔널=직업 정신 • 직업 정신 - _____ • _____이/가 제일 싫다. 올라가고 유지하기 위해서는 계속 자기를 채찍질해야

질문 내용	인터뷰를 통해 새롭게 알게 된 내용
	• 올라갔다고 내가 원하는 것을 얻을 것으로 생각하여 _____면 아마추어와 다를 바 없어 • _____ 100%를 하는 것, 그게 직업 정신
아이돌 댄스, _____?	• 사람들 나름대로의 _____이/가 있어 • 아이들에 대해 잘 모르지만 _____ 찾기 위해 굉장히 노력 • 나름대로의 색깔 찾는 노력은 아주 좋을 것 • 그러나 _____에 급급한 것은 문제 • 내가 봤을 때 무용이 아닌 것 같아도 다른 사람은 무용이라 생각할 수 있다.
국제결혼을 하셨는데 우리나라의 _____에 대한 인식에 대해 어떻게 생각하시는지?	• 어느 나라든지 _____(으)로 견뎌 내는 것 • _____(이)라 차별받지 않음. • _____면 항상 인정을 받고 실력 때문에 올라감. • 외국인으로 만약 실력이 똑같으면 그 나라 사람이 뽑히는 것 당연. 뭔가 더 _____ • 남편의 성격이 좋아. _____ 사람인데 발레를 보고 나를 사랑함. • _____ 것은 재미있고 많은 것 배울 수 있어 • 부모님은 처음에는 반대. 하지만 마음 열어 • 우리나라 사람들 많이 개방 • 나라마다 색깔 가지고 좋은 것은 계속 갖고 더 발전시킬 수 있는 _____을/를 찾는 게 중요
선천적 재능과 _____ 중 중요한 것은?	• _____만 있다는 것은 거짓말 • _____ 것을 개발하는 노력이 필요 • 발레를 하면서 _____ 더 나를 많이 알게 됨. • 나한테 선천적인 카리스마가 있다는 말을 듣는데 그런 게 _____는 것은 모르고 무조건 열심히 노력함. • 뭔가 다른 면이 있다면 이것을 _____기 위해 노력을 하면 좋은 결과를 얻을 수 있음. • 그러나 선천적인 것만 가지고 _____게 지내거나 좋다고 노력만으로 될 수 있다고 믿는 것도 문제(이런 면에서는 끌어 주는 사람, _____의 역할이 중요)
노년에 어떻게 지내실 계획인지?	• 행복하게 살 수 있으려면 _____이/가 제일 중요 • _____ 모두 건강해야 • 안의 아름다움이 _____(으)로 나타난다는 것 믿어. 안이든 겉이든 노력을 해서 _____고 싶어
정말 _____?	• 2016년 7월 20일 _____에 은퇴 예정 • 무용 수준이 위에 있을 때 그만둬야 • 역할이란 역할은 모두 다 해봐. _____ 남지 않아. _____ 그만둬도 괜찮아 • 하나의 역할을 할 때 _____도록 할 수 있는 100프로를 해
인생의 _____은/는?	• 내 좌우명은 '_____', '_____' • _____ 다 보면 후회 없이 살 수 있어

14. 내가 만난 사람 139

질문 내용	인터뷰를 통해 새롭게 알게 된 내용
인생의 _____ 은/는?	• 내일 일어났을 때 후회하기 싫어. _____ 자체가 중요, _____ 은/는 그 과정의 일부 • _____ 은/는 만큼 매일매일 나에 대해 후회 안 하고 내 어깨를 토닥여 줄 수 있어 • 중요한 것은 _____ 것 • 시작 안 하고 말로만 하거나 게으름 피우거나 핑계 대는 사람들 자기 자신한테 안 좋아

3) 인터뷰 중에 '선천적 재능과 후천적 노력 중에 무엇이 더 중요한가?'에 대한 질문이 있었습니다. 이에 대해 자신의 생각을 이야기해 봅시다.

4) 여러분이 가지고 싶은 직업 분야에서의 최고 전문가는 누구입니까? 가상 인터뷰를 해 봅시다.

① 인터뷰 대상자:

② 인터뷰 질문 세 가지를 만들어 봅시다.

질문 1: _____

질문 2: _____

질문 3: _____

③ 다음 조건을 고려하여 인터뷰 대상자와 인터뷰해 봅시다.

> 조건
> • 가벼운 이야기로 시작해 분위기가 무르익으면 본격적으로 질문한다.
> • 구체적인 일화를 중심으로 질문해서 인터뷰하기에 편안한 분위기를 조성하며 대체적으로 간결하게 질문한다.
> • 중요 사안을 간단히 요점만 기록하되, 나중에 인용할 부분은 자세히 기록하거나 녹음한다.

5) 다음 내용을 듣고 받아 적어 봅시다.

(1) ① _____
　　② _____

(2) ① _____
　　② _____
　　　_____

(3) ① _____

자기 평가
□ 인터뷰의 목적과 의도를 이해하여 이야기할 수 있다.
□ 필요한 정보를 얻기 위한 적절한 질문을 할 수 있다.
□ 질문에 적절한 답변을 했는지 파악하여 설명할 수 있다.
□ 인터뷰 결과를 목적과 의도에 따라 정리하고 분석할 수 있다.

UNIT 15 디지털 중독

● 다음 사진에서 나타나는 사회적 문제는 무엇인지 이야기해 봅시다.

준비하기

○ 다음 신문 기사를 읽고 아래의 활동을 해 봅시다.

디지털 생활 뉴스

디지털 기기 과다 사용, '디지털 치매' 부른다!

스마트폰과 컴퓨터를 사용하는 인구가 많아지면서 전화번호를 잘 외우지 못하는 등 단순 암기 능력이 떨어지는 증상을 호소하는 사람들이 늘고 있다. 이와 같은 증상을 '디지털 치매'라고 하는데, '디지털 치매'란 전자 기기에 의존하다 보면 기억력과 계산 능력 등이 감퇴될 수 있다고 해서 붙여진 이름이다. 물건을 어디에 뒀는지 기억나지 않고, 무언가를 검색하려고 인터넷 창을 열었는데 생각이 나지 않아 멍하니 있는 등 다양한 증세를 보인다.

디지털 기기에 지속적으로 과다하게 노출될 가능성이 높은 청소년의 경우, 집중력을 떨어뜨려 학업에 큰 지장을 초래한다는 점에서 더욱 위험하다. 또한 청소년은 아직 뇌의 특정 부분은 성장이 끝나지 않은 상태이기 때문에, 디지털 기기의 과다 사용은 주의력 통제나 자기 조절을 담당하는 뇌의 영역에서 일어나는 변화와 더 많이 연관될 수 있어 주의가 필요하다.

디지털 치매와 관련하여 단순한 기억력 감퇴 증상뿐만 아니라 이로 인해 정신적으로 스트레스를 받기도 한다. 디지털 치매의 경우 뇌 손상 원인이 일반 치매와는 다르기 때문에 디지털 치매가 일반 치매로 이어질 수 있다고 단정할 수는 없지만, 기억력 저하 증상이 지속된다면 전문 병원을 찾아 정확한 진단과 치료를 받아야 한다.

1) 이 신문 기사에서 말하고 있는 문제는 무엇입니까?

2) 이 문제를 해결하기 위해 어떤 분야의 전문가들이 필요합니까?

3) 각 분야의 전문가들에게서 어떤 도움을 받을 수 있을지 말해 봅시다.

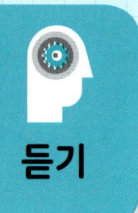

어휘 및 표현 연습하기

1 다음 보기 중에서 빈칸에 들어갈 적절한 단어를 찾아 써 봅시다.

보기				
	해결하다	중독	집착하다	몰입하다
	상담	지배하다	의존하다	예방하다

1) 개인적인 문제나 사회적인 문제를 해결하기 위해서는 전문가와 _____ 을/를 하는 것이 좋다.

2) 이런 행동 수칙을 책상 앞에 써 놓으면 디지털 중독을 미리 _____ 데에 도움이 된다.

3) 휴대 전화가 주인이 되어 '나'를 _____ 되는 것이다.

4) _____ (이)란 무엇엔가 지나치게 빠져 역효과가 날 때 쓰는 말이다.

5) 미디어가 자녀를 돌보게 되면 자녀는 정서적으로 미디어에 _____ 수밖에 없다.

6) 이 어려운 문제를 쉽게 _____ 방법은 문제를 일으킨 당사자를 만나는 것이다.

7) 일상생활에 지장을 줄 만큼 휴대 전화에 지나치게 _____ 된다.

8) 단순히 학업에 대한 스트레스를 풀려고 시작한 인터넷 게임, 어느새 과다하게 _____ 있지는 않습니까?

❷ 다음 밑줄 친 부분을 다른 표현으로 바꿔 써 봅시다.

1) 오늘날 사람들은 디지털 기기와 떼려야 뗄 수 없는 생활을 하고 있다.

2) 요즘 청소년은 문자 메시지를 입력하는 속도나 손놀림이 여간 예사롭지 않다.

3) 생활의 도구에 불과한 휴대 전화가 어느 순간 주인 행세를 하기 시작한다.

4) 심한 경우엔 가상 공간과 현실 세계를 구분하지 못할뿐더러, 아예 현실 세계를 벗어나 가상 공간으로 도피하기도 한다.

5) 휴대 전화 없이 외출하게 되면 하루 종일 아무 일도 손에 잡히지 않는다.

이해 확인하기

❶ 면담의 일부를 들으면서 다음 질문에 답해 봅시다.

1) 이 부분의 중심 내용으로 알맞은 것은 다음 중 무엇입니까?
① 청소년 미디어 중독 예방 센터의 역사
② 청소년 미디어 중독 예방 센터의 기능
③ 청소년 미디어 중독 예방 센터의 이용 방법
④ 청소년 미디어 중독 예방 센터의 설립 취지

2) 들은 내용과 같으면 O, 다르면 X로 표시해 봅시다.
① 이 학생은 디지털 중독 때문에 심하게 고민하고 있다. (   )
② 이 학생은 신문 기사를 통해 과제의 주제를 결정했다. (   )
③ 이 기관에서는 디지털 중독에 빠진 학생들을 직접 치료하고 있다. (   )
④ 요즘은 '미디어 중독'과 '디지털 중독'은 같은 뜻이라고 볼 수 있다. (   )

3) 청소년 미디어 중독 예방 센터 실장이 '디지털 중독'이 아니라 '미디어 중독'이라는 용어를 쓰는 이유를 찾아봅시다.

4) 다음 표현을 사용해서 '청소년 미디어 중독 예방 센터'에서 하는 일에 대해 말해 봅시다.

예방	프로그램	교육	상담
원인	분석	치료	연구

5) 이 부분에서 나오지 않은 것은 다음 중 무엇입니까?

① 디지털 중독 증상　　　　　② 디지털 중독의 종류
③ 디지털 중독의 개념　　　　④ 청소년들에게 디지털 중독이 많은 이유

6) 들은 내용과 같으면 O, 다르면 X로 표시해 봅시다.

① 디지털 중독이 신체에 미치는 영향을 무시할 수 없다. 　　　　(　　)
② 한국 청소년들은 문자 메시지보다 음성 통화를 선호한다. 　　(　　)
③ 학년과 성별에 따라 중독의 정도나 종류에 차이를 보인다. 　　(　　)
④ 스마트폰의 빠른 보급 때문에 청소년의 휴대 전화 중독률은 더 높아질 것이다. (　　)

7) '디지털 중독'의 개념을 정리해 봅시다.

8) 다음 표현을 사용해서 '게임 중독'의 문제점에 대해 말해 봅시다.

가상 공간	현실 세계	확장	구분하다	도피하다

9) 이 부분의 중심 내용으로 알맞은 것은 다음 중 무엇입니까?

① 디지털 중독과 개인 성향과의 관련성　　② 디지털 기기 사용 시 유의할 점
③ 디지털 중독과 과다 몰입의 관계　　　　④ 디지털 중독의 원인과 해결 방법

10) 들은 내용과 같으면 O, 다르면 X로 표시해 봅시다.

① 청소년들이 정서적으로 미디어에 의존하게 되는 데에는 부모의 잘못도 있다.　(　　)
② 청소년의 휴대 전화 문제 해결을 위해 스마트폰 보급 속도를 조정해야 한다.　(　　)
③ 디지털 중독의 주원인은 개인의 기질이나 성향이다.　(　　)
④ 디지털 중독 해결을 위해서는 기본적인 원칙과 일반 행동 수칙을 알아 둘 필요가 있다. (　　)

11) '디지털 중독'을 해결하기 위한 일반 행동 수칙을 정리해 봅시다.

①　_____
②　_____
③　_____

12) 다음 표현을 사용해서 디지털 중독 해결을 위한 기본적인 원칙에 대해 말해 봅시다.

> 습관　　　점검　　　자각　　　미디어의 특성과 쓰임새

2 면담 전체를 듣고 이야기해 봅시다.

1) 이 면담에서 나오지 않은 것은 무엇입니까?

① 디지털 중독의 특성　　　　② 디지털 중독의 치료
③ 디지털 중독의 해결 방법　　④ 디지털 중독의 현황 파악

2) 면담 전체를 들으면서 내용을 정리해 봅시다.

질문 내용	면담을 통해 새롭게 알게 된 내용
'청소년 미디어 중독 예방 센터'는 _____ 인가요?	• 청소년 미디어 중독 예방 센터: 청소년의 _____ 기관 • 하는 일 ① 각종 미디어 중독을 예방하기 위한 프로그램 교육(대상: _____) ② _____ (_____ 상담, _____ 상담, _____ 상담 등) ③ _____ 와/과 _____ 을/를 위한 각종 연구 수행 ④ _____ 와/과 미디어 중독 미디어는 _____ 방식과 디지털 방식, 요즘 미디어는 대부분 _____, 따라서 미디어 중독은 _____(이)라고 할 수 있음.

_____?	• 정의: 디지털 카메라, 디지털 텔레비전, 휴대 전화, 컴퓨터, mp3 등 _____ _____ 에 중독되는 것. 혹은 디지털 미디어에 지나치게 빠져서 _____ _____ 을/를 이루는 상태
	
	예1) 휴대 전화 중독
	   휴대 전화가 주인이 되어 '나'를 지배하는 것, 요컨대 자신의 일상생활에 지장을 줄 만큼 휴대 전화에 지나치게 집착하는 것
	
	예2) 컴퓨터 게임 중독 - 장시간 사용으로
	  - 머리 _____
	  - _____(이)나 _____ 뼈근
	  - _____ → 온몸이 뻐끈
	  - 가상 공간의 _____ 이/가 현실 세계로 확장
	  - 심한 경우 가상 공간과 현실 세계를 _____ 거나, 아예 현실 세계를 벗어나 _____

현재 청소년들의 디지털 중독의 _____?	① _____(이)나 _____ 에 따라 중독의 정도나 종류에 차이가 있음. ② _____ 중독: 중학생, 여학생이 많음. 평균 _____% 중독 성향 • 인터넷 중독: _____, _____. 평균 _____% 중독 성향 • 스마트폰(휴대 전화+_____+인터넷 기능)의 _____(으)로 청소년 휴대 전화 중독률↑
청소년이 디지털 중독 _____?	① 환경: _____ 환경에서 자라는 청소년은 정서적으로 미디어에 의존 ② _____: 몰입은 좋은 것이지만 과다한 몰입은 _____ 을/를 불러옴. ③ 개인의 _____: 의지 조절이 어려운 기질

중독에서 _____?	① 미디어 _____(언제, 어디서, 얼마나)을/를 스스로 점검
	② 미디어의 사용 성격 점검: _____ 는지
	
	• 행동 수칙
	  첫째, _____ 고 사용
	  둘째, _____ 고 사용
	  셋째, _____ 에서 사용

3) 여러분이 주로 사용하는 미디어는 어떤 것이며, 얼마나 많이 사용합니까?

4) 다음 내용을 듣고 받아 적어 봅시다.

Track 15-4
(1) ① _____
② _____

Track 15-5
(2) ① _____
② _____

Track 15-6
(3) ① _____
② _____

자기 평가
- ☐ 면담을 듣고 면담의 목적을 파악하여 설명할 수 있다.
- ☐ 면담의 중요성을 말할 수 있다.
- ☐ 면담의 듣고 문제점과 해결 방안을 파악하여 이야기할 수 있다.
- ☐ 전문가로부터 정보를 얻는 데 적합한 질문을 준비하여 면담할 수 있다.

부록: 모범 답안

1과 학술적 글쓰기

준비하기
1) (일반 학부생 대상 프로그램)
   - 인문 계열: 논증적 글쓰기 / 서평 쓰기 / 공연, 전시 감상평 쓰기
   - 사회 계열: 사회과학 리포트 쓰기 / 질적·양적 자료를 활용한 보고서 쓰기
   - 이공 계열: 실험 보고서 쓰기 / 과학 에세이 쓰기
   - 기타: 인용과 표절(글쓰기 윤리) / 자기 소개서 및 연구 계획서 작성법 / 독서와 토론 / 저자 특강(외국인 학부생 대상 프로그램)
   - 한글 바로 쓰기: 맞춤법 및 바른 문장 쓰기
   - 한글 보고서 쓰기: 한글 보고서 쓰기 기초 / 연습

2) 강의를 듣기 전에 강의 내용을 추측해 보는 것이 좋다. 강의 내용을 추측하려면 강의 교재의 제목과 차례를 살펴보는 것이 좋다.

어휘 및 표현 연습하기
❶ 1) 논리적 근거 2) 핵심 주장 3) 기술 4) 증명 5) 검증 6) 분석 7) 쟁점

❷ 1) 감성의 수준에서 / 감성 정도에서
   2) 마음속에 생각해 두어야 한다. / 기억해 두어야 한다.
   3) 다른 부분에 대한 이야기를 / 다른 요소에 대한 이야기를
   4) 있다는 조건하에 / 있다고 생각하고
   5) 첫 번째 작업은 했다고 / 우선적인 일은 끝났다고 / 가장 먼저 해야 할 일은 끝났다고

이해 확인하기
❶ 1) ③ 2) ① ○ ② × ③ ○ ④ × 3) ① 핵심 주장 ② 논리적인 근거 ③ 증명
   4) 대학 교과 과정 및 학문 연구에서 이루어지는 글쓰기를 학술적 글쓰기라고 부른다. 학술적 글쓰기는 어떤 객관적 사실이나 사건, 혹은 문헌에 대한 기술이라고 할 수 있다. 기술은 설명, 분석, 해석을 목적으로 하는 것으로, '기술'에서 가장 중요한 것은 객관성, 설득력 요건을 갖추는 것이다.
   5) ④ 6) ① × ② × ③ × ④ ○ 7) ① 준비 ② 작성 ③ 검토
   8) 먼저 주제를 선정하고 그 주제에 따라 자료를 검색하여 자신의 아이디어를 찾아야 한다. 아이디어를 찾는다는 것은 해결할 거리, 즉 감춰진 문제를 찾아 문제 제기를 하는 것을 의미한다. 다음에 그 문제에 대한 자신의 핵심 주장을 만들고, 그다음에 글의 전체적인 구조를 만들어야 한다.
   9) ③ 10) ① ○ ② ○ ③ ○ ④ ×
   11) ① 브레인스토밍 ② 클러스터링 ③ 프리라이팅
   12) 기본적인 주제에 대해 생각나는 대로 얘기해 본 뒤 카테고리별로 묶어 범주를 만들어 보는 방식도 있고, 어떤 한 개념에 대한 생각을 일종의 나뭇가지처럼 확장시켜 보거나, 어떤 주제에 대한 핵심 쟁점들을 마음대로 쓰다가 아이디어를 찾아내는 방식도 있다.

2 1) ③

2)
> 강의 주제: 리포트 작성법
> 차례: 1. 리포트란 무엇인가
>   2. 리포트의 중요성
>   3. 리포트 작성법
>
> ▶ 리포트란 무엇인가
>   1) 수필과 학술적인 글쓰기
>
> | 수필 | 학술적인 글쓰기 |
> |---|---|
> | 감정에 대한 호소 | • 객관성 검증
• 논리적, 설득력 |
>
>   즉, 객관적인 검증을 요구함. 감정에 대한 호소보다는 논리적, 설득력에 초점을 둠.
>   2) 학술적인 글의 조건 (예) 논문 통과의 기준
>   ① 핵심 주장이 있는가?(즉, 말하고자 하는 것을 분명하고 정확하게 전달하는 것)
>   ② 논리적인 근거를 제시했는가?
>   ③ 주장과 근거를 연결시키는 증명이 있는가?
>
> ▶ 리포트의 중요성
>   • 리포트는 단순히 자료를 정리하여 쓰는 보고서가 아님. 짜깁기가 되어서는 안 됨.
>   • 자료를 정리하는 것보다 그다음 작업, 자신의 아이디어를 제시하고 새로운 주장을 하는 것이 더 중요함.
>
> ▶ 리포트 작성법
>   • 3단계 과정: 준비 – 작성 – 검토
>   • 보통 사람들이 작성만 하고 준비는 잘 하지 않음.
>   • 준비와 검토 과정이 매우 중요함. 오히려 작성 과정이 덜 중요하다고 할 수 있음.
>   • 검토 = 퇴고하다 = 다른 사람에게 자신의 글을 읽어 보게 하고 조언을 받고 그것에 따라 고쳐 보는 과정
>   • 준비 단계에서 할 일
>   – 주제에 따라 자료 검색
>   – 아이디어 찾기: 쓸거리, 해결해야 할 문제
>   – 핵심 주장 만들기: 글 전체를 하나로 통일시킬 수 있는 주장 만들기
>
> ▶ 주제 혹은 연구 문제 찾기
>   • 큰 제목과 관련된 질문, 핵심어, 아이디어, 쟁점 등을 열거해 봄.
>   • 특히 쟁점이 되고 있는 것들은 답이 없는 문제이기 때문에 여러 가지 답이 가능함.
>   • 아이디어가 필요할 때
>   – 브레인스토밍: 아무 생각이나 말해 본 다음 범주별로 묶기
>   – 클러스터링: 생각을 일종의 나뭇가지처럼 확장시켜 보기
>   – 프리 라이팅: 핵심 쟁점들을 낙서처럼 막 써 보기

5) Track 01-4
  (1) ① 오늘 리포트 작성법에 대해서 여러분과 이야기를 좀 나눠 보도록 하겠다.
    ② 먼저 리포트란 무엇인가에 대한 이야기를 하고, 그다음에 중요성, 그다음에 작성 방법, 이렇게 진행을 하겠다.

Track 01-5
(2) ① 리포트란 무엇인가? 단순히 자료를 정리하여 쓰는 보고서일까? 그런 리포트는 보고서가 아니고 짜깁기이다.
② 그다음 작업이 필요하다. 조사한 자료를 중심으로 아이디어를 제시해서 뭔가 새로운 주장을 해야 된다.

Track 01-6
(3) ① 지금도 계속해서 논쟁이 벌어지고 있는 것들, 앞으로도 계속 논쟁이 벌어질 가능성이 있는 그런 쟁점을 택하면 상당히 좋은 리포트가 될 수 있다.
② 생각을 일종의 나뭇가지처럼 확장시켜 나가 보는 방식이 있다.

2과 보이지 않는 경제

준비하기
1) 프로슈머의 등장으로 인한 변화 양상
2)
☑ 문명 변동 양상   ☑ 경제의 두 부문   ☑ 각 문명의 특징
☑ 각 문명의 경제 부문 구성   ☐ 프로슈머 변화 양상   ☐ 프로슈머 등장의 문제점
☑ 새로운 가치관과 인간상   ☑ 프로슈머 등장으로 인한 변화 양상
☐ 문제점 개선 방안   ☑ 미래 사회의 모습

어휘 및 표현 이해하기
❶ 1) 시장 2) 화폐 경제 3) 경제적인 수치 4) 프로슈머 5) 생산하면서, 소비하는
   6) 무보수 7) 비화폐 경제
❷ 1) 돈이 가진 힘을 즐기고 맛보는 / 돈을 마음껏 쓰며 즐기는
   2) 되묻겠지만 / 믿지 않고 질문을 제기하겠지만 / 따져 묻겠지만
   3) 돈을 주거나 받지 않을 뿐 / 돈을 받고 하는 일은 아니지만
   4) (물건과 서비스를 교환하고 사고파는) 시장이라는 장소 안에서만 충족시킬 수는
   5) 없어지게 / 존재하지 않게

이해 확인하기
❶ 1) ② 2) ① ○ ② × ③ ○ ④ × 3) 숨어 있는 절반의 부에 대한 내용
   4) 그럼, 이제부터 5) ③ 6) ① × ② ○ ③ × ④ ×
   7) 자기 집에서의 가사 노동: 무보수 활동
      다른 곳에서의 가사 노동: 보수를 받아야 하는 활동
   8) ① 한편, ② 그런데요, 9) ② 10) ① ○ ② × ③ ○ ④ ×
   11) 미래 사회는 무보수 노동이 포함된 경제의 A 부문이 확대될 것이고, 프로슈머로서의 역할을 하는 사회로 변화해 갈 것이다. 따라서 현재의 자본주의적 기준인 경제적 수치만으로 부를 평가하는 사회는 변화에 대처하지 못하는 사회이며, 이는 더 이상 존재하기 어렵게 될 것이다.
   12) 판매나 교환 같은 상업적인 목적을 위해서가 아니라, 자신이 사용하거나 만족하기 위해서 서비스나 제품 또는 경험을 생산하는 이들을 프로슈머라 부른다.
❷ 1) ①

2)
1. 숨어 있는 절반의 부
   - 인간의 삶에서 돈은 막강한 힘 가짐: 지구상에는 부자와 화폐 경제와 무관하게 사는 사람이 존재함.
     (자급자족)
   - 전 세계 화폐 경제: 연간 총 생산되는 돈의 가치 40조에 달함.
   - 숨어 있는 돈: 보이지 않는 곳에 또 다른 4경 7,500조 원이 있음.

2. 무보수 경제 활동: 돈은 오가지 않지만 돈이 되는 생산적인 일
   1) 자원봉사 활동
      - 예 ①: 네팔 의사 엔키 씨 사례 - 의료 자원봉사
      - 예 ②: 피네이로 씨 사례 - 빈민가 아이들에게 영어와 컴퓨터 가르침.
      - 예 ③: 샤론 베이츠 씨 사례 - 남편 간병과 자녀 돌봄.
   2) 가사 노동
      - 어머니가 다른 집에 가서 이런 일을 한다면? - 보수 받는 일임.

3. 프로슈머의 등장
   - 등장 시기: 제3의 물결 시대
   - 의미: 판매나 교환 같은 상업적인 목적이 아니라 자신이 사용하거나 만족하기 위해 서비스나 제품 또는 경험을 생산하는 사람
   - '생산적 소비자'로 해석됨: 생산자(PRO-ducer) + 소비자(con-SUMER)
   - 예 ①: 집에서 과자를 구워 가족과 함께 먹음.
   - 예 ②: 자신이 직접 만든 옷이나 액세서리를 하고 다님.
   - 프로슈밍: 개인 또는 집단이 프로슈머가 되어 스스로 생산하면서 동시에 소비하는 행위
   - 프로슈머 경제: 프로슈머에 의해 이루어지는, 돈이 오가지 않고 수치로 축적되지 않는 비화폐 경제
   - 모든 경제에는 프로슈머가 존재함.
     - 이유: 개인적인 필요나 욕구를 늘 시장을 통해서만 해결할 수 없기 때문. 또한 프로슈밍 자체를 좋아하는 사람들도 있고 프로슈밍이 꼭 필요한 상황도 벌어지기 때문.

4. 변화하는 미래 사회
   - 프로슈머가 생산하는 부분 - 화폐 경제 밖에 존재하는 보이지 않는 경제임.
   - 경제의 두 부문: A 부문 - 무보수 노동
                    B 부문 - 판매, 교환을 위한 재화나 서비스
   - 미래: A 부문이 보다 더 확대될 것임. - 원하는 물건을 자신의 개성대로 만들고 직접 정치에 참여, 정책을 결정하는 생산 소비자로서의 역할을 하는 사회로 변화해 갈 것임.
   - 잘 사는 것의 기준은 돈에만 있지 않음. - 경제적인 수치만으로 부를 평가하는 사회는 사라질 것임.

4) Track 02-6
(1) ① 인간의 삶에서 돈은 막강한 힘을 가지고 있다.

Track 02-7
(2) ① 당시 그곳은 갑자기 밀어닥친 쓰나미로 인해 폐허가 되어 있었다.
    ② 브라질에 사는 피네이로 씨는 일주일에 한 번씩은 빈민가의 꼭대기 마을로 간다.

③ 한편 영국에 사는 샤론 베이츠 씨는 관절염으로 움직이기가 불편하면서도 간질병 환자인 남편을 간병한다.

Track 02-8
(3) ① '제3의 물결' 시대에 이르러 프로슈머라는 신조어가 나타난다.

3과 여러 나라의 인사법

준비하기
1) 강연을 효율적으로 듣는 방법
2) 강연 전: ②   강연 중: ③, ⑤, ⑥, ⑦   강연 후: ①, ④

어휘 및 표현 연습하기
❶ 1) 의사소통 2) 공통점 3) 특이한 4) 가치관 5) 유래하였다 6) 예절 7) 신체 접촉
❷ 1) 알아보려고 2) 구분할 수 있다. 3) 일반적으로 널리 쓰이는 4) 남자와 여자 모두
   5) 이루어지게 된다. / 만들어지게 된다. / 이루어지는 것이 당연하다.

이해 확인하기
❶ 1) ④ 2) ① ○ ② ○ ③ × ④ ×
   3) ① 한국의 인사법과 일본의 인사법 ② 태국의 인사법과 인도의 인사법
   4) 인사는 사람 사이의 가장 기본적인 의사소통 방법이다. 인사를 통해 상대방에게 호감을 표현하는 것이다. 오늘날에는 다양한 문화적 배경을 가진 외국인을 만날 일이 많아졌으므로 다른 문화권의 의사소통 방식이나 예절을 알아 두어야 한다.
   5) ③ 6) ① ○ ② × ③ × ④ ○
   7) ① 여성의 악수와 남성의 악수 ② 유럽에서의 악수 방식과 한국의 악수 방식
   8) 무릎을 꿇고 절을 하던 인사 습관이 배어 있기 때문이기도 하고, 윗사람의 눈을 정면으로 보는 것이 예의에 어긋난다고 생각하기 때문에, 머리를 숙여 절을 하면서 상대방의 시선을 피하는 것이다.
   9) ③ 10) ① × ② ○ ③ ○ ④ ×
   11) 보편적인 인사법: 비주
       특정 지역에서만 통용되는 인사법: 홍이, 마사이족과 커쿠유족의 인사
   12) 살아온 환경이나 방법이 다르기 때문에 문화와 관습에 따라 차이가 나타나게 된 것이다.

❷ 1) ③

2)

	강연 메모	
• 강연 제목: 세계 여러 나라의 인사법		
• 날짜: 2019년 XX월 XX일	• 강연자: 안소영	
강연 내용		궁금한 점, 이해하지 못한 부분 질문

1. 신체 접촉이 없는 인사법
   - 인사란?: 사람과 사람 사이의 가장 기본적인 의사소통 방법
     다른 문화권 사람 만날 일 많아짐. → 다른 문화권 사람들의 의사
     소통 방식과 예절 알아야 함.
   - 인사법의 종류: 신체 접촉 없는 인사법 – 허리 굽혀 절하기, 합장
     　　　　　　　신체 접촉 인사법 – 악수, 포옹
   - 한국과 일본의 인사법:
     방식 – 허리를 굽혀 인사함.
     차이 – 한국과 달리 일본은 허리를 30도 이상 굽히며, 오랜 시간 동안
     　　　여러 차례 머리를 숙임.
   - 태국, 라오스와 인도의 인사법:
     방식 – 두 손을 합장함.
     차이 – 태국, 라오스와 달리 인도에서는 연장자에게 존경을 나타내기 위해
     　　　무릎을 꿇고 상대방의 발을 만진 다음, 그 손을 자신의 눈과 이마에
     　　　차례로 갖다 댐.

2. 신체 접촉이 있는 인사법
   1) 악수
      - 유래: 악수는 원래 유럽에서 남성끼리 주고받던 인사법. 무기를 쥐는
        오른손을 내밀어 평화와 화해의 뜻을 표시한 데서 유래
      - 시대에 따른 악수법의 차이:
        과거 – 여성들과 악수 하지 않음.
        현재 – 남녀 간의 악수가 자연스러움.
      - 성별에 따른 악수 예절의 차이:
        남성 – 반드시 장갑을 벗어야 함.
        여성 – 장갑을 낀 채 해도 됨.
      - 나라에 따른 악수 예절의 차이:
        유럽 – 상대방의 눈을 똑바로 봄.
        한국 – 윗사람의 눈을 정면으로 보는 것은 예의에 어긋남.
   2) 비주
      - 중동, 아프리카, 남미에서 통용되는 인사:
        이름 – 비주
        방식 – 볼에 입맞춤.

- 에티오피아 징카족의 인사: 서로의 입술을 여러 차례 새 모이 쪼듯 입 맞춘 뒤 주먹으로 상대를 번갈아 침.

3) 특정 지역에서만 통용되는 인사법
  - 마오리족의 인사법 '홍이': 서로 마주 서서 콧등을 부빔. 종족 간의 우애를 나타내는 믿음의 표현.
  - 아프리카 마사이족의 인사법:
    상대방의 손바닥에 침을 뱉음.
    물이 귀한 지역에서 수분을 함께 나눔으로써 행운을 기원함.

3. 여러 나라 인사법을 살펴보는 의의
  - 인사법은 각각 자기 사회의 문화적 전통과 가치관 따라 형성됨. 따라서 여러 나라 인사법을 살펴보는 것은 우리와 다른 문화를 이해하는 첫걸음이 될 수 있음.

3) 비교 기준을 찾아 그 기준에 따라 대상과 내용을 정리하는 것이 필요하다.

5) Track 03-5
(1) ① 얼핏 보면 비슷해 보이지만, 인사법은 나라마다 조금씩 다르다.

Track 03-6
(2) ① 세계 어느 곳에서나 손을 맞잡기만 하면 제대로 악수한 것으로 인정받을 수 있을까?
② 여성들은 장갑을 낀 채 악수를 해도 결례가 되지 않지만, 남성들은 반드시 장갑을 벗는 게 예의이다.

Track 03-7
(3) ① 동양인들은 다른 사람과 뺨과 얼굴을 부딪치는 것을 껄끄럽게 생각해서 비주를 상당히 망설이는 경우도 있다.
② 상대방의 손바닥에 침을 뱉음으로써 반가움을 표현한다.
③ 지금까지 세계 여러 나라의 인사법에 대해 간략하게 살펴보았다.

4과 음악의 역사

어휘 및 표현 연습하기
❶ 1) 혁명 2) 신호 3) 의례 4) 대중 매체 5) 녹음 기술 6) 취향 7) 악보
❷ 1) 음악의 영향력 / 음악의 기능 / 음악의 능력 2) 딱 잘라 말할 수는 없다. / 확신할 수는 없다.
3) 일반적으로 불리는 4) 음악의 방향을 바꾼 / 음악의 전개 방향에 영향을 준

이해 확인하기
❶ 1) ③ 2) ① ○ ② × ③ × ④ ○

3) ② 심신의 완화 ③ 공동체의 결속 강화를 위한 의례 행위
4) 축제에서 음악으로 흥을 돋우고, 전쟁과 가두 행진은 음악을 통해 힘을 얻고 진행되며, 여자들은 노래를 흥얼거리며 집안일을 했다.
5) ② 6) ① ✕ ② ○ ③ ○ ④ ○ ⑤ ✕ ⑥ ○ ⑦ ○
7) 상류층: 돈 내고 음악회에 가거나 음악가를 집에 초대해 연주하게 함.
중류층: 악보 보는 법 등 기초적인 지식을 배운 후 함께 피아노 반주에 맞춰 노래 부르는 등의 음악적 활동으로 욕구 채움.
하류층: 어쩌다 들은 멜로디를 비슷하게 부르며 만족해 함.
8) 활용하고 있는 매체: 음악   보여 준 내용: 베토벤의 '운명'
매체를 활용할 때와 하지 않았을 때의 차이: 매체를 활용하여 청중의 관심과 흥미를 유발시킬 수 있고, 내용 이해도를 더 높일 수 있다.
9) ② 10) ① ✕ ② ○ ③ ○ ④ ✕
11)

장르	기원
찬송가	흑인들이 미국으로 건너옴.
재즈, 블루스, 스윙, 비밥	흑인 음악이 고전 음악의 화성 기술을 바탕으로 발전됨.
로큰롤	스윙에서 새로이 탄생된 형식임.

12) 대중 매체들은 많은 수의 시청자 확보를 위해 다양성 제공을 포기하기 때문에, 그런 방송의 경제 원리에 입각해 즉각적 만족을 주는 음악에만 편식한 듯 길들여져 가고 있는 면도 있다.

2 1) ③
2)

• 강연 제목: 음악의 역사 • 강연자: 박유미	
강연 내용	궁금한 점, 이해하지 못한 점, 강연자에게 하고 싶은 질문
1. 음악의 기원 　• 인류 초기의 노래: 즐거움을 위해 사용했다고 단언 못함. 　• 노래란?: 목구멍의 압력을 조절해 높이가 다른 소리를 내는 것 　• 인류 최초 노래: 일종의 소통 신호임. 　• 생존법과 긴밀히 연관되어 있음. 2. 고대의 음악 　• 자유로운 언어 사용: 음악으로서 제대로 기능하게 됨. 　 음악의 기능: 듣고 즐기는 기쁨, 이성 간의 구애 활동, 심신 완화, 결속 강화를 위한 의례 행위 　• 그리스 문명 　　- '음악'이라는 말은 문학, 예술, 과학을 관장하는 아홉 명의 뮤즈 신의 활동을 의미하는 그리스어 '무시케'에서 나옴.	

- 음악을 예술이자 과학으로 인식 - 체계적으로 연구, 음악을 우주의 조화로 생각함.
- 음악을 젊은이들 교육의 필수 일곱 과목에 포함시킴.
• 중국 공자의 음악에 대한 견해: 사람의 성정에 미치는 음악의 힘을 믿음.
• 고대: 음악이 모두 중요한 의식에 필수적 요소로 들어감.
• 생활에서 다양하게 활용되는 음악
 - 남자들의 활동: 종교적 찬양, 축하 모임, 전쟁과 가두 행진
 - 여자들의 활동: 아기 재울 때, 집안일 할 때
• 오늘날의 음악 활용: 결혼식, 장례식, 교회에서의 음악
  음악은 의례 요소임.

3. 중세·근세의 음악
• 음악 전문 직업 생김.
 - 교회의 역할: 전문적인 음악가를 양성함. 음악을 필수 요소로 생각함.
 - 교회가 한 가장 큰 일: 음악을 기록으로 남기려 함, 악보를 개발
• 악보의 등장이 음악에 미친 영향
 - 음악의 발전을 빠르게 진행시킴.
 - 음높이와 리듬 모두 기록
 - 여러 사람이 동시에 각자 다른 선율을 불러도 조화를 이룰 수 있게 됨.
• 고전(클래식) 시대: 음악의 복잡한 체계를 잘 다루는 천재 등장
• 모차르트 시대의 음악 즐기는(향유하는) 방법
 상류층 - 전문적인 음악가의 음악회에 가거나 음악가를 집으로 초대함.
 중류층 - 기초적인 음악 지식을 배움. 개인적인 음악 활동으로 욕구 채움.
 하류층 - 전해 들은 멜로디를 따라 부름.

4. 현대 음악과 미래
• 악보의 보급: 인쇄술이/가 큰 기여를 함.
• 녹음 기술의 등장: 음악의 향방을 바꾼 가장 획기적인 과학 기술임.
• 전파 매체의 발달
 - 녹음 기술과 라디오 등의 전파 매체의 등장으로 음악회에 가지 않아도 전문가의 음악을 접할 수 있게 됨.
 - 방송의 등장으로 20세기는 대중 매체의 시대로 들어감.
 - 음악의 가치와 목적, 음악 양식 바뀜. 엄청난 음악적 혜택을 제공하게 됨.
• 음악 양식에서의 혁명
 - 새로운 종류의 음악 등장: 미국으로 건너온 흑인들의 음악
 - 클래식 음악 작곡 기술이 이런 새로운 종류의 음악을 발전시키는 기초로 작용함.
 - 음악의 선택권이 청중의 손으로 넘어감.
 - 10대 소비자의 취향에 부합되게 음악이 조정되어 감.

> ㄴ. 마무리
> - 대중문화 시대: 음악의 홍수
> - 생각해 볼 문제:
>   - 이러한 음악의 홍수가 과연 큰 혜택인가?
>   - 방송에서 제공하는 음악에만 길들여져 가고 있는 것은 아닌가?

4) Track 04-4
　(1) ① 음악은 여러 가지로 우리 생활에 깊이 파고들어와 있다.
　　　② 결혼식이나 장례식, 특히 교회 같은 곳에서 음악은 빠질 수 없는 의례 요소이다.

Track 04-5
　(2) ① 음악은 그 자리에서 귀로 듣지 않는 한 머릿속에만 존재하는 형체가 없는 것이다.
　　　② 음악의 복잡한 체계를 능수능란하게 잘 다루는 천재와 같은 사람들이 등장하게 된다.

Track 04-6
　(3) ① 음악의 역사에 있어 인쇄술보다 더 근본적으로 음악의 향방을 바꾼 획기적인 과학 기술은 바로 녹음이다.
　　　② 대중의 시대에 발맞추어 음악 양식에서 일어난 혁명에 대해 이야기하겠다.

5과 도시의 미래

준비하기
1) 메가시티의 현황과 도시의 미래
2) 도표, 전 세계 메가시티 현황과 미래의 메가시티 증가 현상을 한눈에 볼 수 있게 함으로써 강의 내용 파악에 도움을 준다.
3) 그림(세계 지도)이나 사진

어휘 및 표현 연습하기
❶ 1) 도시 인프라 2) 거대화 3) 융화시키는 4) 메가시티 5) 증가세 6) 인구 집중 7) 인구 밀도
❷ 1) 미래 모습을 / 미래 상황을 2) 과 함께 많은 문제점도 나타나게 될
　3) 를 중심으로 알아보기로 한다. / 보다 더 주요하게 살펴보기로 한다.
　4) 서로 경쟁적으로 들어오고
　5) 는 점을 중요하게 볼 필요가 있다. / 는 점에 주의할 필요가 있다. / 는 점에 관심을 가져야 한다.

이해 확인하기
❶ 1) ③ 2) ① ○ ② ○ ③ × ④ ○
　3) ① 도시 거주 인구는 2050년까지 지속적으로 늘어날 전망이다.
　　　② 선진국과 개도국 모두 증가세이다.

4) 하나의 거점 도시가 있으면 많은 사람과 자원을 빨아들여서 인구와 영역이 거대화 된다.
5) ② 6) ① ○ ② × ③ × ④ ○
7) 지금보다 높은 소득과 생활 수준을 갖춘 중산층이 늘어날 것이다.
8) 기존의 기반 시설이 부족하기 때문에 신규 건설 수요가 선진국에 비해 훨씬 크며, 삶의 질과 관련된 진일보된 인프라, 서비스에 대한 수요는 더욱 늘어날 것이다.
9) ④ 10) ① ○ ② ○ ③ × ④ ×
11) 물, 인프라 부족, 범죄와 테러 위협 증가, 교통 혼잡, 기후 변화, 지진, 쓰나미, 전염병, 테러 등
12) IT 기술을 이용해 도시를 USN을 통해 관리함으로써 도시 내 시설의 노후화를 관리하고 테러, 전염병 등의 다양한 정보를 파악하고 통제 관리할 수 있을 것이다.

2 1) ②

2)
1. 도시 거주 인구의 증가세
   ① 2009년: 도시 거주자가 전 세계 인구의 50%를 넘어섰음.
   ② 2050년까지: 선진국, 개도국 모두 지속적인 증가
      ✓ 현재 전 세계에 21개의 메가시티 존재
      ✓ 전 세계 인구의 4.7%가 메가시티에 살고 있음(20명 중 1명).
      ✓ 30년 후 메가시티 29개 정도로 증가
         → 메가시티가 정치의 중심, 경제 거점의 역할을 함.

2. 미래 메가시티의 가능성과 문제점
   ① 편리하고 효율적인 생활
      ✓ 각종 인프라의 신설과 유지 보수
      ✓ 생존에 필요한 물과 식량의 수급
      ✓ 생산과 이동 수단
      ✓ 생활 공간 유지
         막대한 에너지와 비용 필요함.
   ② 문제 해결 방법
      ✓ IT
      ✓ 차세대 에너지
      ✓ 첨단 소재
   ③ 개도국 vs. 선진국
      ✓ 개도국: 새로운 도시 인프라 건설
      ✓ 선진국: 기존의 도시를 보다 효율적이고 스마트하게

1) 개도국 메가시티의 특징
   ① 메가시티 거주자
      ✓ 높은 소득과 생활 수준을 갖춘 중산층 소비자
      ✓ 보다 나은 교육을 받은 여성들(기업의 중요한 인재로 역할)
      ✓ 보다 나은 직장과 삶의 터전을 찾아 이동한 새로운 빈민층

② 메가시티 거주자 증가에 따라 예상되는 현상
  ✓ 교통, 통신, 주거 등에서 막대한 수요 증가
  ✓ 기반 시설 부족에 따라 신규 건설 수요 증가
  ✓ 더 많은 중산층 소비자를 위한 인프라, 서비스 수요 증가

2) 메가시티의 인구 집중에 따른 문제
 ① 물 부족
 ② 인프라 부족
 ③ 범죄와 테러 위협 증가
 ④ 교통 혼잡
 ⑤ 온실 가스 배출과 이로 인한 기후 변화
 ⑥ 지진, 쓰나미, 신종 전염병, 테러 등

3. 메가시티의 문제 해결
 ① IT 기술
  ✓ 도시 전체를 총괄하는 거대한 시스템의 기반
  ✓ 모바일 단말기: 다른 사람들과의 소통, 생산 활동, 취미, 여가 활동 등을 즐길 수 있음.
  ✓ USN(Ubiquitous Sensor Network)
   • 도시 내 시설의 노후화 관리
   • 테러, 전염병, 자연재해 등 다양한 정보를 신속하게 파악, 통제, 관리
 ② 친환경 기술
  ✓ BIPV(Building Integrated Photovoltaic) 시스템: 태양광 발전판 활용
  ✓ 효율성이 높은 소형 원자로 활용하여 에너지 생산
  ✓ 무선 에너지 전송 시스템

4. 미래 메가시티의 과제
 ① 인간다운 삶을 살 수 있는 여건 마련
 ② 뒤쳐지거나 소외될 가능성이 큰 집단을 어떻게 돌볼 것인지(고령자, 도시 빈민, 타 문화 이주자들)
 ③ 포용과 다양성의 존중, 창의력의 존중
   ∴ 지식 경제 시대의 진정한 경쟁력 확보 가능

4) Track 05-4
 (1) ① 오늘날 도시는 전 인류의 절반 이상이 생활하는 공간입니다.
     ② 메가시티가 정치의 중심이자 경제 거점으로서 중요한 역할을 하게 되겠죠?

Track 05-5
 (2) ① 편리하고 효율적인 생활을 위해서는 각종 인프라의 신설과 유지 보수, 생존에 필요한 물과 식량의 수급, 생산과 이동 수단이 필요하고, 생활 공간을 유지하는 데에 막대한 에너지와 비용이 따르기 때문이죠.

Track 05-6
(3) ① 해외로부터 이주한 타 문화의 이방인들을 융화시키는 일은 지속가능한 메가시티를 만드는 전제가 될 것이다.

6과 언론의 역할

준비하기
1) ①, ②, ③, ⑤ 2) ③
3) 기자가 되고 싶어 하는 학생은 물론 제대로 된 기사를 읽고 싶어 하는 학생들에게 이 수업이 좋은 가이드라인이 되는 것

어휘 및 표현 연습하기
❶ 1) 의제 설정 2) 갈등 3) 언론 4) 다양성 5) 객관 보도 6) 정파적 7) 편파 보도
❷ 1) 믿음의 바탕이 단단한 / 사회 내 믿음이라는 기초가 잘 되어 있는
  2) 오래전부터 해 오던 당연한 일처럼 계속해 왔다.
  3) 계속해 왔다. 4) 뜻이 맞는 / 방향이 일치하는
  5) 안 좋은 감정 상태는 점점 더 커져 가고 있다. / 감정은 더 벌어져 가고 있다.

이해 확인하기
❶ 1) ④ 2) ① ○ ② ○ ③ × ④ ○
  3) 세대 간, 계급 간, 계층 간, 지역 간, 집단 간, 문화 간 갈등
  4) 언론은 갈등적 이슈를 대중에게 전달해 주고 갈등 해결을 위한 공론장의 역할을 한다. 이때 언론의 의제 설정 기능과 프레임 기능은 한 사회의 갈등 해결 능력과 밀접한 관계가 있다.
  5) ② 6) ① ○ ② ○ ③ × ④ ○
  7) ① 대통령 선거 과정에서 편파 보도 ② 북한과 미국 문제 보도 ③ 대통령 관련 보도
  8) 자사의 정파적 이해관계나 경제적 이해관계에 의해서 엉뚱한 이슈를 중요한 사회적 안건으로 취사선택하거나 편향적으로 보도를 하는 경우가 많다.
  9) ① 10) ① × ② × ③ ○ ④ ○
  11) 뉴욕타임스: 진보적인 성향, 월스트리트저널: 보수적 성향
  12) 언론들이 정치적 독립성을 확보해야 하며, 민주적 저널리즘의 가치로 돌아가 사실 보도, 객관 보도에 대한 성찰과 학습을 해야 한다. 또한 의견의 다양성을 구현해 내는 관용의 정신을 학습하고 제도화해야 한다.
❷ 1) ②
  2)
  ▶지난주에 배운 것
  한국의 언론이 어떻게 발달해 왔고, 지배 권력이 언론을 어떤 방식으로 통제해 왔는지 살펴봄.

  ▶오늘 배울 내용
  한국 언론의 정파적, 편향 보도 문제

  I. 언론의 사회 갈등 해결 기능
    1) 사회의 갈등
      • 사회적 관계가 발달하고 다원화 → 갈등 양상은 다양하고 복합적인 모습이 됨.

- 갈등 표출: 계급 간, 계층 간, 지역 간, 집단 간, 세대 간, 문화 간 갈등
- 갈등의 정의: 양립 불가능한 목표를 지녔다고 여겨지는 2~3개 집단 간의 관계
- 원만한 갈등 해결 능력을 보유한 사회 = 신뢰 자산을 많이 보유한 사회

2) 사회의 갈등과 언론의 역할
- 갈등이 있을 때 언론이 하는 일
  - 언론은 갈등적 이슈를 대중에게 전달
  - 언론은 갈등 해결을 위한 공론의 장
- 갈등 해결 능력과 관련 있는 언론의 기능
  - 의제 설정 기능: 어떤 이슈를 중요한 사회적 안건으로 취사선택하는가?
  - 프레임 기능: 이슈를 어떤 방식으로 보도하는가?

2. 한국 언론의 사회 갈등 해결 능력
1) 의심스러움 - 언론이 갈등을 조장하고 부추기는 것은 아닌지
  예) 정파적·경제적 이해관계에 따라 엉뚱한 이슈를 매우 중요한 문제인 것처럼 다루거나 불공정 편향 보도를 하여 어느 한편을 억울하게 만들거나 분노하게 만들기도 함.

2) 바람직한 언론의 모습
- 공정한 보도
  갈등적 사안이 있을 때
  → 사건이나 현상을 사실적이고 객관적으로 보도
  → 대립하는 편들의 각자 입장을 이해
- 객관적이고 공정한 보도를 하면 사안의 갈등적 측면을 적나라하게 보여줌.
  → 갈등하고 반목하는 집단들이 서로 민주적으로 토론
  → 문제 해결

3) 한국 언론의 태도 비판
- 스스로를 자기 정치권력화, 정파적 편향 보도
  예) 대통령 선거 과정: 보수 언론과 진보 언론의 정파적 위치, 불공정 편파 보도, 사실 왜곡, 한쪽을 두둔하거나 공격 (북한, 미국, 대통령 등의 문제에 대해)
- 처음부터 찬반 입장을 정함. → 사실과 정보들을 편향적으로 취사선택 편집 → 이슈를 편파적 방향으로 끌고 감. → 코드에 맞는 취재원과 기고자 동원
  예) 광우병 보도, 촛불시위 보도
    사실 보도, 객관 보도의 정신 실종
- 언론의 공격 저널리즘
  의견과 주장이 다른 편을 공격 → 언론들 간의 한바탕 싸움 → 시민 집단 간의 분열적 다툼으로 비화

3. 한국 언론의 정파적 편파 보도 해결 방안
1) 선진국 언론의 모습
  선진국 언론도 일정한 정파성과 이념적 성향을 가짐.
  예) 미국 뉴욕타임스의 진보적 성향, 월스트리트저널의 보수적 성향
    그러나 편파 시비나 사회 분열 시비에 휘말리지 않음. 원칙을 지키기 때문

> 2) 민주적 저널리즘의 원칙
>   - 사실 보도와 의견 기사의 분리 원칙 준수
>   - 사회적 갈등 세력 간의 의견, 정파적 신문의 의견의 다양성을 인정함.
>   * 의견의 다양성을 인정하지 못할 때
>   정치 집단과 언론 집단이 서로를 비방하고 공격
>   → 대중 집단 감정의 골 깊어짐.
>   → 분열된 사회 감정
>
> 3) 한국 언론의 문제 해결 방안
>   ① 정치적 독립성 확보 필요
>   ② 언론의 사실 보도, 객관 보도에 대한 성찰과 학습 필요
>   ③ 저널리즘 언어의 품위 회복 필요
>   ④ 관용의 정신 학습과 제도화 필요
>   * 관용(tolerance)의 정신이란?
>   사회 내의 다른 의견을 정중하게 배려해서 의견의 다양성을 구현해 내는 정신

4) Track 06-5
  (1) ① 집단 간의 갈등을 원만하게 해결하는 능력을 보유한 사회는 상대적으로 신뢰 자산을 많이 보유한 사회라고 할 수 있다.
      ② 어떤 이슈를 중요한 사회적 안건으로 취사선택하느냐 하는 언론의 의제 설정 기능은 사회의 갈등 해결 능력과 밀접한 관계를 가지고 있다.

  Track 06-6
  (2) ① 한국 언론은 스스로 자기 정치권력화하면서 정파적 편향 보도 문제를 관행처럼 반복해 왔다.

  Track 06-7
  (3) ① 선진국 언론이 편파 시비나 사회 분열 시비에 휘말리지 않는 것은 사실 보도와 의견 기사의 분리 원칙을 준수하기 때문이다.
      ② 언론들은 수준 낮은 정파적 언론의 함정에서 벗어나 정치적 독립성을 확보해야 한다.

7과 소비의 원리

어휘 및 표현 연습하기
1 1) 화폐 2) 자본주의 3) 욕망 4) 소비 5) 노동 6) 유혹 7) 결여
2 1) 기막힐 정도로 정확하게 안다. 2) 관심을 가질 필요가 있다. / 주의 깊게 살펴볼 필요가 있다.
  3) 감추고 싶어 한다. / 숨기고 싶어 한다. 4) 얽매임에서 벗어나지 못할 때
  5) 소비를 마음대로 하려면 / 소비를 마음껏 하려면

이해 확인하기

1 1) ③ 2) ① ○ ② × ③ × ④ × 3) 결여감
4) 백화점에 들어가기 전에 수지 씨가 가지고 있던 것은 화폐였고, 백화점을 나온 뒤에 가지고 있는 것은 상품이다. 화폐와 상품이 동등한 가치를 가지는 것이 아니라 화폐가 상품보다 훨씬 더 가치가 있기 때문이다.
5) ② 6) ① × ② ○ ③ ○ ④ ○ 7) 자본주의-종교(체계), 화폐-신
8) 자본주의는 노동을 통해 유지되는 체계이다. 노동의 대가로 제공된 화폐를 소비하면 또 다른 소비를 위해 노동해야 한다. 즉 자본주의는 노동이 유지되도록 인간의 욕망을 길들이고 자극해서 계속 소비와 노동을 반복하게 함으로써 번영하고 발전하는 것이다.
9) ② 10) ① × ② ○ ③ ○ ④ ○ 11) 우리가 다 죽거나 불매 운동을 하는 것
12) 돈을 주는 것은 소비하라고 주는 것이다. 소비를 하면 돈은 회수될 것이고, 그러면 자본은 계속 그 이익이 축적되는 것이다.

2 1) ④
2)

> 1. 자본주의의 메커니즘
>   1) 자본주의는 일종의 종교 체계
>   ✓ 화폐=신
>   ✓ 신은 내세의 행복을 약속하지만 돈은 현세의 행복을 약속
>   ✓ 돈이 있으면 당당, 돈이 없으면 초라
>   ✓ 왜 초라해질까? 수중에 돈이 없기 때문
>   → 돈이 없으면 다시 노동의 세계로
>
>   2) 자본주의 유지 방법
>   노동 → 돈(노동의 대가로 받음) → 소비(지속적으로 돈을 쓰게 하는 유혹 장치)
>   → 다시 돈이 필요함. → 다시 노동을 해야 함.
>
>   3) 자본주의 체제의 번영과 발전
>   ✓ 인간의 욕망을 길들이고 자극
>   → 끊임없는 상품 구매
>   → 노동으로 얻은 화폐 소비
>   → 다시 노동
>   ✓ 소비와 노동이라는 다람쥐 쳇바퀴 같은 삶의 굴레
>
> 2. 소비의 논리
>   1) 직장에서 왜 월급을 줄까?
>   - 자본주의 사회에서는 사람들이 돈을 써서 물건을 사야 하기 때문
>   - 마르크스는 이런 과정을 '착취'로 봄.
>   - 요약하면 사람들이 월급을 받아 다시 대자본(대기업)이 만든 것들을 사게 됨.
>
>   2) 소비와 자본주의
>   ✓ '돈을 받는다 → 돈을 쓴다 → 자본이 증식된다'의 반복
>   ✓ 아무도 물건을 안 사면? - 자본주의 붕괴
>   ✓ 나: 한 달 동안 돈을 쓰고 가난해짐.
>   그러나 자본가: 월급으로 준 돈 회수(환수)

3. 소비의 자유
   1) 모든 노동자는 곧 소비자
   2) 소비를 하면 주인이라는 느낌을 받을 수 있음.
      돈이 있으면 전지전능(무엇이든지 마음대로 고를 수 있음.)
      자본주의의 자유 = 소비의 자유
      이 자유를 얻기 위해서는 돈의 노예가 되어야 함.(돈은 한정되어 있기 때문)
      돈의 노예 = 소비의 자유(일을 해서 돈을 벌어야 함.)

5) Track 07-4
   (1) ① 구체적 상품을 가지게 된 여주인공이 결여감을 느낄 수밖에 없었던 이유는 무엇일까?

   Track 07-5
   (2) ① 우리는 모두 자본주의라고 불리는 일종의 종교 체계와도 같은 체제에서 살아간다.
       ② 자본주의는 인간의 욕망을 길들이고 자극해서 끊임없이 상품을 소비하게 하고, 그 결과 노동으로 얻은 화폐가 소비되는 것이다.

   Track 07-6
   (3) ① 그러면 자본은 계속 그 이익이 축적된다.
       ② 돈의 노예인 걸 허용해야 소비의 자유가 가능하다.

8과 한국어의 청자 반응 표현

준비하기
1) 예비 발표를 통해 논문 내용을 점검받을 수 있고, 문제점이나 보충해야 할 점에 대해 조언을 얻을 수도 있다.
2)

정보 및 자료 수집	모은 자료 분석, 발표 주제, 시간, 장소, 시설에 맞는 자료 선정
내용 구성	서론, 본론, 결론 3단계로 구성
연습	준비한 것 순서대로 정리, 발표 시 주의할 점 유의하여 연습
발표	배부용 발표지 준비, PPT 준비

어휘 및 표현 연습하기
❶ 1) 반응 표현 2) 제안할 3) 맥락 4) 담화 5) 구현하지 6) 고찰할 것이다 7) 구사하지
❷ 1) 찾는 것을 2) 교육 내용이 없는 것과 3) 기초로 / 기반으로 4) 실제적인 도움이 될 / 직접적인 도움이 될

이해 확인하기
❶ 1) ④ 2) ① ○ ② × ③ ○ ④ ○

3) 중국인 고급 학습자를 위한 청자 반응 표현의 필요성을 고찰하고, 의사소통 과정에서 {그러-}형 청자 반응 표현의 의미를 잘 인식하고 적절하게 사용할 수 있는 방법적 논의를 살펴보는 것이다.
4) ① 발표 시작 알리기 ② 주제 명시화하기 ③ 연구의 필요성 설명하기
5) '청자 반응 표현'은 의사소통 과정 중 화자의 발화에 대한 청자의 반응을 나타내는 발화로서, 화자와 청자가 상호 작용적으로 대화를 나누면서 협력적으로 대화를 이끌어 나가는 데 중요한 역할을 한다.
6) ④ 7) ① ○ ② ○ ③ × ④ ○
8) ① 화자의 요청에 대한 수용 ② 청자의 어이없어 하는 태도 ③ 청자의 못마땅한 태도
9) 첫째, 이전의 연구에서 다루지 않았던 {그러-}형 청자 반응 표현의 교육 내용을 마련하고 교육 방안을 제안한다는 것
둘째, 본 연구에서 제시한 교육 방안은 중국인 한국어 학습자의 상호 작용 의사소통 능력 향상에 실질적인 도움을 줄 수 있다는 것

10)

	질문자	질문 및 의견	발표자의 대답
첫 번째 질문	한국어 교육 전공 김철수	'그러니까'가 청자 반응 표현으로 어떻게 사용되는지?	'그니까요'라는 응답 – 상대방의 생각에 대한 강한 동의 표현임.
두 번째 질문	교수 A	외국인 학습자에게 이런 것까지 가르칠 필요가 있는지?	현재의 한국어 교재나 학습 자료에는 이런 표현의 의미 기능에 대한 기술이 부족함. 일상 대화에서 중요하고 흔히 쓰이는 이런 표현과 기능에 대한 기술을 제시하는 것이 중요함.
세 번째 질문	교수 B	객관적인 분석이 가능한가? 주관성을 조심해야 할 것임.	먼저 분석의 틀이 될 수 있는 이론들을 고찰할 것임. 그 틀에 따라 드라마 대본에 대해 담화 분석을 하여 연구 대상의 의미 기능을 분석할 것임.

2 1) ②

2)

```
1. 연구의 목적과 필요성
  1) 목적
    • 중국인 고급 학습자를 위한 {그러-}형 청자 반응 표현의 필요성 고찰, 의사소통 과정에서 적절하게 사용할
      수 있는 방법적 논의 살핌.
    • 외국어 교수 및 학습 목표: 그 언어를 사용하여 의사소통하는 능력, 즉 언어적 수행 능력을 기르는 것임.

  2) 필요성
    • 한국어 문법 교육의 변모: 문법 형식 및 문장 구조에 초점을 둔 언어 지식 → 담화나 텍스트
      관점에서의 문법 교육
    • 실제 교육 현실: 교육 현장에서 문법 교육 변모 양상을 제대로 구현하지 못함. 교재에서도 문법의 담화 기능
      제시하지 않는 경우 많음. – 학습자들이 의사소통을 원활히 하지 못하는 경우 많음.
    • 해당 어휘와 문법의 맥락적 의미와 담화 기능을 교육시킬 수 있는 문법 교육 모형을 마련할 필요 있음.
    • '청자 반응 표현': 의사소통 과정 중 청자가 화자의 발화에 대한 반응을 나타내는 발화 – 의사소통 과정에서
      는 청자의 역할도 대화를 전개, 발전시키는 데 큰 역할을 하므로 청자 반응 표현에 대한 연구가 필요함.

2. 연구 대상
    • 청자 반응 표현 중 {그러-}형으로 제한: 모든 표현을 다루는 것은 한계가 있기 때문
    • 한국어 학습자들의 {그러니까}, {그러게} 같은 {그러-}형 표현에 대한 인식, 사용 양상: 이런 표현을 이해하
      지 못하거나 부적절하게 사용하고 있음. – 이런 표현에 대한 교육 부족 때문임.
```

3. 연구 방법과 자료
   1) 연구 방법
      - 연구 대상으로 선정된 {그러-}형 표현 7개 선정: {그래}, {그렇지}, {그러게}, {그러니까}, {그래서}, {그런데}, {그럼}
      - 이론 고찰을 통해 {그러-}형 표현의 담화적 의미 기능을 분석하기 위한 분석의 틀 마련 → 이에 따라 담화 분석 실시 → 의미 기능 분석함.
   2) 연구 자료
      - 분석 자료로 드라마 대본 선정: 이 자료에는 청자 표현이 나오는 대화 맥락과 대화자의 심리 상태가 잘 기술되어 있기 때문
      - 선정된 자료:

4. 논문 구성
   - 서론, 연구 목적과 방법
   - 청자 반응 표현의 개념, 유형 및 기능 고찰
   - 청자 반응 표현 교육의 필요성, 교재 수록 양상 고찰
   - 연구 대상 {그러-}형 반응 표현 선정, 각 표현의 의미 기능 분석
   - {그러-}형 청자 반응 표현에 대한 한국어 모어 화자와 중국인 학습자의 인식과 표현 양상 조사, 그 결과 분석
   - 결론. {그러-}형 청자 반응 표현의 목적, 내용, 교수 학습 활동 설정

5. 연구의 의의
   ① 이전에 다루지 않았던 {그러-}형 청자 반응 표현의 내용을 마련하고 교육 방안을 제안했음.
   ② 중국인 한국어 학습자의 상호 작용 의사소통 능력 향상에 실질적인 도움이 됨.

5) Track 08-6
(1) ① 어휘나 문법 지식을 가지고 있어도 의사소통을 원활히 하지 못하는 경우가 많다.
    ② 이 표현은 화자와 청자가 상호 작용적으로 대화를 나누면서 협력적으로 대화를 이끌어 나가는 데 중요한 역할을 한다.

Track 08-7
(2) ① 이 표현의 모든 의미 기능과 사용 양상을 다루기에는 한계가 있다.
    ② 본 연구에서는 이들 대화 장면에서 나타나는 청자 반응 표현의 운용 방식을 분석할 것이다.

Track 08-8
(3) ① 언어를 습득하는 학습자들은 학습 자료에 의지하고 많은 언어 현상을 교재를 통해서 인식한다.

9과 원작과 각색

준비하기
2) ① ○ ② ○ ③ ○ ④ ×

어휘 및 표현 연습하기
1 1) 시각화 2) 판소리 공연 3) 수용 4) 해학성 5) 서사 6) 사설 7) 각색할
2 1) 큰 성과를 거두었다. / 큰 성과를 이루었다. 2) 비슷한 예를 찾을 수 없는 / 그런 예가 없는
   3) 시각적인 방법을 통해, 전달된다. 4) 문자만큼 잘 표현하지 못한다. 5) 화면에서 표현하고 있다.

이해 확인하기
1 1) ② 2) ① × ② × ③ ○ ④ ○
   3) 서편제: 판소리 소리꾼의 인생, 춘향뎐: 판소리 자체
   4) 판소리는 복잡하고 긴 이야기로 이루어진 사설로 구성되어 있다는 점에서 문학, 주인공의 심정이 노래를 통해 전달되는 음악 그리고 몸짓과 대사를 통해 인물의 생각이 전달되고 드러난다는 점에서 연극의 성격을 가지고 있다.
   5) ② 6) ① ○ ② ○ ③ × ④ ○
   7) ① 영화로서는 판소리 문학을 모두 반영하지는 못했다. ② 판소리의 특성인 해학성도 드러나지 않았다. ③ 영화적 측면에서 부자연스러워졌다.(현장음이 미약해짐, 장면을 글자 그래픽으로 처리한 점)
   8) 음악을 바탕으로 구성된 영상으로, 음악이 작품의 중심적 역할을 담당한다는 점이 뮤직비디오와 비슷하며, 갑자기 독립적인 위치로 노래와 춤이 나타나는 점은 뮤지컬과 비슷하다.
   9) ② 10) ① ○ ② × ③ ○ ④ × 11) 객석의 관객이 호응하는 장면
   12) 이 영화의 가치는 무엇보다 판소리 본연의 가치를 살려 충실한 각색을 했다는 점이다. 이는 판소리가 무엇인지 알려주고자 하는 의도에서 비롯된 것으로 판소리의 공연과 수용 방식의 교육 자료로 이용될 수 있을 것이다. 또한 한국적 미를 잘 표현함으로써 한국적 미가 무엇인지 느끼게 해주는 작품이다.

2 1) ③
   2)

> ### 판소리의 영화화 과정에 나타난 문제점
> 임권택의 〈춘향뎐〉을 중심으로
>
> ■ 발표 주제: 판소리의 영화화 과정에 나타난 문제점 – 임권택의 〈춘향뎐〉을 중심으로
> ■ 발표자: 안효진(서울대학교)
>
> I. 영화 〈춘향뎐〉
>   • 감독: 임권택, 한국의 대표적인 영화감독
>   • 관련 영화: 〈서편제〉(1993)
>   – 이청준 소설 원작, 판소리 소리꾼의 인생을 다룬 영화
>   – 판소리를 영화로 옮겨 대성공을 거둠.

- <서편제>와 <춘향뎐>의 공통점과 차이점
  - 공통점: 판소리가 소재라는 점
  - 차이점

<춘향뎐>	<서편제>
판소리 공연 자체를 영화화 실제 판소리 공연을 그대로 보여 주려고 함. 조상현 명창의 소리를 삽입	판소리 소리꾼의 인생 이야기

- <춘향뎐>은 판소리 자체를 보여주려는 시도가 기존 영화와 다름.

2. 영화와 판소리의 장르적 특성
  - 영화
    - 관객들에게 시각적 감수성으로 전달되는 예술 장르
    - 일회적, 한 방향성
    - 사건과 사건이 서로 연결되며 순차적으로 절정을 향해 진행
    - 과거를 회상하는 플래시백 기법을 이용하기도 하지만 자주 사용하지는 않음.
  - 판소리
    - 음악적 특성: 주인공의 심정이 노래를 통해서 전달
    - 문학적 특성: 복잡하고 긴 이야기로 이루어짐.
    - 연극적 특성: 인물의 생각이 몸짓과 대사를 통해서 전달

3. <춘향뎐>에서 판소리의 영화화 특징과 한계점
  - 판소리가 영화에서 어떻게 표현되었을까?
    - 판소리로 인물의 희로애락 표현 → 다른 영화보다 클로즈업 기법을 적게 사용
      굳이 영상을 통해 인물의 감정을 드러내지 않아도 되기 때문
    - 영화 상영 시간은 2시간 12분, 그중에서 판소리가 55분을 차지
    - 판소리 춘향전의 40%가 영화에 있음.
    - 판소리로 인물의 내면을 묘사할 때 그에 맞는 영상을 보여 줌.
    - 판소리 내용, 즉 노래 가사의 시각화
      음악 리듬, 템포(tempo, 박자)를 영상의 빠르기로 반영하거나
      판소리의 내용을 그대로 보여 주거나
      예) 그네를 타고 있는 춘향을 부르러 건너가는 장면, 포졸들이 사또의 명령대로 의기양양하게 춘향이 집으로
        춘향을 잡으러 가는 장면
    - 따라서 영화가 뮤직비디오 같기도 하고 뮤지컬 같기도 하다는 평
      음악이 바탕이 되어 중심적 역할을 한다는 점에서 뮤직비디오
      노래와 춤이 나타난다는 점에서 뮤지컬
      예) 사랑가, 옥중가
  - <춘향뎐> 판소리 영화화의 한계
    - 영화에서 판소리의 문학을 모두 반영하지는 못함. 상상력이 제한됨.
    - 판소리의 특성인 해학성도 충분히 드러나지 않고 축소됨.
    - 영화로서 부자연스러운 장면: 판소리 때문에 현장음이 잘 안 들리거나 '좋을 호(好)' 글자를 그래픽으로 나타
      낸 부분

- <춘향뎐>에서 판소리를 영화화한 것의 의의
  - 판소리를 충실하게 각색하여 판소리 내용을 보여 줄 뿐만 아니라 판소리가 무엇인지를 알려 줌.
    예) 관객이 호응하는 장면을 영화에 삽입해 판소리 특유의 흥을 보여 줌.
    → 판소리의 공연과 수용 방식을 교육하는 데 좋은 자료가 될 수 있음.
  - 한국적 미가 무엇인지 느끼게 해 주는 작품
    계절에 따라 변하는 우리나라의 자연을 갖가지 색으로 화면에 담아냄.
    수많은 의상을 통해 한복의 멋스러움을 잘 표현함.
- 앞으로의 바람
  앞으로 고전을 각색하는 방향이 다양하게 나타나야 할 것
  예) 원작에 충실한 각색, 고전을 재해석한 각색, 새롭게 창조된 각색 등
  → 관객의 상상력을 더욱 자극할 수 있는 새로운 영화가 나오기를 기대함.
-
-
-

5) Track 09-4
   (1) ① 이렇게 판소리를 영화로 옮겨 대성공을 거뒀다.
       ② 전 세계적으로 유례를 찾아보기 힘든 독특한 사례이다.

   Track 09-5
   (2) ① 판소리로 인물의 희로애락이 표현되므로 굳이 영상을 통해 인물의 감정을 분명하게 드러내지 않아도 된다.

   Track 09-6
   (3) ① 영화에서 객석의 관객이 호응하는 장면을 삽입한 것도 판소리 특유의 흥이라는 것을 보여 주려고 한 것이다.
       ② 고전의 흔적을 찾아보기 힘들 정도로 새롭게 창조된 각색이 활발하게 진행될 필요가 있다.

10과 에너지 소비와 환경

준비하기
1) ① 창의성 ② 논리성 ③ 발표력 ④ 디자인 2) ④

어휘 및 표현 연습하기
❶ 1) 에너지원 2) 조달 3) 악취 4) 밀폐 5) 가연 6) 선도 7) 무상
❷ 1) 제일 / 비교도 안 될 정도로 2) 거의 없다 3) 이익(이득)이 있다. / 이익(이득)이 생긴다.
   4) 가 되었다 / 의 위치를 차지하고 있다 / 로 자리를 잡았다

이해 확인하기

❶ 1) ③   2) ① ○ ② × ③ × ④ ×   3) ① 가능한가 ② 경제적인가 ③ 적합한가
4) 바이오매스와 폐기물 발전 중에서 폐기물 발전이 최종적으로 선정되었다. 그 이유는 캠퍼스 내에 쓰레기가 많으므로 원료 조달이 가능하며, 쓰레기까지 많이 줄일 수 있다는 점에서 지속 가능성도 높기 때문이다.
5) ④   6) ① ○ ② ○ ③ ○ ④ ×   7) ① 타워 위의 고급 레스토랑 ② 시설 앞의 축구장
8) 시설 안에 주민 편의 시설을 도입하여 주민들의 사랑을 받게 되었고, 오늘날 친주민 시설, 친환경 시설로 이 지역 대표 관광 명소로 자리를 잡았다.
9) ①   10) ① ○ ② ○ ③ ○ ④ ×   11) ① 경제적 효과 ② 환경적·사회적 효과 ③ 복지 효과
12) 질문: 건축물 폐기물로도 폐기물 발전이 가능한가?
   답변: 선정한 표본은 모두 가연 재료라서 연료화가 가능했던 것으로, 연료화 가능한 가연 쓰레기만 활용 가능하며 건축물 쓰레기는 활용 대상이 아니다.

❷ 1) ④
2)

1. 배경 설명 1) 뉴스: 에너지 소비에서 10년 연속 1위 2) 학생 감소, 하지만 에너지 사용량 배출량은 매년 9% 증가 3) 주제 제시: 서울대학교 캠퍼스 내 신재생 에너지 발전소 건립 4) 퀴즈: 190개 에너지 다소비 기관 중 23개가 이것 5) 주장 제기: 현재 건립 중인 제3 플랜트를 신재생 에너지 플랜트로 건립	✓ 어느 분야에서 1위한 것인지 강조하며 제시함.

2. 에너지원 선정
1) 열한 가지 에너지원 중에서 선정해야 함.
  선정 기준: 가능성, 경제성, 적합성
2) 가능성: 해양 발전소를 예를 들어 설명
3) 경제성: 감가상각, 할인율, 신재생 에너지 대체율 등 고려
  - 현재 한국전력에서 에너지 구입: 투자비 0, 연간 612억 원의 비용 발생
  - 우리의 제안: 건설비 필요, 매년 발전 비용 → 바이오매스, 폐기물 발전
4) 적합성
  → 폐기물 발전 방식이 최종 선정됨.
   원료 조달 가능성, 지속 가능성
	✓ 논리적 기준에 따라 선정되었음을 강조

3. 폐기물 발전
1) 폐기물 발전에 대한 의문 해소
  - 폐기물 발전: 신재생 에너지 중 70% 차지, 480기가 이미 운용 중
  - 악취에 대한 염려: 에어 커튼, 건물 밀폐 등 이미 기술 발전으로 해소됨.
  - 다이옥신 발생 우려: 기술 극대화를 통해 오염 물질 배출이 거의 없음.
2) 긍정적 사례 제시
  - 구리시 자원 회수 시설: 사진, 주민들의 반대, 이후의 긍정적 반응
   축구장, 실내 수영장, 사우나 등의 주민 편의 시설 도입 + 관광 명소
   고급 레스토랑도 설치되어 있음.
	✓ 폐기물 발전에 대한 편견과 거부감을 없애는 데 초점을 둠.

4. 발전소 건립
   1) 폐기물 발생 현황
      6개의 쓰레기통 표본 조사: 가연 재료로서 연료화에 매우 적합
   2) 대지 선정: 테니스장, 공대 주차장, 야구장 등
      고려 요소: 접근 용이성, 비용 적절성, 거부감 최소화 가능성
   3) 학내 캠페인 제안
      - 학내 언론을 통해 오해 최소화
      - 발전소 내 편의 시설 확충
      - 이름을 혐오감을 주지 않도록 명명
        • 학생들 대상 공모전 제안

5. 기대 효과
   1) 경제적 효과: 설비비 5450억, 발전비 1520억,
      기존 방식에 비해 약 406억 원의 차이 발생 / 원료가 쓰레기이므로
      쓰레기 처리 비용 122억 원 절감
   2) 환경적 측면: 이산화탄소 줄임으로 에코 캠퍼스 실현, 환경 교육의 장으로
      거듭남.
   3) 국립 대학교로서 선도 효과, 반닝비 실천 사례
   4) 학내 구성원에 돌아가는 이익
      - 폐열을 통한 무상 난방 가능: 샤워실, 찜질방, 화장실 온수
      - 잔여 이익 528억으로 다양한 복지 지원 가능: 환경 장학금, 해외 봉사
        지원 등(설문 조사를 통해 방안 조사)

6. 마무리

4) Track 10-5
① 오늘 저는 서울대학교 캠퍼스 내 신재생 에너지 발전소 건립에 대해서 말씀드리겠습니다.
② 우선 짧은 퀴즈로 시작해 보겠습니다.
③ 서울대학교는 한국전력에서 100프로 에너지를 구입해서 사용하고 있습니다.
④ 적합성을 고려해 봤을 때는 폐기물 발전이 최종적으로 선정이 됩니다.

11과 전통의 보존과 개발

준비하기

1) 토론 전: ① 토론 주제 분석하기 ③ 상대편의 반론에 대해 예상해 보고 논증 과정 생각해 보기
   토론 중: ③ 상대방의 주장에 대해 반론하기
   토론 후: ① 토론 활동을 되돌아보면서 토론이 문제 해결에 어떤 도움을 주었는지 이야기해 보기

2) ①, ③, ⑤, ⑥

어휘 및 표현 연습하기

❶ 1) 문화재 2) 고유성 3) 보존되 4) 문화유산 5) 재현된 6) 계승 7) 침해할 8) 개량된
❷ 1) 이유로 2) 편리하고 넉넉하게 3) 장점은 이용하고 / 좋은 점은 받아들이고 4) 생각하는 / 여기는 / 취급하는
   5) 논리적으로 맞지 않다. / 논리적으로 볼 때 과장이 심한 것이다.

이해 확인하기

❶ 1) ② 2) ① × ② ○ ③ ○ ④ ×
   3) 한옥 마을을 지정하게 되면 그곳에 거주하는 사람들의 재산권과 자유권을 침해할 수 있다.
   4) 공공의 이익을 위해서 개인의 자유와 권리는 일부 제한될 수 있다. 지금은 세계화 시대이고 외국인 관광객을 많이 유치할 필요가 있다. 관광객을 유치하기 위해서는 한옥과 같은 관광 자원을 잘 보존하여 국제 경쟁력을 갖출 필요가 있다.
   5) ② 6) ① ○ ② ○ ③ × ④ ○ 7) 어느 정도는 제도적 강제가 있어야 한다.
   8) 외형적으로는 한옥의 모습이 잘 보존되어 있지만 내부는 현대 생활에 맞게 개량된 경우가 많다.
   9) ④ 10) ① ○ ② ○ ③ ○ ④ ×
   11) 아파트는 한옥과 달리 자연과 내부 공간이 단절되어 있으며, 또한 오르내림과 꺾임이 한옥처럼 많지 않기 때문에

❷ 1) ③ 제도적 장치를 통하지 않고도 일상적인 생활에서 한옥의 전통을 계승하는 것이 가능한가?
   2)
   1. 입론

	주장	한옥 마을 지정은 타당하다
찬성측	근거	- 전통 주거 양식 중 하나임.
		- <u>한옥이 사라지고 있다.</u> ▶ 사라지고 있는 이유 　• 급격한 도시화·현대화 과정 때문 　• 한옥은 시대에 뒤떨어진 낡은 것이라고 생각하는 사람들의 인식 때문
		- <u>과학성을 갖춘 우리의 소중한 문화유산 중 하나이다.</u>
	방법	<u>한옥이 밀집한</u> 지역을 한옥 마을로 <u>지정하여 보존</u>할 필요가 있음. 있는 그대로의 한옥을 보존하는 것은 <u>전통을 계승한</u>다는 점에서 매우 의미 있는 일임.

	주장	한옥 마을 지정에 반대한다
반대측	근거	- 굳이 한옥 마을을 지정하지 않더라도 <u>우리 것에 대한 사람들의 관심</u>은 사라지지 않을 것
		- 한옥 마을 거주자의 <u>재산권</u>과 <u>자유권</u> 침해
		• 한옥에 살기 싫어도 한옥에 살아야 함. • 한옥을 <u>허물</u>고 새 건물을 <u>짓고 싶어</u>도 그렇게 할 수 없음. • 개인의 자유권과 재산권은 <u>헌법이 보장하</u>는 권리 • <u>누구나 평등하</u>게 누려야 할 권리 • <u>한옥 마을에 살지 않는 외부인들</u>을 위해 도시 경관을 보존 • 한옥의 전통을 계승한다는 명분으로 개인의 주거권과 재산권 침해 → 그 피해는 누가 <u>보상해 줄 것인가</u>

174　서울대 한국어⁺ 학문 목적 듣기

2. 반박

찬성측	주장1	공공의 이익을 위해서 개인의 자유와 권리는 <u>일부 제한될</u> 수 있는 것
	근거	<u>개인의 이익</u>만을 생각하여 공공의 이익을 고려하지 않는다면 결국 <u>개인의 이익</u>도 지켜지지 않을 것
	주장2	한옥을 보존하는 일은 바로 세계화 시대에 <u>국제 경쟁력을 갖추</u>는 일
반박	근거	지금은 세계화 시대이고 <u>외국인 관광객</u>도 많이 유치할 필요가 있음. 외국인 관광객들은 <u>우리 문화의 고유성을 발견</u>하고 싶어 함. 그러므로 한옥과 같은 <u>관광 자원을 잘 보존</u>하여 국제 경쟁력을 갖출 필요가 있음.

반대측	주장1	<u>현재 우리의 삶을 풍요롭게</u> 하지 못하는 전통의 보존이란 곧은 과거에 집착하는 것에 불과할 것. 한옥 마을 지정보다는 한옥을 <u>현대 생활에 맞게 변형시켜</u> 자연스럽게 한옥의 전통을 이어 가는 것이 바람직함.
	근거	과거보다는 <u>현재 우리의 삶</u>이 더 중요함. 외국인에게 보여 주어야 한다는 이유로 현재 생활을 희생할 수는 없음. 경제적인 이유 혹은 막연한 전통 보존이라는 명분만으로 우리의 현재 생활을 희생한다면 <u>진정한 의미의 전통 창조와 계승</u>은 어려운 일이 될 것임.
반박	주장2	전통적 한옥의 <u>장점을 살리</u>되 현대 생활에 불편함이 없게 <u>변용하</u>는 것이 진정한 전통의 계승임. 외국인들도 한옥이 <u>창조적으로 개량</u>된 모습에서 우리 문화의 전통을 발견할 수 있을 것임.
	근거	전통이란 <u>고정불변</u>의 것이 아니라 현재를 살아가는 우리들이 찾아내고 만들어야 하는 것임. 한옥도 지금의 삶에 도움이 될 한옥의 모습을 제시하는 것이 전통 계승. <u>옛날 그대로의 것</u>만을 전통이라고 한다면 전통의 <u>현대적 계승</u>은 불가능함. <u>새로운 것</u>을 만들어 후대에게 전통으로 물려주어야 함. 예) 문화재 지정 한옥도 외형은 전통 한옥, 내부는 <u>입식</u> 부엌과 <u>수세식</u> 화장실 등 현대 생활에 맞게 <u>개량</u>

3. 재반박

찬성측	주장	만일 모든 것을 개인의 취향과 선택에만 맡긴다면 그 사회의 핵심 가치를 지키기 힘들 것임. 어느 정도는 <u>제도적 강제</u>가 있어야 우리 문화가 지켜질 수 있음. 따라서 한옥 마을을 지정하여 보존하는 것이 <u>한옥의 전통을 지키고 보존하는</u> 유효한 방법임.
재반박	근거	한옥을 현대 생활에 맞게 잘 변용하여 그 <u>전통과 가치</u>를 제대로 살리고 있을까? 우리의 실제 주거 문화는 대부분 <u>서구식</u> 한옥을 <u>구시대의 유물</u>로 치부하는 경향까지 있음.

반대측	주장	한옥의 전통을 계승하는 것은 한옥 마을을 지정하는 등의 <u>제도적 장치를 통해서</u>만 가능한 것이 아니라, <u>일상적인 생활</u> 속에서도 충분히 가능한 일이라고 생각함.
재반박	근거	지금 우리의 주거 형태에는 <u>한옥적 요소</u>가 많이 있음. 예) 우리나라 아파트 내부: 현관문-거실-<u>침실</u>-주방-<u>화장실</u>=한옥의 <u>동선</u> 형식, 전 세계 유일 외부: 옛 마을의 <u>정취</u>를 살리고 있음. 옛날 마을 입구의 장승과 도당 나무= 요즘 아파트 입구의 '○○ 마을 ○○ 아파트'라고 쓰인 커다란 <u>바윗돌</u>, 큰 <u>나무</u>, 정자

찬성측	주장	우리 전통 한옥에만 있는 것들, 조상의 슬기와 지혜가 배어 있는 우리 한옥을 정책적으로 보존하지 않는다면 한옥의 <u>본래 모습</u>과 그 속에서 숨 쉬던 <u>우리 민족의 우수성</u>을 잃어버리게 될 것임.
재반박	근거	- 현실에 맞게 변화된 것 모두를 전통 계승과 관련하여 생각한다면 <u>전통문화</u>를 구분하기 어려움. - 아파트가 한옥을 현대적으로 계승했다고 보는 것은 <u>논리적 비약</u>. - 한옥 문화의 핵심은 <u>자연과의 어울림</u>. 즉 한옥은 자연을 집 안으로 끌어들여 집 안에서도 하늘을 볼 수 있음. 하지만 아파트는 <u>자연과 내부 공간</u>이 단절되었음. - 한옥은 신체 움직임이 많아 건강 유지에 도움이 됨. 하지만 아파트는 <u>오르내림과 꺾임</u>이 한옥처럼 많지 않음.

사회자의 마무리	주거와 생활 공간의 측면에서 우리 전통 한옥의 우수성이 무엇이고 <u>한옥의 전통을 어떻게 이어 가는 것이 창조적으로 계승하는 것인가</u> 하는 근본적인 물음에 대해 생각해 보는 계기가 되었던 토론이었음.

4) Track 11-8
  (1) ① 경제적인 이유 혹은 막연한 전통 보존이라는 명분만으로 우리의 현재 생활을 희생할 수는 없다.
     ② 전통이란 현대적 의미가 있어야 하고 시대에 따라 바뀔 수 있다는 말은 옳다.

Track 11-9
  (2) ① 한옥의 동선 형식이 아파트에서 재현된 것이라고 할 수 있다.
     ② 아파트 외부 구조에서도 옛 마을의 정취를 살리고 있는 측면이 많다.
     ③ 조상의 숨결과 지혜가 배어 있는 한옥을 정책적으로 보존하지 않는다면, 한옥의 본래 모습과 그 속에서 숨 쉬던 우리 민족의 우수성을 잃어버리게 될 것이다.

12과 함께 사는 사회

준비하기

1) 토의란 어떤 공통 문제의 해결 방안을 찾기 위해 둘 이상의 사람들이 모여서 정보, 의견, 생각 등을 나누는 협동적인 의사소통 방법이다.
2) - 공통점: 토의와 토론 모두 둘 이상 참가자의 집단 사고의 과정이며, 집단 의사의 결정 과정이다.
   - 차이점: 토의의 참가자는 특정 문제에 대해 공통 인식을 가지고 있는 이해자인 반면에, 토론의 참가자는 찬성과 반대와 같은 의견 대립자로 구성된다. 또한 토의는 참가자 전원의 협력과 협의로 문제를 해결하지만, 토론은 자기주장의 정당성을 밝힘으로써 상대방을 설득하는 방식을 갖는다.
3) 패널 토의: ②, ④, ⑦   심포지엄: ③, ⑥   포럼: ①, ⑤
4) 다른 사람의 의견에 주의를 기울이며, 의견을 제안할 때에는 사회자에게 발언권을 얻어야 하고, 자신의 의견이 받아들여지지 않을 경우에도 일단 합의된 결정에 따를 줄 아는 민주 의식이 필요하다.

어휘 및 표현 연습하기

❶ 1) 배려하는 2) 정서적 3) 편견 4) 사회적 약자 5) 정책 6) 소외감 7) 평등한
❷ 1) 생활을 이끌어 나가기 / 생활을 하기 2) 심한지 3) 나눠 버린다. / 구분한다. 4) 아주 많이 5) 사회로 받아들여

이해 확인하기

❶ 1) ② 2) ① × ② ○ ③ ○ ④ ×
   3) 경제적 능력이 부족한 혼자 사는 노인, 장애인, 기초생활 수급자, 차상위 계층, 소년소녀 가장
   5) ② 6) ① ○ ② × ③ × ④ ○
   7) 정다미: 편견과 오해의 시선으로 바라본다.
      오미정: 사회적 약자에 대한 시선이 긍정적으로 바뀌고 있다.
   8) 남자: 기업의 장애인 고용에 대한 정책을 강력하게 점검해야 한다.
      여자 1: 정서적 차원에서 배려해야 한다.
      여자 2: 사회적 약자 스스로 경쟁력을 키울 수 있는 정책을 마련해 줘야 한다.

9) ③ 10) ① × ② × ③ ○ ④ ○
11) ① 돈을 모아 단체에 기부한다.
    ② 주변의 사회적 약자를 방문해 도움을 준다.
    ③ 주변의 사회적 약자를 자신의 공동체로 끌어들여 공동체의 일원임을 인식하게 한다.

2 1) ②
2)

▶토의 제목: 사회적 약자를 배려하는 방안
▶토의 참석자: 오미정(○○구청 사회복지사)
             정다미(사회적 기업 나눔사 대표)
             김석호(장애인 편견 단체 강사)
▶토의 내용
  1. 사회적 약자의 범위
    1) 오미정
       • 사회적 약자란 자기 스스로 정상적인 생활이나 생계를 이어 나가는 데에 어려움을 겪는 이들
       • 사회에서 소외받는 사람들
       • (기존 인식) 독거노인, 장애인
         (범위 확대) 약물 중독자, 신용 불량자, 재정 상태가 나쁜 미혼모 등
    2) 정다미
       • 사회적 기업 운영: 노인, 장애인, 기초 생활 수급자들이 근무
       • 사회적 약자
         - 혼자 살며 경제적 능력이 부족한 노인
         - 몸이 아파 일할 기회를 얻지 못하는 장애인
         - 정부에서 받는 돈으로 생활이 어려운 기초 생활 수급자들
           + 차상위 계층, 소년소녀 가장 등
    3) 김석호
       • 장애인은 누구보다도 고통받고 소외받는 사회적 약자
       • 무엇보다 자기 힘과 능력으로 생계를 이어갈 수 없다는 점이 고통스러움.
       • 불의의 사고로 장애인이 된 후 반강제로 퇴직.
       • 장애인이라는 사회적 약자에 대한 편견과 불공정이 뿌리 깊음.

▶토의 내용 I: 사회적 약자에 대한 우리의 시선과 관점
  1) 정다미
     • 사회적 약자에 대한 사람들의 잘못된 편견과 오해의 시선 → 멀리하고 차별해야 할 대상
     • 사회적 약자는 평균적인 수준보다 조금 뒤처질 뿐 당당한 사회의 일원
     • 사회적 약자도 능력과 포부가 있음.
     • 멀쩡한 사람과 안 멀쩡한 사람으로 선을 긋는 것은 잘못된 생각임.
  2) 오미정
     • 낙관적. 사회적 약자에 대한 부정적인 시선이 많이 희미해져 가고 있음.
     • 어려운 사람을 돕겠다는 문의 전화 증가
     • 독거노인 식사, 장애인 가정 방문 자원봉사자 증가

▶토의 내용 2: 사회적 약자에 대한 배려 방법
  1) 김서호
    • 기업의 장애인 고용 확대
    • 현재 시행 정책은 너무 소극적, 잘 시행되지도 않고 있음.
    • 일정 규모 이상 기업에 대한 장애인 의무 고용, 공정한 처우 점검 및 관리 필요
  2) 오미정
    • 정서적인 측면의 배려도 중요
    • 사회적 약자의 소외감 해소 위해 따뜻한 보살핌이 필요한 사람들의 말벗이나 고충 접수 팀 구성 필요
  3) 정다미
    • 사회적 약자 스스로 경쟁력을 키워야 함.
    → 경쟁력을 키울 수 있는 정책 마련
    예) 장애인 재활 프로그램, 사회 적응 훈련 프로그램
        차상위 계층의 자립 향상 직업 훈련으로 소득 수준 끌어올리기

▶질의응답
  질문 1: 사회적 약자에 대한 인식을 바꾸는 구체적 방법은?
  응답(김서호)
    • 사회적 약자도 우리와 다를 바 없이 소중한 사람이라는 사실 깨달아야
    • 누구나 예기치 못하게 이런 처지가 될 수 있음.
    • 따라서 그들의 처지를 고려해 지원하고 배려하되, 똑같이 가치 있고 평등한 존재로 대해야

  질문 2: 동네나 학교 등에서 사회적 약자를 위해 할 수 있는 일은?
  응답(오미정)
    • 돈을 모아 관련 단체에 기부하기
    • 방문하여 직접 돕기
    • 공동체의 일원으로 끌어들이기

4)

사회자	역할
오늘은 …라는 주제로 토의를 진행하겠습니다. 먼저 …에 대한 이야기를 나눠 보겠습니다. 먼저 오미정 선생님 말씀해 주시겠습니까?	논제 제시와 토의 시작 진행
정상적인 생활이나 …이루고 있다는 말씀이시군요. 그럼 다른 두 분은 어떻게 생각하시나요?	내용 요약 정리와 발언권 분배
사회적 약자에 대한 시선이 …있다는 의견 주셨습니다. 그럼 이쯤에서, …하려면 어떻게 해야 할지 의견을 나눠 볼까요?	내용 요약 정리와 새로운 토의 사항 제시
오늘 토의에서 세부적인 의견 차이는 있었지만 …데에는 다들 동의하신 것 같습니다. 그럼 오늘 토의를 여기에서 마무리하겠습니다.	결론 유도와 토의 종료

5) Track 12-6
   (1) ① 장애인 관련 단체에서 일하며 장애인의 처우 개선을 위한 운동을 벌여 오신 분입니다.
       ② 자기 스스로 정상적인 생활이나 생계를 이어 나가는 데 어려움을 겪는 이들도 사회적 약자로 봐야 합니다.

   Track 12-7
   (2) ① 어떻게 하면 어려운 사람들을 도와줄 수 있느냐는 문의 전화가 예전에 비해 눈에 띄게 늘었습니다.

   Track 12-8
   (3) ① 사회적 약자가 우리와 다를 바 없이 소중한 사람이라는 사실을 가슴 깊이 깨달아야겠죠.
       ② 그들의 처지를 고려해 주고 배려해 주되, 우리와 똑같이 가치 있고 평등한 존재로 대하자는 거죠.

13과 새똥 섬의 몰락

준비하기

1) • 정보 전달과 설득의 성격을 모두 가지고 있다.
   • 시청자에게 주장하기도 한다. 즉 설득의 성격도 있다.
   • 시청할 때 비판적인 자세가 필요하다.
   • 영상물이므로 영상, 소리, 음악에 주의하며 보는 것도 중요하다.
2) 심층 보도의 신뢰성을 파악하기 위해서는 그 내용이 진실에 부합하는지, 보도에서 시행된 실험이나 인터뷰 등에 거짓이 없는지 꼼꼼히 따져봐야 해요. 또한 타당성을 파악하기 위해서는 과장된 자료는 없는지, 보도의 결론이 받아들일 수 있는 것인지, 그 결론을 뒷받침하는 근거가 충분한지, 그리고 보도에서 시행된 실험이나 인터뷰 등이 결론을 적절하게 뒷받침하고 있는지 따지는 태도가 필요합니다.

어휘 및 표현 연습하기

❶ 1) 교훈 2) 고갈 3) 최빈국 4) 표본 5) 채굴하기 6) 헤쳐 나갈 7) 개혁 8) 난국
❷ 1) 소설처럼 드라마틱한 역사를 가진 채   2) 축제처럼 즐겁고 행복했다.
   3) 국내에서의 소비를 충당하기 위해   4) 사람들이 몰려들어 장사가 잘 되는 / 붐비는
   5) 어떤 사람들은 / 한편에서는

이해 확인하기

❶ 1) ④ 2) ① ○ ② ○ ③ × ④ ○
   3) 교육과 전기, 의료 서비스가 무료이며, 결혼 시 집이 공짜로 제공되고 세금이 없다.
   4) 자급자족하며 행복하게 살았지만 나우루 공화국의 특별한 자원을 탐낸 강대국들의 통치를 받으면서 불행이 끊이지 않았다.
   5) ② 6) ① ○ ② × ③ ○ ④ ×
   7) • 주유소의 주유기 작동이 멈춰 있다.
      • 나우루 가정의 가구와 살림살이가 망가져 있다.
      • 기름을 넣을 수 없어 집 주면에 자동차들이 널려 있다.
      • 각종 성인병으로 인해 병원이 붐비고 있다.

8) 90년대부터 인광석의 양이 줄기 시작해 2000년대에 들어 바닥을 드러냈다. 채굴량과 더불어 수출량도 줄었다. 인광석으로 인한 수익으로 해외에 부동산 투자를 해 두었지만, 국내 소비를 이기지 못하고 모두 잃고 말았다. 더한 실수는 해외에만 투자하고 내부에 대한 실질적인 투자는 전혀 이루어지지 않았기 때문에 결국 최빈국 수준으로 떨어지게 된 것이다.
9) ④   10) ① ○ ② ○ ③ ○ ④ ○
11) 경제적 파국과 지구 온난화로 인한 해수면 상승
12) 어려움을 벗어나기 위한 방법으로 교육을 선택하였다. 이를 선택한 이유는 국민을 교육하여 아이들에게 어떤 미래가 좋은지 알려주기 위해서이다.

❷ 1) ④
2)

▶보도 대상: 나우루 공화국

▶기획 의도:

내용

▶나우루 공화국 소개
 - 위치: 남태평양의 외딴 섬
 - 면적: 21km², 섬 일주하는 데 차로 20분 걸림.
 - 인구: 1만 1천 명
 - 수도: 야렌

▶나우루 공화국의 역사
물고기를 잡으며 자급자족함. → 독일, 영국, 일본, 호주 등의 통치를 받음 → 1968년 독립 → 인광석을 채굴하여 수출

▶나우루 공화국의 형성 과정
(앨버트로스가 산호초 위에 배설함.) → (오랜 세월 쌓여 인광석 형성) → (나우루 공화국 형성)

▶나우루 공화국이 부유해진 원인
 - 섬 전체가 인광석으로 덮여 있음.
 - 엄청난 양의 인광석을 손쉽게 얻어서 수출함.

▶높은 국민 소득: 2만 달러에 달함.
최고의 복지 혜택: 교육, 전기, 의료 서비스 무료. 결혼 시 집 제공, 어떤 세금도 없음.

▶나우루 공화국의 몰락 원인
 - 채굴량과 수출량 급격히 줄어듦.
 - 실질적인 투자 없이 무분별하게 소비함.

▶나우루 공화국의 현재 상황
 - 최빈국 상황(형편없는 살림살이)
 - 먹는 것도 풍족하지 않음.(부족한 식사, 기름을 살 수 없어 놓여 있는 자동차들)

▶ 문제점
- 적극적으로 직업을 구하려 하지 않음.
- 세계 최고의 비만 국가, 비만으로 인한 각종 성인 질환 발생

▶ 나우루 국민들의 변화
- 노동을 통해 생계 해결하려 함.
- 경제적 개혁 정책과 교육 정책의 강화

▶ 나우루 공화국과 지구의 상관관계

나우루 공화국	지구
인광석이 부를 가져다줌.	자연에서 자원을 개발하여 발전함.
↓	↓
(대책 없이 소비)	(대책 없이 마구 개발)
↓	↓
몰락함.	위기에 처함.
지구 오난화의 위협	지구 오난화의 위협

5) Track 13-5
 (1) ① 그들이 가진 특별한 자원을 탐낸 나라들이 세계 곳곳에서 들어오면서 불행이 끊이지 않았다.
   ② 사람들은 경작지를 밀어내고 고급 비료의 원료가 되는 인광석을 채굴하기 시작했다.

Track 13-6
 (2) ① 화물선에 인광석을 싣기 위해 사용하던 철제 다리는 이제 사용하지 않는 흉물이 되었다.
   ② 많은 사람들이 불어난 체중 때문에 발생한 각종 성인 질환으로 병원을 찾고 있다.

Track 13-7
 (3) ① 특히나 당뇨 합병증이 심각해 관련 사망률도 높아지고 있다.
   ② 이렇게 열악해진 모든 상황은 나우루 사람들에게 변화의 바람을 일으켰다.

14과 내가 만난 사람

준비하기
1) 인터뷰 준비: ②, ④   인터뷰 중: ③   인터뷰 후: ①

어휘 및 표현 연습하기
❶ 1) 프로페셔널 정신 2) 위기 상황 3) 경쟁하 4) 인정 5) 극복 6) 은퇴 7) 좌우명
❷ 1) 이 굉장히 유행하고 있다. 2) 일을 하는 / 노력을 하는 3) 일깨우고 계속 노력하도록 힘을 북돋아 주어야 한다.

4) 고유성을 가지는 것이다. / 특성을 찾는 것이다. 5) 스스로 수고했다, 열심히 했다, 잘했다고 생각할 수

이해 확인하기
1) ④ 2) ① ○ ② ○ ③ × ④ ○
3) 자기가 100퍼센트 책임감을 가지고 돈을 받는 만큼 거기에 맞는 대가를 치르는 그런 것이다.
4) 위기 상황을 딛고 극복하면 그만큼 강해진다. 고생 때문에 이 자리까지 왔고 그래서 감사드린다.
5) ④ 6) ① ○ ② × ③ ○ ④ ×
7) 어느 나라든지 실력으로 견뎌내는 것이지 국적은 차별과 무관하다. 실력이 좋으면 인정을 받고 올라갈 수 있다.
8) 자기만의 색깔을 찾기 위해 노력하는 것은 좋다. 하지만 너무 새로운 것만 찾고 여기에 급급해서 아무것이나 댄스라고 하는 것은 문제다.
9) ① 10) ① × ② ○ ③ ○ ④ ×
11) '오늘 하루 열심히 살아라. 최선을 다해서', '시작을 했으면 끝을 맺어라'
12) 100퍼센트 열심히 살았기 때문에 오늘 당장 은퇴해도 후회하지 않는다. 미련이 없다. 항상 무용 수준이 위에 있을 때 그만둬야 한다고 생각했다. 쉰 살에 은퇴하지 않으면 어쩌면 늦을 것 같다.

2 1) ③

2)

질문 내용	인터뷰를 통해 새롭게 알게 된 내용
강수진 씨에게 위기 상황이 있었는지, 있었다면 어떻게 딛고 일어섰는지?	• 위기 상황을 매번 딛고 다시 살아남. • 위기 상황은 별로 특별하지 않았음. • 그때그때 살아남기 위해 열심히 살다보니 극복 • 특히 발레리나로서 부상을 당했을 때가 힘든 시기 • 부상 극복 과정을 통해 나는 더 강하게 되었으므로 극복하는 시간에 감사 • 나는 고생 때문에 이 자리까지 올 수 있었다.
오디션은 몇 번이나 보셨는지?	• 별로 많이 보지 않았지만 다 붙었음. • 경쟁이라기보다는 재미있게 오디션을 치름.
욕심이 없으신지?	• 다른 사람이 갖고 있는 것을 갖고 싶어 한 적은 없음. • 그러나 나 자신에게 원하는 것이 많음. • 다른 사람과 똑같이 되는 것이 아주 싫음. • 나 자신과 경쟁을 했다고 할 수 있음. 그게 제일 힘듦.
아마추어와 프로페셔널의 차이는?	• 돈을 받느냐, 받지 않느냐? • 직업으로 생각하느냐, 아니냐? • 그러나 프로가 됐다고 다 프로페셔널은 아님. • 프로페셔널=직업 정신 • 직업 정신: 스스로 100프로 책임감을 가지고 돈을 받는 만큼 거기에 맞는 대가를 치르는 것 • 게으른 것이 제일 싫다. 올라가고 유지하기 위해서는 계속 자기를 채찍질해야 • 올라갔다고 내가 원하는 것을 얻은 것으로 생각하여 멈추면 아마추어와 다를 바 없어 • 자기가 할 수 있는 100프로를 하는 것, 그게 직업 정신
아이돌 댄스, 과연 춤인가?	• 사람들 나름대로의 취향이 있어 • 아이돌에 대해 잘 모르지만 자기만의 색깔 찾기 위해 굉장히 노력 • 나름대로의 색깔 찾는 노력은 아주 좋은 것 • 그러나 새로운 것만 찾는 것에 급급한 것은 문제 • 내가 봤을 때 춤이 아닌 것 같아도 다른 사람은 춤이라 생각할 수 있어
국제결혼을 하셨는데 우리나라의 다문화 가정에 대한 인식에 대해 어떻게 생각하시는지?	• 어느 나라든지 실력으로 견뎌 내는 것 • 동양인이고 한국인이라 차별받지 않음. • 실력이 좋으면 항상 인정을 받고 실력 때문에 올라감. • 외국인으로 만약 실력이 똑같으면 그 나라 사람이 뽑히는 것 당연. 뭔가 더 특별하거나 개성이 있어야

	• 남편의 성격이 좋아. 무뚝뚝한 사람인데 발레를 보고 나를 사랑함. • 문화가 다른 것은 재미있고 많은 것 배울 수 있어 • 부모님은 처음에는 반대. 하지만 마음 열어 • 우리나라 사람들 많이 개방 • 나라마다 색깔 가지고 좋은 것은 계속 갖고 더 발전시킬 수 있는 나만의 것을 찾는 게 중요
선천적 재능과 후천적 노력 중 중요한 것은?	• 하나만 있다는 것은 거짓말 • 선천적으로 가지고 있는 것을 개발하는 노력이 필요 • 발레를 하면서 내가 몰랐던 나를 많이 알게 됨. • 나한테 선천적인 카리스마가 있다는 말을 듣는데 그런 게 나한테 있다는 것을 몰랐고 무조건 열심히 노력함. • 뭔가 다른 면이 있다면 이것을 발전시키기 위해 노력을 하면 좋은 결과를 얻을 수 있음. • 그러나 선천적인 것만 가지고 게으르게 지내거나 좋다고 노력만으로 될 수 있다고 믿는 것도 문제 (이런 면에서는 끌어 주는 사람, 선생님의 역할이 중요)
노년에 어떻게 지내실 계획인지?	• 행복하게 살 수 있으려면 건강이 제일 중요 • 몸, 정신 모두 건강해야 • 안의 아름다움이 밖으로 나타난다는 것 믿어. 안이든 겉이든 노력을 해서 곱게 늙고 싶어
정말 은퇴하시는지?	• 2016년 7월 20일 남편 생일에 은퇴 예정 • 무용 수준이 위에 있을 때 그만둬야 • 역할이란 역할은 모두 다 해봐. 미련 남지 않아. 오늘 그만둬도 괜찮아 • 하나의 역할을 할 때 후회가 없도록 할 수 있는 100프로를 해
인생의 좌우명은?	• 내 좌우명은 '오늘 하루 열심히 살아라, 최선을 다해서', '시작을 했으면 끝을 맺어라' • 하루를 열심히 살다 보면 후회 없이 살 수 있어 • 내일 일어났을 때 후회하기 싫어. 열심히 살아가는 자체가 중요, 결과는 그 과정의 일부 • 내가 할 수 있는 만큼 매일매일 나에 대해 후회 안 하고 내 어깨를 토닥여 줄 수 있어 • 중요한 것은 시작을 하는 것 • 시작 안 하고 말로만 하거나 게으름 피우거나 핑계 대는 사람들 자기 자신한테 안 좋아

5) Track 14-4
   (1) ① 선생님에게 힘든 상황이 있었는지요? 그것을 어떻게 딛고 해결하셨는지요?
       ② 프로 정신이라는 건 끝이 없어요. 직업이 있든 없든 거기에 대한 책임감이 있어야 해요.

Track 14-5
   (2) ① 사람들 나름대로의 취향이라는 게 있는 것 같아요.
       ② 외국에 살았을 때 느낀 것은, 어느 나라든지 실력으로 견뎌내는 거지, 내가 동양인이기 때문에 나를 취급을 안 해 준다는 느낌을 한 번도 못 받았어요.

Track 14-6
   (3) ① 건강하려면 우선 건강한 정신이 붙어 있어야 할 것 같아요.

15과 디지털 중독

준비하기
1) 디지털 기기를 과다 사용하는 것은 기억력, 계산 능력 등에 심각한 문제를 불러일으킨다.
2) 정신과 전문의, 상담 전문가

어휘 및 표현 연습하기

1 1) 상담 2) 예방하는 3) 지배하게 4) 중독 5) 의존할 6) 해결하는 7) 집착하게 8) 몰입하고

2 1) 없이는 살 수 없는 2) 대단하다. / 보통이 아니다. 3) 주인처럼 사람을 지배하기 / 중심이 되기
  4) 가상 공간에만 빠져 5) 다른 일에 집중할 수 없다.

이해 확인하기

1 1) ② 2) ① × ② ○ ③ × ④ ○
3) 미디어는 아날로그 방식과 디지털 방식을 모두 아우르는 말이라서
4) 미디어 중독을 예방하기 위한 프로그램을 만들어 청소년, 학부모, 선생님을 교육하고, 상담을 하며, 원인 분석과 치료를 위한 연구를 수행한다.
5) ④ 6) ① ○ ② × ③ ○ ④ ○
7) 디지털 중독이란 디지털 미디어에 지나치게 빠져서 신체적·정신적·심리적 불균형을 이루는 상태를 말한다.
8) 가상 공간에서 펼쳐지는 공격적 행동이 현실 세계에까지 확장되는 경우가 있고, 심한 경우엔 가상 공간과 현실 세계를 구분하지 못할뿐더러 현실 세계를 벗어나 가상 공간으로 도피하기도 한다.
9) ④ 10) ① ○ ② × ③ × ④ ○
11) ① 목적을 정하고 디지털 기기를 사용해야 한다.
  ② 시간을 정해두고 사용해야 한다.
  ③ 될 수 있으면 개방된 공간에서 사용해야 한다.
12) 미디어를 사용하는 자신의 습관을 점검해야 한다. 언제, 어디서, 얼마나 많은 시간 사용하는지 자각이 있어야 하고, 그다음 미디어 고유의 특성과 쓰임새에 맞게 사용해야 한다.

2 1) ②

2)

질문 내용	면담을 통해 새롭게 알게 된 내용
'청소년 미디어 중독 예방 센터'는 구체적으로 어떤 일을 하는 곳인가요?	• 청소년 미디어 중독 예방 센터: 청소년의 미디어 중독을 예방하는 일을 하는 기관 • 하는 일 ① 각종 미디어 중독을 예방하기 위한 프로그램 교육(대상: 청소년, 학부모, 학교 선생님) ② 상담 (개인 상담, 집단 상담, 사이버 상담 등) ③ 원인 분석과 치료를 위한 각종 연구 수행 ④ 디지털 중독과 미디어 중독 　미디어는 아날로그 방식과 디지털 방식, 요즘 미디어는 대부분 디지털 방식, 따라서 미디어 중독은 디지털 중독이라고 할 수 있음.
디지털 중독이란 무엇인가?	• 정의: 디지털 카메라, 디지털 텔레비전, 휴대 전화, 컴퓨터, mp3 등 디지털 방식으로 작동하는 미디어에 중독되는 것. 혹은 디지털 미디어에 지나치게 빠져서 신체적·정신적·심리적 불균형을 이루는 상태 예 1) 휴대 전화 중독 　휴대 전화가 주인이 되어 '나'를 지배하는 것, 요컨대 자신의 일상생활에 지장을 줄 만큼 휴대 전화에 지나치게 집착하는 것 예 2) 컴퓨터 게임 중독-장시간 사용으로 　　- 머리 어질어질 　　- 손목이나 목덜미 뻐근 　　- 잠 부족→ 온몸이 피곤 　　- 가상 공간의 공격적 행동이 현실 세계로 확장 　　- 심한 경우 가상 공간과 현실 세계를 구분하지 못하거나, 아예 현실 세계를 벗어나 가상 공간으로 도피
현재 청소년들의 디지털 중독의 실태는 어떠한가?	① 학년이나 성별에 따라 중독의 정도나 종류에 차이가 있음. ② 휴대 전화 중독: 중학생, 여학생이 많음. 평균 6년.4% 중독 성향 • 인터넷 중독: 고등학생, 남학생. 평균 12.7% 중독 성향 • 스마트폰(휴대 전화+개인용 컴퓨터 기능+인터넷 기능)의 빠른 보급으로 청소년 휴대 전화 중독률↑

청소년이 디지털 중독에 빠지게 되는 원인은?	① 환경: 부모가 자녀의 생활을 제대로 관리해 주지 못하는 환경에서 자녀는 정서적으로 미디어에 의존 ② 과다 몰입: 몰입은 좋은 것이지만 과다한 몰입은 부정적 결과와 허탈감을 불러옴. ③ 개인의 기질이나 성향: 의지 조절이 어려운 기질

중독에서 벗어날 방법은?	① 미디어 사용 습관(언제, 어디서, 얼마나)을 스스로 점검
	② 미디어의 사용 성격 점검: 무엇을 하고 있는지
	• 행동 수칙
	  첫째, 목적을 정하고 사용
	  둘째, 시간을 정해 두고 사용
	  셋째, 개방된 공간에서 사용

4) Track 15-4
   (1) ① 과제의 주제는 일상에서 겪는 고민이나 문제를 해결하기 위해 전문가와 면담하는 것이다.
       ② 디지털 기기와 관련된 씁쓸한 기억을 한두 개씩은 가지고 있다.

Track 15-5
   (2) ① 중독이란 무엇엔가 지나치게 빠져 역효과가 날 때 쓰는 말이다.
       ② 가상 공간에서 펼쳐지는 공격적 행동이 현실 세계에까지 확장된다고 할 수 있다.

Track 15-6
   (3) ① 과다 몰입은 부정적 결과와 허탈감을 불러온다.
       ② 장시간 움직이지 않고 디지털 기기를 사용하면 혈액 순환이 원활하지 않아 신체적으로 문제가 생길 수 있다.

1과 학술적 글쓰기

 Track 01-1

안녕하세요? 여러분, 대학교에 입학하신 것을 환영합니다. 저는 오늘 리포트 작성법에 대해서 여러분과 이야기를 좀 나눠 보도록 하겠습니다. 저희 시간은 이렇게 구성될 텐데요. 차례를 보시면, 먼저 리포트란 무엇인가에 대한 이야기를 하고, 그다음에 중요성, 그다음에 작성 방법, 이렇게 진행을 하겠습니다.

그럼 먼저 여러분, 리포트란 무엇일까요? 이제 대학에 들어가면 수업마다 적어도 하나씩은 쓰셔야 하는데…, 여러분 수필은 아시죠? 아마 수필 쓰실 거예요. 아니라고요? 밤마다 쓰죠, 일기 같은 거. 우리는 낮에는 밝고 화려한 삶을 살다가도 밤이 되면 사색적으로 변해서 여러 가지 이야기를 쓰게 되죠. 내가 낮에 왜 그랬을까부터 시작해서 막 이렇게 쓴단 말이에요.

그런데 신입생들이 쓴 리포트를 읽다 보면 그렇게 웃기는 글들이 많이 나옵니다. 리포트를 그런 방식으로 쓰면 좀 곤란하겠죠? 왜냐하면 리포트는 학술적인 글쓰기라 객관성을 검증받아야 하기 때문입니다. 내가 어떤 것에 대해서 좋다, 아름답다는 주장을 할 수는 있는데, 그게 개인 차원에서 끝나면 안 된다는 겁니다. 객관적으로 검증이 될 수 있느냐, 읽는 사람도 그 내용에 동의를 할 수 있느냐가 굉장히 중요합니다. 그리고 같은 맥락이지만 감정에 대한 호소보다는 논리적 설득력이 더 중요합니다. 만약에 내가 '인간의 삶에서 가장 중요한 것은 사랑이다'라는 주장을 하고 싶어요. 이 주장 자체는 굉장히 감성적인 주장이기는 하지만, 읽는 사람을 설득시킬 수 있다면 학술적인 글쓰기가 될 수 있습니다. 그 감정에 대해서 뭐라 그럴까요. 단지 그걸 눈물로 호소해서는 별 의미가 없고 설득력이 필요한 거죠. 학술적인 글쓰기를 한다고 했을 때 여러분들은 이것을 염두에 두실 필요가 있어요.

자, 우리는 대학 교과 과정 및 학문 연구에서 이루어지는 글쓰기를 학술적 글쓰기라고 부르고, 학술적 글쓰기는 기본적으로 어떤 객관적 사실이나 사건, 혹은 문헌에 대한 기술이라고 할 수 있습니다. 기술이라는 것은 디스크라이브(describe) 한다고 그러죠? 즉 설명, 분석, 해석을 목적으로 하는 것입니다. 이 '기술'이라는 개념에서 아마도 가장 중요한 건 객관성, 설득력 이런 것들이겠죠.

먼저 학술적 글쓰기에는 가장 중요한 기본 요소가 세 가지 있는데 이것이 가장 중요할 것 같아요. 갖춰야 될 조건이 뭐냐, 아주 간단해요. 아주 간단합니다. 첫 번째는 핵심 주장을 명확하게 제시하는 것입니다. 여러분이 앞으로 계속 공부를 해서 가지고 나중에 뭐, 특히 대학원 같은 데 가셔서 졸업 논문을 쓰실 때, 심사를 받죠, 심사. 지도 교수와 다른 여러 선생님들께 심사를 받는데, 여러분이 발표를 한 다음에 논문이 통과가 될 수 있는지 없는지 하는 데 기준이 있어요. 어떤 기준이냐 하면, 바로 이 핵심 주장이 무엇이냐 하는 겁니다. 논문 발표를 아주 긴 시간 동안 주절주절 했는데 갑자기 선생님이 시큰둥해 하시면서, "너 도대체 말하고 싶은 게 뭐냐?" 이렇게 물어보신단 말이에요. 왜 그런 질문을 하실까요? 연구자가 하는 말이 뭔 소린지 못 알아듣겠다는 거지요. 여러분 지금 대학원생이 그런 것도 못하느냐 싶겠지만, 이게 사실 어렵습니다. 내가 말하고자 하는 것들을 분명하고 정확하게 전달하는 것, 글의 핵심 주장을 제시하는 것이 가장 중요하죠.

그다음에 중요한 것은 "네가 말하는 주장이 뭔지 알겠다. 그런데 도대체 근거가 무엇이냐?" 하는 것입니다. 여러분이 만약에 '세상은 불공평하다'라는 주장을 한다고 하면…, 세상이 불공평하다는 얘기 들어 보셨어요? 공평하다는 얘기만 들어 보셨어요? 아, 세상은 불공평합니다. (웃음) 세상은 불공평한데, 근데 어쨌든 그 근거가 있어야지요. 그냥 막 제시하면 안 되고, 어떤 기준에 따라 이러이러한 측면에서 볼 때 세상은 불공평하다는 식으로 논리적인 근거를 제시할 수 있어야 합니다.

그럼 이 두 가지만 있으면 되느냐, 그렇지 않죠. 예를 들면 여러분에게 친구가 있는데 친구가 이런 주장을 해요. "내가 남극에서 흘러나온 야자나무 잎을 가지고 있다." 황당한 주장이죠? 황당한 주장인데, 증거를 가지고 와서 보여 줘요. 바로 이 나뭇잎이 남극에서 흘러나온 거라고…. 믿습니까? 아니죠? 단순히 내 핵심 주장을 정당화시킬 수 있는 근거를 제시하는 것만으로는 충분하지 않습니다. 그 주장과 근거를 연결시키는 증명이 필요하지요. 그래야 우리가 믿을 수 있겠죠.

어쨌든 중요한 건 이 세 가진데, 여러분이 이 세 가지를 가능한 정확하고 구체적으로 제시하면 아주 좋은 리포트를 쓰실 수 있습니다. 그럼 시간이 아직 좀 있으니까 이번에는 다른 측면의 이야기를 좀 더 해 보죠.

 **Track 01-2**

그다음에 리포트에서 무엇이 중요한지에 대해 말씀드릴 텐데…, 이거는 사실 사설이 될 수도 있기는 하지만 얘기를 해야 될 것 같아요.

리포트가 뭡니까? 단순히 자료를 정리하여 쓰는 보고서일까요? 사실 저 같은 경우에도 리포트를 어떻게 쓰는지 교육을 잘 못 받았어요. 그래서 처음에 어떻게 하냐면, 큰 주제를 정해서 관련된 문헌이라든가 자료를 찾지요. 관련된 것만 뽑아요. 뽑아 가지고 정리를 쫘악 하죠. 제목을 달아 가지고, 자료를 정리하는 거죠. 정리는 참 잘해요. 여러분들이 이런 식의 리포트를 많이 씁니다. 뭔가, 흔히 말하는 연구 논문, 연구를 바탕으로 하는 리포트인데, 조사도 하고 자료도 찾고 여러분 나름대로 정리하고 분석해서 제시를 해야 되는데, 그것을 갖다가 이리저리 이어 붙이기만 합니다. 한마디로 짜깁기라고 하죠? 짜깁기. 그런 방식으로 내는 경우가 있는데, 그런 리포트는 보고서가 아니에요. 그런 식으로 내면 여러분은 좋은 성적을 받을 수 없습니다. 선생님들은 그런 거 원하지도 않고, 그런 거 할 거면 아예 이 부분은 어디를 봐라, 어디를 봐라, 이런 식으로 쓰는 게 더 낫죠. 그러면 읽는 사람이 직접 자료를 읽어 보고 또 다른 연결된 자료도 볼 수 있잖아요. 그러니까 사실 여러분이 이런 리포트를 작성했다고 하면, 이건 일차적인 작업이 끝났다는 겁니다. 그다음 작업이 필요한 거예요. 그것을 중심으로 여러분이 아이디어를 가지고 그 아이디어를 제시해서 뭔가 새로운 주장을 해야 돼요. 그것이 굉장히 중요합니다.

그럼 리포트를 구체적으로 어떻게 작성해야 하는가? 이것도 아주 간단합니다. (웃음) 준비를 하셔야 돼요, 준비. 모든 일에 있어서 준비가 필요하죠. 그다음에 작성하시고, 그다음에 검토하시면 돼요. 이 세 가지를 잘 지키시면 누구라도 아주 좋은 글을 쓸 수가 있습니다. 그런데 여러분들이 보면…, 지금 막 웃으시는데, 여러분의 약 70%, 상당수가 그럴 것 같은데, 대개 요렇게 쓰라고 그러면, 작성만 합니다. 준비는 안 해요. 본인은 준비한다고 하지만, 제가 볼 땐 작성 과정에서의 준비지, 실질적인 준비는 안 합니다. 그리고 검토, 이거 굉장히 중요한 건데, 검토도 안 하지요. 전날 밤을 새서 급하게 타이핑했는데 제출하는 당일에는 프린터기가 또 작동이 안 돼요. 또 막 이면지에다 해 가지고 늦게 내고 난리칩니다. 그러니까 대부분 준비, 작성, 검토 단계에서 준비하고 검토를 안 한다는 거죠. 여러분은 어디가 가장 중요하다고 생각할진 모르겠는데, 좀 극단적으로 말하면 세 가지 과정

중에서 제일 중요하지 않은 게 작성이에요. 여러분이 준비만 잘 하시면 작성은 아주 쉽게 됩니다. 그리고 여러분이 정말로 좋은 글을 쓰고 싶으시면, 검토, '퇴고한다' 그러죠. 다른 사람에게 내 글을 한번 읽어 보게 하고 조언을 받고 그것에 따라 고쳐 보는 과정이 굉장히 중요합니다. 그 과정에만 들어가면 여러분은 굉장히 좋은 글을 쓸 수 있습니다.

그럼 하나씩 볼까요? 먼저 준비 단계. 여러분도 아마 아시는 내용일 것 같은데, 먼저 주제를 선정해야 되죠. 주제에 따라서 자료를 검색하고 여러분만의 아이디어를 찾아야 합니다. 아이디어를 찾는다는 건 뭐냐 하면 여러분이 쓸거리, 해결할 거리를 찾는다는 겁니다. 지금까지는 여러분에게 문제가 주어졌죠. 그럼 그 문제를 가져다가 어느 정도 답이 결정되어 있다는 전제하에 문제를 풀어 나갔단 말이에요. 하지만 대학에서는 문제를 여러분이 찾아내야 돼요. 기존에 어떤 문제가 주어졌다 하더라도 그 문제에서 드러나지 않았던 부분들을 제기해야 돼요. 이것이 바로 여러분이 준비 단계에서 해야 할 가장 중요한 과정입니다. 이래야 바로 연구 논문이 되는 거고, 이렇게 해서 나의 핵심 주장을 만들어야 됩니다. 핵심 주장이란 것은 글 전체를 하나로 묶을 수 있는, 하나로 통일시킬 수 있는 그런 주장이에요. 예를 들면 '세상은 불공평하다', '남극에는 야자수가 있다', '내 친구는 잘생겼다', '미인이다', 이런 게 다 주장이 됩니다. 그다음에 글의 구조를 만드는 게 필요합니다. 전체적인 글의 구조를 만들어야겠지요.

 **Track 01-3**

자, 그럼…, 여러분의 핵심 주장은 무엇입니까? 이거를 찾으려면 먼저 주제 및 연구 문제 찾기를 해야겠죠. 근데 주제나 연구 문제를 찾을 때 전제가 있어요. 전제가 뭐냐 하면 맹목적으로 찾으면 안 되고, 만약에 여러분이 리포트를 쓴다고 하면 주제가 어느 정도 주어지게 됩니다. 그게 뭐냐 하면 어떠한 수업을 듣게 되면 큰 제목이 있지요. 예를 들면 '대외 경제', 이렇게 큰 제목을 열거해 보는 거예요. 만약에 '기능성 식품'이라는 제목이 있으면, 이 안에서 이런 질문들을 막 해 보는 거예요. '기능성 식품이 무엇인가?' 이러한 질문들을 자꾸 막 해 보면 그 안에서 구체적인 주제를 찾을 수가 있어요. 글을 쓸 수 있는…. 예, 이런 것들도 있습니다. 여러분이 배우고 있는 과목 안에서의 핵심어들 있죠? 아이디어, 쟁점, 이런 것들을 갖다가 한번 쫙 열거해 보는 거예요. 열거해 놓고 한번 생각해 보는 거예요. 특히 제일 좋은 건 쟁점, 쟁점이라는 건 아시죠? 계속 논쟁이 벌어지는 것들, 지금도 계속해서 논쟁이 벌어지고 있는 것들, 앞으로도 계속 논쟁이 벌어질 가능성이 있는 그런 문제를 택하면 상당히 좋은 리

포트가 될 수 있어요. 아직까지 답이 없어서 여러 가지 답이 가능하기 때문에 상당히 좋은 주제가 될 수 있어요.

그런데 문제는 여러분이 아이디어를 잡긴 잡아야 되는데, 아무것도 안 잡히는 거죠. 완전 무에서 시작할 때, 아주 초기 단계에서 어떤 아이디어도 안 잡힐 때, 뭘 해 보면 좋을까요? 제가 몇 가지 소개해 드릴 텐데, 이런 식의 방식이 있어요. 브레인스토밍, 클러스터링, 프리라이팅. 이게 뭔지 예를 한번 볼까요?

이거는 낙태에 대한 브레인스토밍인데, 그러니까 우리가 회의할 때 브레인스토밍을 할 수 있어요. 낙태라는 기본적인 주제를 가지고, 아무 얘기나 해 보자, 생각나는 대로…, 중구난방이죠. 막 하는 거예요. 이렇게 브레인스토밍을 한 다음에 카테고리별로 묶어보는 거예요. 범주를 만들어 보는 거지요. 범주를 만들어 보고 생각을 또 한번 해 보는 거예요. 이런 것이 한 가지 방식이고요. 이것은 '모두 이런 방식을 따라야 된다' 하는 것은 아니고, 여러분이 '너무 막막하다', '아무런 생각이 없다', 이럴 때 한 번 쓸 수 있는 방법입니다.

그다음에 클러스터링이라는 방식이 있는데, 이건 아까 것 조금 다른 건데, 낙태라는 개념이 있으면 이런 식으로 나가는 거예요. 낙태에서 사회 제도로 나가고, 탁아 문제, 미혼모 보호, 낙태로부터 유교사상, 낙태로부터 성교육, 피임, 계획 임신, 이런 식으로 나가는 거예요. 생각을 일종의 나뭇가지처럼 확장시켜 나가는 거죠. 지금 이 사진에서 보는 것처럼 요런 방식으로 묶을 수도 있겠죠? 당연히 다르게도 묶을 수 있습니다.

그리고 마지막으로 프리라이팅, 그러니까 말 그대로 그냥 막 쓰는 거지요. 생각나는 대로 써 보는 거예요. 마음 내키는 대로, 여러분이 원하는 대로 막 써 보는 거예요. 읽어 보시면 아시겠지만 별 내용 아니에요. 낙태의 핵심 쟁점들을 낙서처럼 막 써 보는 거예요. 태아를 인간으로 인정하는 시점을 언제로 볼 것인가, 사회의 간섭 방식이 주요한 변인인가, 막 써 보는 거죠. 뭐 반려동물 같은 전혀 관계없는 얘기도 있죠. 이렇게 막 쓰다 보면 뭔가 잡을 수 있다는 겁니다.

 Track 01-4

① 오늘 리포트 작성법에 대해서 여러분과 이야기를 좀 나눠 보도록 하겠다.
② 먼저 리포트란 무엇인가에 대한 이야기를 하고, 그다음에 중요성, 그다음에 작성 방법, 이렇게 진행을 하겠다.

 Track 01-5

① 리포트란 무엇인가? 단순히 자료를 정리하여 쓰는 보고서일까? 그런 리포트는 보고서가 아니고 짜깁기이다.
② 그다음 작업이 필요하다. 조사한 자료를 중심으로 아이디어를 제시해서 뭔가 새로운 주장을 해야 된다.

 Track 01-6

① 지금도 계속해서 논쟁이 벌어지고 있는 것들, 앞으로도 계속 논쟁이 벌어질 가능성이 있는 그런 쟁점을 택하면 상당히 좋은 리포트가 될 수 있다.
② 생각을 일종의 나뭇가지처럼 확장시켜 나가 보는 방식이 있다.

2과 보이지 않는 경제

 Track 02-1

인간의 삶에서 돈은 막강한 힘을 가지고 있습니다. 지구상에는 돈의 힘을 누리는 부자들도 많지만, 하루에 1달러도 안 되는 돈으로 연명하는 사람들도 10억 명 이상은 됩니다. 아니 이보다도 더 못한 여건 속에서 가난에 찌들어 겨우 생존만 하고 있는 사람들도 많이 있죠. 그리고 화폐 경제와는 무관하게 살아가는 사람들도 여전히 많습니다. 그들은 제1 물결 시대의 먼 조상들이 그랬던 것처럼, 아무런 소득 없이 자급자족하면서 살아가고 있지요.

이처럼 가난한 사람이 많은데도 오늘날 전 세계의 화폐 경제는 연간 총 생산액이 50조 달러에 이릅니다. 이만한 돈의 가치가 지구상에서 해마다 만들어지고 있는 것입니다.

그러나 그 액수가 연간 50조 달러가 아니라 100조 달러라면 어떨까요? 즉 4경 7,500조 원 외에 보이지 않는 곳에 또 다른 4경 7,500조 원이 있다고 한다면 말이죠. 그런 돈이 어디 있느냐고 반문하겠지만, 그 돈은 분명히 우리 주위에 있습니다. 그럼, 이제부터 숨어 있는 절반의 부, 즉 보이지 않는 50조 달러를 찾아봅시다.

Track 02-2

이처럼 가난한 사람이 많은데도 오늘날 전 세계의 화폐 경제는 연간 총 생산액이 50조 달러에 이릅니다. 이만한 돈의 가치가 지구상에서 해마다 만들어지고 있는 것입니다. 그러나 그 액수가 연간 50조 달러가 아니라 100조 달러라면 어떨까요? 즉 4경 7,500조 원 외에 보이지 않는 곳에 또 다른 4경 7,500조 원이 있다고 한다면 말이죠. 그런 돈이 어디 있느냐고 반문하겠지만, 그 돈은 분명히 우리 주위에 있습니다. 그럼, 이제부터 숨어 있는 절반의 부, 즉 보이지 않는 50조 달러를 찾아봅시다.

 Track 02-3

미국에 사는 엔키 탠 씨는 2004년 12월 한밤중에 캘리포니아에서 인도네시아 아체 지역으로 비행기를 타고 날아갑니다. 당시 그곳은 갑자기 밀어닥친 쓰나미로 인해 폐허가 되어 있었는데요.

내과 의사인 엔키 씨는 그곳에서 변변한 의료 장비도 없이 다친 아이들에게 붕대를 감아 주고, 치료를 하고, 피해자들을 살리기 위해 노력했습니다. 엔키 씨뿐만 아니라 수천 명의 자원봉사자들이 대재앙의 희생자들을 돕기 위해 28개국에서 모여들었어요.

브라질에 사는 피네이로 씨는 일주일에 한 번씩은 빈민가의 꼭대기 마을로 갑니다. 범죄와 폭력 사건이 끊이지 않는 곳이니 조심하라는 경고를 수없이 들으면서도 말이죠. 그는 아이들에게 영어와 컴퓨터를 가르쳐 주며, 그들이 가난과 비참한 현실에서 벗어날 수 있도록 돕고 있습니다.

한편 영국에 사는 샤론 베이츠 씨는 관절염으로 움직이기가 불편하면서도 간질병 환자인 남편을 간병하고 있는데요. 두 명의 자녀를 돌보고 있는 그녀는 '최고의 엄마상'을 받기도 했습니다. 그러나 그녀는 남편을 보살피는 일로 돈을 받지는 않습니다. 물론 앞에서 얘기했던 엔키 씨나 피네이로 씨의 자원봉사도 보수를 받지 않고 하는 활동이죠. 바로 이런 것들에 보이지 않는 부가 숨어 있습니다. 이런 무보수 활동들은 돈을 받고 하는 경제활동과 마찬가지로 무척 가치 있는 일입니다.

그런데요, 돈을 받지는 않지만 아주 중요하고도 가치 있는 활동이 하나 더 있습니다. 그것은 어머니의 가사 노동인데요. 대부분의 어머니는 집에서 가족을 위해 요리를 하고 빨래와 청소를 하죠. 그런데 어머니가 만약 다른 집에 가서 그와 같은 집안일을 한다면 어떨까요? 당연히 보수를 받을 수 있을 것입니다. 그러니까 어머니의 헌신적인 가사 노동이나 자원봉사 활동은 돈만 오가지 않을 뿐, 그 하나하나가 모두 돈이 되는 생산적인 일이라고 할 수 있겠죠. 이러한 활동을 위해 사람을 고용한다면 어마어마한 비용을 지불해야 할 것입니다.

 Track 02-4

브라질에 사는 피네이로 씨는 일주일에 한 번씩은 빈민가의 꼭대기 마을로 갑니다. 범죄와 폭력 사건이 끊이지 않는 곳이니 조심하라는 경고를 수없이 들으면서도 말이죠. 그는 아이들에게 영어와 컴퓨터를 가르쳐 주며, 그들이 가난과 비참한 현실에서 벗어날 수 있도록 돕고 있습니다.

한편 영국에 사는 샤론 베이츠 씨는 관절염으로 움직이기가 불편하면서도 간질병 환자인 남편을 간병하고 있는데요. 두 명의 자녀를 돌보고 있는 그녀는 '최고의 엄마상'을 받기도 했습니다. 그러나 그녀는 남편을 보살피는 일로 돈을 받지는 않습니다. 물론 앞에서 얘기했던 엔키 씨나 피네이로 씨의 자원봉사도 보수를 받지 않고 하는 활동이죠. 바로 이런 것들에 보이지 않는 부가 숨어 있습니다. 이런 무보수 활동들은 돈을 받고 하는 경제활동과 마찬가지로 무척 가치 있는 일입니다.

그런데요, 돈을 받지는 않지만 아주 중요하고도 가치 있는 활동이 하나 더 있습니다. 그것은 어머니의 가사 노동인데요. 대부분의 어머니는 집에서 가족을 위해 요리를 하고 빨래와 청소를 하죠. 그런데 어머니가 만약 다른 집에 가서 그와 같은 집안일을 한다면 어떨까요? 당연히 보수를 받을 수 있을 것입니다. 그러니까 어머니의 헌신적인 가사 노동이나 자원봉사 활동은 돈만 오가지 않을 뿐, 그 하나하나가 모두 돈이 되는 생산적인 일이라고 할 수 있겠죠. 이러한 활동을 위해 사람을 고용한다면 어마어마한 비용을 지불해야 할 것입니다.

 Track 02-5

지난 시간에 문명의 변동 양상에 대해 설명했었는데요, '제3의 물결' 시대에 이르러 프로슈머라는 신조어가 나타납니다. 판매나 교환 같은 상업적인 목적을 위해서가 아니라, 자신이 사용하거나 만족하기 위해서 서비스나 어떤 제품 또는 경험을 생산하는 이들을 프로슈머라 부릅니다. 프로슈머(PROSUMER)는 생산자 즉 프로듀서(PRO-ducer)와 소비자 즉 컨슈머(con-SUMER)의 합성어로 '생산적 소비자' 정도로 해석할 수 있겠어요.

만약 집에서 과자를 구워 가족과 함께 그 과자를 먹는다면 그 사람은 프로슈머입니다. 그리고 자신이 직접 만든 옷이나 액세서리를 하고 다니는 사람이 있다면 그 사람도 프로슈머라고 할 수 있습니다.

이처럼 개인 또는 집단이 프로슈머가 되어 스스로 생산하면서 동시에 소비하는 행위를 프로슈밍이라고 하고요, 그 프로슈머들에 의해 이루어지는, 돈이 오가지 않고 수치로 측정되지도 않는 비화폐 경제를 프로슈머 경제라고 합니다. 경제에는 눈에 보이는 화폐 경제만 있는 것이 아니라, 이처럼 눈에 보이지 않는 프로슈머 경제도 존재하는 거죠.

살아가는 동안 누구나 프로슈머가 됩니다. 사실 모든 경제에는 프로슈머가 존재하죠. 왜냐하면 개인적인 필요나 욕구를 늘 시장을 통해서만 해결할 수 없기 때문인데요. 또 프로슈밍 자체를 좋아하는 사람들도 있고, 때로는 프로슈밍이 꼭 필요한 상황도 벌어지기 때문입니다. 우리는 모든 사람이 다 프로슈머인 시대를 살아가고 있는 것입니다.

가사활동, 봉사활동과 마찬가지로 프로슈머가 생산하는 부분도 화폐 경제 밖에 존재하는 보이지 않는 경제입니다. 경제는 크게 A와 B, 두 부문이 존재합니다. A 부문은 사람들이 자기 자신, 가족 및 공동체를 위해 무보수로 수행하는 노동을 포함하며, B 부문은 시장을 통한 판매 또는 교환을 위한 모든 재화나 서비스의 생산이 포함됩니다. 지금까지 B 부문이 너무 확대되고 A 부문은 축소되어 사람들은 그 존재조차 잊어버리고 있습니다. 하지만 미래 사회에서는 A 부문이 보다 확대될 것이라고 생각합니다. 미래 사회는 일렉트로닉스 주택에서 가족과 함께 근무하며, 원하는 물건을 자신의 개성대로 만들고, 직접 정치에 참가하며 정책을 결정하는 생산 소비자(즉 프로슈머)로서의 역할을 하는 사회로 변화해 갈 것입니다.

자본주의 사회에서는 돈이 많아야 행복하게 살 수 있다고 생각하는 사람이 많은데요. 하지만 잘 사는 것의 기준이 돈에만 있지는 않을 것입니다. 돈은 적게 벌지만 훨씬 더 행복하게 살고, 보다 가치 있는 일들을 하는 사람도 많습니다. 새로운 변화에 대처하지 않고 경제적인 수치만으로 부를 평가하는 사회는 머지않아 수명을 다하게 되리라고 봅니다.

Track 02-6

① 인간의 삶에서 돈은 막강한 힘을 가지고 있다.

Track 02-7

① 당시 그곳은 갑자기 밀어닥친 쓰나미로 인해 폐허가 되어 있었다.
② 브라질에 사는 피네이로 씨는 일주일에 한 번씩은 빈민가의 꼭대기 마을로 간다.
③ 한편 영국에 사는 샤론 베이츠 씨는 관절염으로 움직이기가 불편하면서도 간질병 환자인 남편을 간병한다.

Track 02-8

① '제3의 물결' 시대에 이르러 프로슈머라는 신조어가 나타난다.

3과 여러 나라의 인사법

 Track 03-1

안녕하세요. 강사 김나영입니다. 여러분 혹시 '세상을 바꾸는 시간 15분'이라는 방송 보신 적 있으신가요? 이건 강연 프로그램인데요, 요즘 이 방송을 비롯해서 '강연 100℃', '스타특강쇼' 등 강연 관련 방송들이 많은 인기를 끌고 있는 것 같습니다. 그래서 오늘은 이런 강연을 어떻게 하면 좀 더 효율적으로 들을 수 있는지, 그 방법에 대해 소개할까 합니다.

먼저 강연이 뭔지 알아야겠지요? 강연이란, 강연자가 일정한 주제에 대해서 자신이 가지고 있는 지식과 생각을 청중에게 전달하는 말하기 방식입니다. 강연의 주제와 시간은 미리 정해 두는 것이 보통인데, 대부분 강연자가 일방적으로 청중에게 자신의 생각을 말하는 형식이죠. 그런데 강연자가 동일한 내용을 전달한다 하더라도 청중이 어떻게 받아들이느냐에 따라서 강연 내용은 조금씩 다르게 이해될 수 있습니다.

강연의 이러한 특성 때문에 강연이 진행되는 동안 주의를 기울이지 않으면 그 내용을 제대로 파악하기 어렵습니다. 그렇기 때문에 강연을 제대로 듣기 위해서는 강연자가 말하는 중심적인 내용을 놓치지 말아야 합니다. 강연의 중심 내용을 파악하기 위해서는 강연을 듣기 전에 먼저 강연의 내용을 추측해 보는 것이 좋은데요. 강연의 내용을 추측하려면 강연의 제목을 살펴보는 것이 좋습니다. 제목에는 강연의 중심 내용이 압축적으로 들어 있기 때문이죠.

자, 이제 강연 들을 준비가 되셨나요? 그럼 강연을 들어야겠지요. 강연을 들을 때에는 강연의 중심 내용과 이를 뒷받침하는 내용을 잘 파악하며 들어야 합니다. 강연에서는 청중의 이해를 돕기 위해 매체를 활용하여 보충 자료를 제시하기도 하고, 다양한 안내말을 사용하거나 특정 내용을 강조하기도 합니다. 따라서 강연을 들을 때는 강연 내용뿐만 아니라 강연자의 말하는 방식, 강연자가 제시하는 자료에도 주의를 기울여야 하는 거죠.

강연 내용을 메모할 때에는 주로 새롭게 알게 된 사실이나 중요한 내용, 기억하고 싶은 정보 등을 기록하세요. 그리고 강연 내용에 관해 궁금한 점, 이해하지 못한 점, 강연에 대한 비판과 의견, 더 알고 싶은 내용 등도 기록해 놓으세요. 강연자는 보통 강연을 마친 후에 질문할 기회를 주니까, 메모를 잘 해 놓으면 질문 시간을 효과적으로 활용해서 강연 내용에 대해 궁금한 점을 묻거나 자신의 의견을 제시할 수 있지요.

질문을 할 때는 질문의 요지가 잘 드러나는지, 질문이 강의 내용과 연관된 것인지, 그리고 자신의 질문이 강연자가 답할 만한 것인지 생각해 보는 것이 필요합니다.

강연이 끝나면 기억이나 느낌이 사라지기 전에 강연 내용을 정리해 두어야 합니다. 이때 메모가 큰 도움이 될 텐데요. 강연 내용을 자신의 것으로 만들기 위해서는 주의 깊게 들을 뿐만 아니라 충실히 메모하고, 그리고 강연에서 들은 정보와 자신의 생각을 잘 정리해야 한다는 것 잊지 마십시오. 지금까지 강연을 들어 주셔서 감사합니다.

Track 03-2

안녕하세요. 반갑습니다. 저는 오늘 강연을 맡은 안소영입니다. 여러분은 누군가를 처음 만나면 가장 먼저 무엇을 합니까? 잘 모르겠다고요? 오늘 제가 여러분을 만나서 제일 먼저 한 일이 뭐지요? 예, '인사'입니다. 사람들은 처음 만나면 서로 인사를 나눕니다. 사실 인사는 사람과 사람 사이에서 가장 기본적인 의사소통 방법입니다. 인사를 통해 자기가 상대방에게 호감을 가지고 있음을 표현하는 것입니다.

지금부터 저는 여러분께 세계 여러 나라의 인사법에 대해 말씀드리고자 합니다. 나라마다 인사법이 같은지 다른지, 만약 다르다면 왜 그렇게 되었는지 살펴보려고 합니다. 혹시 남의 나라 사정까지 알아서 무엇 하느냐고 생각하시는 분은 없겠지요? 흔히 '지구촌'이라고 말하듯이 오늘날에는 외국인을 만나는 일이 많아졌습니다. 우리도 외국을 자유롭게 여행할 수 있고, 다양한 문화적 배경을 가진 외국인들이 우리나라에 찾아오기도 합니다. 그러므로 남의 나라, 다른 문화권 사람들의 의사소통 방식이나 예절을 알아야 합니다.

서론이 조금 길어졌죠? 이제 본론으로 들어가겠습니다. 얼핏 보면 비슷해 보이지만, 인사법은 나라마다 조금씩 다릅니다. 인사법은 신체 접촉이 없는 인사법과 신체를 접촉해서 하는 인사법으로 나눌 수 있습니다. '허리 굽혀 절하기'나 손을 모으는 '합장'은 신체 접촉이 없는 인사법에 속하고, 악수와 포옹 같은 것은 신체를 접촉해서 하는 인사법에 해당합니다.

한국의 인사법부터 한번 살펴볼까요? 우리나라에서는 보통 허리를 굽혀 인사합니다. 그런데 상황에 따라서 인사법이 조금씩 달라집니다. 서서 마주 보고 머리를 숙이는 것이 보통이지만, 오랜만에 뵙는 웃어른께는 절을 올리기도 합니다. 존경과 감사의 뜻을 표현하는 것이지요. 물론 예외도 있습니다. 아파서 누워 계시는 웃어른께는 절을 하지 않습니다.

이웃 나라 일본은 어떨까요? 일본의 인사법은 우리의 인사법과 비슷해 보이지만, 몇 가지 차이가 있습니다. 우선 허리를 30도 이상으로 굽힌다는 점이 다릅니다. 또 비교적 오랜 시간 동안, 그리고 때로는 여러 차례 머리를 숙인다는 점도 우리와 다릅니다. 특히 작별할 때는 고개를 여러 차례 숙이는데, 이 동작을 대여섯 차례 되풀이하기도 합니다. '이제는 끝났겠지' 하고 돌아가다 흘긋 뒤돌아보면 망부석처럼 그 자리에 서서 또다시 허리를 굽히는 모습을 볼 수 있습니다. 일본 사람과 인사를 할 때에는 허리를 상대방과 비슷한 정도로 굽히는 것이 예의이며, 허리를 서둘러 펴는 것은 실례가 된다고 하니 알아 두세요.

불교 나라인 태국과 라오스, 스리랑카 인도 등에서는 두 손을 가슴 앞에 가지런히 모으는 인사법이 보편적입니다. 태국의 '와이(wai)'나 라오스의 '놉(nop)'은 이 가운데 가장 널리 알려진 것입니다. 기도하는 것처럼 두 손을 가지런히 모으는 것은 상대에 대한 존중과 신뢰를 드러내는 표현입니다.

인도의 인사법도 두 손을 모아 합장한다는 점에서는 태국의 '와이'와 비슷합니다. 그렇지만 연장자에게 존경을 나타내고자 할 때는, 무릎을 꿇고 상대방의 발을 만진 다음, 그 손을 자신의 눈과 이마에 차례로 갖다 댄다는 점에서 '와이'와 다릅니다.

Track 03-3

그런데 오늘날 세계에서 가장 보편화된 인사법은 뭐라고 생각하세요? 네, 바로 악수일 것입니다. 악수는 처음 만난 사람이나 그다지 친밀하지 않은 사람에게도 무난히 사용할 수 있기 때문에 오늘날 세계 여러 곳에서 사용되고 있습니다. 그런데 여러분은 이런 의문을 가져 본 적은 없습니까? 악수는 어디에서 온 인사법일까요? 또 세계 어느 곳에서나 손을 맞잡기만 하면 제대로 악수한 것으로 인정받을 수 있을까요?

악수는 원래 유럽에서 남성끼리 주고받던 인사법이었다고 합니다. 무기를 쥐는 오른손을 내밀어 평화와 화해의 뜻을 표시한 데서 유래한 것이지요. 그래서 여성들과는 악수를 하지 않는 것이 과거의 예절이었습니다. 여성이 무기를 들고 싸우지는 않았기 때문입니다. 그러나 오늘날은 사정이 조금 다릅니다. 여성들이 사회에서 활발히 활동하고 있기 때문에 남녀 간의 악수도 자연스러운 일이 되었습니다. 인사법이 시대에 따라 변화한다는 점을 알 수 있겠지요? 하지만 성별에 따라 조금 차이가 있는데요, 여성들은 장갑을 낀 채 악수를 해도 결례가 되지 않지만, 남성들은 반드시 장갑을 벗는 게 예의입니다. 장갑 속에 무기가 없다는 것을 알리게 위한 것에서 비롯된 관습인 것 같습니다.

악수가 널리 사용되는 인사법이라고는 하지만, 악수할 때의 예절은 나라마다 조금씩 차이가 납니다. 나라마다 전통과 문화가 다르기 때문에 차이가 생기는 것은 지극히 자연스러운 현상이겠지요. 유럽에서는 악수를 하면서 상대방의 눈을 똑바로 쳐다봅니다. 시선을 피하는 것은 상대방을 무시하는 행위로 이해되기 때문입니다. 우리나라에서는 어떻게 하나요? 악수를 하는 동시에 허리를 굽혀 인사하는 경우가 많습니다. 윗사람과 악수할 때는 특히 그렇습니다. 왜 그럴까요? 무릎을 꿇고 절을 하던 전통적인 인사 습관이 배어 있기 때문이기도 하지만, 그보다도 윗사람의 눈을 정면으로 보는 것이 예의에 어긋난다고 생각하기 때문입니다. 머리를 숙여 절을 하게 되면 자연스럽게 상대방의 시선을 피할 수 있겠죠.

Track 03-4

악수 외에 신체접촉 인사로 볼에 입맞춤하는 '비주'가 있습니다. 비주는 중동과 아프리카, 남미 등지에서 널리 통용되는 인사법인데, 직접 뽀뽀를 하기보다는 살짝 입을 대거나 '쪽' 소리만 내는 경우가 많습니다. 비주와 유사한 형태인 에티오피아 징카족의 인사는 매우 독특한데요, 이들은 남녀불문하고 서로의 입술을 대어섯 차례 새 모이 쪼듯 재빠르게 입맞춤한 뒤, 주먹으로 가슴을 번갈아 쳐서 반가움의 인사를 나눕니다.

신체접촉에 익숙하지 않은 동양인들은 다른 사람의 뺨과 얼굴을 부딪치는 것을 껄끄럽게 생각해서 비주를 상당히 망설이는 경우도 있는데요, 비주가 통용되는 곳에서 만약 친한 친구에게 비주를 하지 않으면 상대방에게 마음을 열지 않은 것으로 오해를 받을 수도 있으니 조심하시기 바랍니다. 마지못해 비주를 하면서 슬쩍 얼굴을 피하려다 입을 맞추는 사태가 발생하기도 하죠.

악수와 비주가 어느 정도 보편적인 인사법인 반면, 특정한 지역에서만 통용되는 인사법도 있습니다. 그중 뉴질랜드 마오리족의 '홍이'는 비교적 널리 알려진 인사법입니다. 서로 마주 서서 콧등을 부비는 이 전통적인 인사법은 종족 간의 우애를 나타내는 믿음의 표현이었다고 합니다. 지금도 마오리족 민속촌에서는 '홍이'를 거쳐야만 입장을 시켜주는데요, 이 때문에 재미있는 헤프닝도 종종 벌어진다고 합니다. 가령 우리나라 단체 관광객을 실은 버스가 민속촌 입구에 나타나면, 건장한 마오리족 남성이 근육질 상반신을 그대로 노출한 채 버스에서 내리는 관광객들에게 일일이 코를 비벼대며 환영의 인사를 건네는데요, 젊은이들이야 이런 인사가 재미있다고 사진 찍기에 분주하지만, 대부분의 노인들은 모두 버스에서 내리지 않겠다고 고집을 부리거나, 마지못해 내리더라도 얼른 코를 두 손으로 움켜잡고 민속촌 안으로 도망쳐 들어가 한바탕 웃음이 터지곤 한다고 해요.

또 아프리카 사막에 사는 마사이족들은 상대방의 얼굴에 침을 뱉는 인사를 나눕니다. 동아프리카의 키쿠유족은 상대방의 손바닥에 침을 뱉음으로써 반가움을 표현합니다. 이런 인사법은 물이 귀한 지역이기 때문에 나타난 것이라고 알려져 있는데요, 물이 귀한 지역에서 수분을 함께 나눔으로써 행운을 기원한다는 뜻을 담고 있습니다. 사막이 아닌 우리나라에서 이런 인사를 한다면 곤란하겠지요?

어떻습니까? 세상에는 정말 다양하고 특이한 인사법이 많이 있구나 하는 생각이 들지 않습니까? 지금까지 세계 여러 나라의 인사법에 대해 간략하게 살펴보았는데요, 마지막으로 제가 말씀드리고 싶은 것은, 인사법에는 좋고 나쁜 것이 없다는 사실입니다. 인사란 상대방에 대한 호감을 표시하는 의사소통 방법이기 때문에, 저마다 자기 사회의 문화적 전통이나 가치관을 따라 형성되게 마련입니다. 그러니까 오늘 우리가 여러 나라의 인사법을 살펴본 것은, 우리와는 다른 문화를 이해하는 첫걸음이 될 수도 있겠지요.

지구촌에는 참으로 다양한 사람들이 모여 살지만, 저는 이 많은 사람들의 사고방식이나 가치관에 공통점이 많다고 믿습니다. 그것은 그들이 모두 행복과 사랑, 그리고 자유와 평화를 바란다는 것입니다. 다만 그들이 살아온 환경이나 방법이 다르기 때문에 문화와 관습이 차이가 나타나게 된 거죠. 자, 그러면 옆에 있는 사람들과 마음에 드는 방법으로 인사를 나누면서 이 강연을 마쳐 볼까요?

긴 시간 동안 잘 들어 주셔서 감사합니다.

 Track 03-5

① 얼핏 보면 비슷해 보이지만, 인사법은 나라마다 조금씩 다르다.

 Track 03-6

① 세계 어느 곳에서나 손을 맞잡기만 하면 제대로 악수한 것으로 인정받을 수 있을까?
② 여성들은 장갑을 낀 채 악수를 해도 결례가 되지 않지만, 남성들은 반드시 장갑을 벗는 게 예의이다.

 **Track 03-7**

① 동양인들은 다른 사람과 뺨과 얼굴을 부딪치는 것을 껄끄럽게 생각해서 비주를 상당히 망설이는 경우도 있다.
② 상대방의 손바닥에 침을 뱉음으로써 반가움을 표현한다.
③ 지금까지 세계 여러 나라의 인사법에 대해 간략하게 살펴보았다.

4과 음악의 역사

 Track 04-1

안녕하세요. 만나서 반갑습니다. 저는 서울대학교에서 음악 이론을 전공한 박유미라고 합니다. 저는 오늘 여러분에게 음악이 어떻게 발전되어 왔는지 이야기하려고 합니다.

여러분은 음악을 얼마나 들으시는지요? 여러분들 대다수가 음악을 좋아하지 않나요? 음악은 정말 여러 가지로 우리 생활에 깊이 파고들어 와 있지요. 일부러 찾아서 좋아하는 음악을 듣는 경우도 많지만, 이 밖에도 우리는 환경 속에서 수많은 음악을 들으며 살게 됩니다. 귀는 눈과 달리 감거나 닫으면 안 들리게 할 수 있는 기관이 아니어서, 어쩔 수 없이 소리에 노출되는 경우도 많으니까요.

그런데 우리 인간은 도대체 언제부터 음악을 했을까요? 음악의 기원은 어땠으리라 추측하시나요? 아마도 짐작이 가시겠지만, 초기의 음악은 단순한 노래였겠죠. 그런데 인류 초기의 노래가 오늘날 우리가 그러는 것처럼 즐거움을 위해 사용했으리라 단언할 수는 없습니다. 사실, 노래란 무엇인가요? 목구멍의 압력을 조절해 높이가 다른 소리를 낼 수 있는 것을 말하죠. 아무튼 가장 초기의 노래는 오늘날 기준에서 보자면 노래라기보다는 일종의 소통 신호와 더 비슷한 것이었다고 생각할 수 있습니다. 노래의 원초 단계, 즉 소리의 높낮이를 조절하여 낼 수 있는 능력은 즐거움이 있고 없고의 문제가 아닌, 생존법과 보다 더 긴밀히 연관되는 중요한 문제였던 것입니다.

인간이 언어를 자유로이 쓰게 되면서 이제는 신호로서 일종의 노래를 사용하는 일은 많이 사라졌겠죠. 위급한 일이 있으면 언어로 전달할 수 있게 되었으니까요. 그렇게 되니 음악은 우리가 생각하는 음악으로서 제대로 기능을 하게 되었습니다. 듣고 즐기는 기쁨, 이성 간의 구애 활동, 심신의 완화, 그리고 특히 공동체의 결속 강화를 위한 의례 행위로 사용하게 되었습니다.

기원전 고대 시대에 특히나 음악을 즐기고 음악의 의미를 깊게 생각했던 문명은 그리스 민족이었습니다. '음악'이라는 말도 문학, 예술, 과학을 관장하는 아홉 명의 뮤즈 신의 활동을 가리키는 그리스어 '무시케(musike)'에서 나왔지요. 그리스인들은 음악을 예술인 동시에 과학으로 인식하여 체계적으로 연구했고, 음악을 우주의 조화로서 생각했습니다. 젊은이들을 위한 체계적인 교육의 필수 일곱 과목에는 문법, 수사학, 논리학, 수학, 기하학, 천문학과 함께 음악이 포함되었습니다. 서양뿐만 아니라 동양에서도 중국의 공자와 같은 이는 사람의 성정에 미치는 음악의 힘을 확고하게 믿어 그러한 사상을 퍼트렸습니다. 이렇듯 음악이 사람에게 미치는 영향을 중요하게 생각했던 고대인들의 사고로 인해 모든 중요한 의식에는 음악이 항상 필수적인 요소로 들어가게 되었습니다. 2세기경에 살았던 퀸틸리아누스는 그리스인들의 생활을 "음악 없이 진행되는 남자들의 활동은 없다고 보아야 한다. 종교적 찬양, 축제와 축하 모임은 음악으로 흥을 돋우고, 전쟁과 가두 행진은 음악을 통해 힘을 얻고 진행된다. 음악은 배를 나아가게 하고 노를 젓게 만든다. 힘든 작업도 음악이 있으면 힘들지 않다."라고 보고하고 있는데요. 꼭 남자들의 활동만 그랬겠습니까. 여자들은 아기를 재울 때 자장가를 부르고 노래를 흥얼거리며 집안일을 했겠죠. 오늘날도 사실상 음악과 별 상관없는 행사에서도 음악이 먼저 의례처럼 울려 퍼지는 모습을 자주 볼 수 있지 않나요? 결혼식이나 장례식, 특히 교회 같은 곳에서 음악은 빠질 수 없는 의례 요소인 것이지요.

 Track 04-2

이렇듯 모든 곳에 음악이 쓰이게 되니 당연한 말이지만 음악을 전문으로 하는 직업도 생겨났겠지요. 특히 교회는 전문적인 음악가 양성과 관련이 깊은 곳입니다. 음악이 영혼의 어루만짐과 깊게 상관있는 행위임을 잘 알았던 교회는 음악을 필수 요소로 생각했고, 최고의 음악을 만들기 위해 노력했습니다. 따라서 초기의 뛰어난 음악가들은 모두 다 교회와 관계있는 일을 하던 사람들이었습니다. 게다가 교회가 했던 가장 눈부신 일은 음악을 기록으로 남기겠다는 발상이었습니다.

음악은 사실 그 자리에서 귀로 듣지 않는 한 머릿속에만 존재할 수 있는, 형체가 없는 것이잖아요. 그런데 그것을 어떻게 기록으로 남겨서 보존할 수 있을까요? 이것을 실현시키기 위해 교회의 음악가들은 악보를 개발하기 시작했지요. 악보가 있으면 소리로 남겨진 것이 없다 하더라도 그것의 재생은 가능하니까요. 이렇게 해서 만들어지기 시작한 악보는 음악의 발전을 엄청나게 빠르게 진행시켰습니다. 처음에는 음 높이만 기록할 수 있던 것을 음 길이, 즉 리듬도 기록할 수 있게 만들어 여러 사람이 같이 노래해도 혼란이 없도록 하였습니다. 악보의 존재는 여러 사람이 동시에 각자 다른 선율을 불러도 조화를 이루게끔 하는 것이 가능하게 만들었고, 그런 이유로 우리가 '하모니를 이룬다'라는 표현을 쓰고 있는 것입니다.

음악이 복잡해지니 이 복잡한 체계를 능수능란하게 잘 다루는 천재와 같은 사람들이 등장하게 됩니다. 이 곡 한번 들어보시겠어요? 누구의 곡인지 아시겠어요? 네, 베토벤의 '운명'입니다. 모차르트나 베토벤 같은 천재 작곡가들이 나타나게 됩니다. 지금으로부터 약 250년 전에 활동했던 이분들의 시대를 우리는 고전 (클래식) 시대라 부르는데요, 그런 이유로 오늘날까지도 클래식이라는 장르가 시대를 불문하고 대중음악과 구분되어 통칭되는 용어가 되었습니다.

그러면 아마도 여러분들은 궁금해지실 테지요. 모차르트가 살던 그 시대에는 그럼 모차르트가 오늘날의 싸이나 아이유 같은 존재였을까 하고 말이지요. 결론부터 이야기하자면, 그런 직접적 비교가 불가능하다고 말씀드려야겠습니다. 모차르트가 그 시대에 가장 유명하고 화제가 되었던 음악가임에는 틀림없습니다. 하지만 그렇다고 해서 모든 사람들이 모차르트의 음악을 쉽고 흔하게 어디서나 들을 수 있었을 것이라는 생각은 맞지 않습니다. 누구나 들을 수 있는 음악이라는 자체가 그 시대에는 존재하지 않았기 때문입니다.

잠깐 타임머신을 돌려 그 시대로 돌아가 보는 것이 가장 이해가 쉬울 것 같네요. 그러기 위해서는 다음과 같은 상황을 상상하셔야 합니다. TV, 라디오, mp3, 이어폰 등등 이 모든 전자 기기가 전혀 없는 곳으로 갔다고 가정하고 음악을 즐길 수 있는 방법을 한번 생각해 보시지요. 이런 상황에서 가능한 방법은 크게 보아 두 가지입니다. 하나는 음악가가 있는 곳을 찾아가는 것, 또 하나는 내가 음악을 생산하는 것입니다. 내가 음악을 생산하는 것은, 즉 내가 직접 노래하거나 악기를 치는 것이 되겠지요. 이 두 방법 가운데 어느 것이 더 쉬운 방법일까요? 이 문제는 경제적 문제와 깊은 관련이 있는데요. 간단히 말해, 돈 안 들이고 음악을 즐기려면 내가 직접 하는 방법을 택해야 하고, 경제적 여유가 있으면 돈 내고 음악회를 가든지 음악가를 내 집에 초대해 연주하게끔 하는 것입니다. 이 두 가지가 대중문화 이전 시대 사람들이 음악을 즐기는 방법이었습니다. 그런 이유 때문에 예를 들어 모차르트나 베토벤의 음악을 전문적인 음악가들이 연주하는 제대로 된 음악으로 들을 수 있는 계층은 극소수의 한정된 높은 계급뿐이었던 것이지요. 낮은 계급의, 하루하루 살아가기 바쁜 하층민들은 그런 것은 꿈도 못 꿀 사치였고, 어쩌다 귀로 전해 들은 좋은 멜로디는 그저 자기네들끼리 비슷하게 부르면서 만족해하는 그런 상황이었던 것입니다. 이런 사회이다 보니 음악을 좋아는 하지만 그렇다고 호사를 부릴 수는 없는 그런 중산층 집안에서는 개인적으로 악보 보는 법 등 기초적인 지식을 배운 후 저녁에 함께 피아노 반주에 맞추어 노래 부르는 등의 음악적 활동으로 음악의 욕구를 채울 수 있었던 것입니다.

Track 04-3

악보가 보급되는 데에는 인쇄술 발달이 크게 기여를 했는데, 음악의 역사에 있어 인쇄술보다 더 근본적으로 음악의 향방을 바꾼 획기적인 과학 기술은 바로 녹음입니다. 바로 위에서 설명한 음악의 두 가지 방법, 즉 음악가와의 직접적 대면이나 자신이 직접 음악을 하는 것은 녹음 기술로 인해, 그리고 라디오 등의 전파 매체들로 인해 완전히 역사가 바뀌게 됩니다. 전문가가 연주하는 음악을 이제 음악회장에 가지 않아도 접할 수가 있게 된 것이지요. 녹음된 것을 세계 최초로 무선으로 내보내 방송에서 틀어준 음악은 헨델의 〈라르고〉였고, 1920년대부터 라디오에서 본격적으로 녹음 음악을 방송하기 시작했습니다. 수많은 이에게 무료로 음악을 듣게 한 방송의 등장으로 20세기는 이제 대중매체의 시대로 접어들게 됩니다. 이러한 전환은 역사상 그 어떤 발달보다도 음악의 가치와 목적, 그리고 음악 양식을 급격하게 바꾸어 놓았고, 놀랄 정도의 음악적 혜택을 제공하게 되었습니다.

이제 대중의 시대에 발맞추어 음악 양식에서 일어난 혁명에 대해서 이야기해야 될 것 같습니다. 녹음된 음악이 전파되기 시작한 것과 비슷한 때에, 미국에서 매우 새로운 종류의 음악이 등장하기 시작했습니다. 그것은 바로 미국으로 건너온 흑인들의 음악이었는데요. 복잡하지는 않지만 사람들의 감성을 잘 파고드는 구슬픈 선율, 단순하지만 활기찬 리듬으로 이루어진 음악들이었습니다. 처음에는 이러한 종류의 음악이 주로 찬송가로 불렸는데, 차츰 그 범위가 넓어지면서 유행을 타게 된 것이지요.

오랜 세월 동안 정교하게 발전되어 온 유럽의 클래식 음악 작곡 기술들은 이제 전혀 새로운 종류의 음악을 또다시 발전시키는 데에 기초로 작용하게 되었습니다. 재즈, 블루스, 스윙, 비밥 등 발랄하고 참신한 장르들이 고전 음악의 화성이라는 뼈대를 바탕으로 빠르게 확산되었습니다. 음악의 선택권이 음반을 구매하고 방송을 듣는 수백만 청중의 손에 넘어가면서 이러한 유행은 새로운 질서로 자리 잡아갔습니다. 전쟁 이후 재즈의 변종인 스윙이 새로이 탄생시킨 형식인 로큰롤은 젊은이들 사이에 광적인 열풍을 몰고 왔고, 그들은 마치 계시를 받듯 그 음악을 소비하게 됩니다. 이제 새로운 장르에 돈을 쓰는 이들은 10대들이 되었고, 점점 더 그들의 취향에 부합되게끔 음악이 조정되어 가게 된 것입니다.

대중문화의 시대로 들어오면서 놀랄 정도의 음악의 혜택

이 제공되었다는 말을 했는데요. 음악은 이제 귀한 것이 아니라 어디에서나 흔해빠진 것이 되었을 정도입니다. 이러한 음악의 홍수를 반드시 큰 혜택이라고만 볼 수 있는 것일까요? 어쩌면 우리는 방송의 경제 원리에 입각해 즉각적 만족을 주는 그런 음악에만 편식하듯 길들여져 가고 있는 것은 아닌지 생각해볼 필요가 있습니다. 대중매체들은 최대한 많은 수의 시청자를 확보하기 위해 다양성이라는 혜택 제공을 포기하기 때문입니다. 하지만 그 종류가 어떤 것이든 간에 음악이 우리에게 주는 풍성한 즐거움은 변함없는 것 같습니다. 삭막한 현대 사회에 음악이란 것이 존재하지 않았더라면 우리가 무엇에서 위안을 얻었을지 잘 떠오르지 않네요. 언어보다도 더 오랜 세월 인류와 함께 해 온 음악의 역사 이야기, 이것으로 마칠까 합니다.

 Track 04-4

① 음악은 여러 가지로 우리 생활에 깊이 파고들어와 있다.
② 결혼식이나 장례식, 특히 교회 같은 곳에서 음악은 빠질 수 없는 의례 요소이다.

 Track 04-5

① 음악은 그 자리에서 귀로 듣지 않는 한 머릿속에만 존재하는 형체가 없는 것이다.
② 음악의 복잡한 체계를 능수능란하게 잘 다루는 천재와 같은 사람들이 등장하게 된다.

 Track 04-6

① 음악의 역사에 있어 인쇄술보다 더 근본적으로 음악의 향방을 바꾼 획기적인 과학 기술은 바로 녹음이다.
② 대중의 시대에 발맞추어 음악 양식에서 일어난 혁명에 대해 이야기하겠다.

5과 도시의 미래

 Track 05-1

오늘날 도시는 전 인류의 절반 이상이 생활하는 공간입니다. 2009년 역사상 처음으로 도시 거주자가 전 세계 인구의 50%를 넘어섰고요, 그 비율은 빠른 증가세에 있죠. 여기 그림을 보시면요, 도시 거주 인구가 2050년까지 지속적으로 늘어나는 것을 볼 수 있고, 선진국과 개도국 모두 증가세를 보인다는 것을 알 수 있습니다. 음…, 현대 도시화의 특징적인 모습이 이런 겁니다. 하나의 거점 도시가 있으면 많은 사람과 자원을 빨아들여서 인구와 영역이 거대화되는 것이죠. 특히 거주 인구가 천만 명이 넘는 거대 도시, 즉 메가시티의 빠른 증가는 현재와 미래의 세상을 변화시킬 아주 중요한 사회 현상이라고 할 수 있죠. 유엔의 도시화 보고서에 따르면, 현재 전 세계에 21개의 메가시티가 존재하고, 세계 전체 인구의 4.7%가 이 메가시티에 살고 있다고 합니다. 세계적으로 20명 중 1명은 메가시티에 거주하고 있는 셈이죠. 유엔은 앞으로 30년 정도 후에는 메가시티가 29개 정도로 늘어날 것으로 보고 있고요…, 자연스럽게 많은 사람이 모여 사는 메가시티가 정치의 중심이자 경제 거점으로서 중요한 역할을 하게 되겠죠? 그렇기 때문에 이번 강의에서는 글로벌 메가시티의 미래 지형도를 한번 살펴보려고 합니다.

 Track 05-2

미래의 메가시티는 다양한 가능성과 더불어 많은 문제들에도 직면하게 될 것입니다. 편리하고 효율적인 생활을 위해서는 각종 인프라의 신설과 유지보수, 생존에 필요한 물과 식량의 수급, 생산과 이동수단이 필요하고, 생활공간을 유지하는 데에 막대한 에너지와 비용이 따르기 때문이죠. 이러한 문제를 해결하기 위해 우리는 IT와 차세대 에너지, 첨단 소재 등 다양한 기술을 활용하게 될 것입니다. 하지만 선진국과 개도국의 메가시티는 서로 다른 모습으로 성장하게 될 것입니다. 정도의 차이는 있겠지만, 개도국의 경우 새롭게 도시 인프라를 건설하는 일이 핵심이 될 것이고요, 선진국의 경우는 기존의 도시를 보다 효율적이고 스마트하게 만드는 일이 핵심이 되겠죠.

여기서는 개도국의 메가시티를 중점적으로 살펴보기로 하죠. 개도국의 메가시티에는 어떤 사람들이 살게 될까요? 미래 메가시티의 모습을 그려보기 위해 미래 메가시티의 거주자들을 살펴볼 필요가 있겠죠? 그림을 보시면 아시겠지만, 먼저 지금보다 높은 소득과 생활수준을 갖춘 중산층 소비자들이 늘어날 겁니다. 글로벌 금융위기 이후 선진국은 성장이 지체됐지만, 개도국은 어떻습니까? 성장세를 유지하면서 중산층이 꾸준히 늘고 있고, 첨단 IT, 금융, 제조업에 이르는 다양한 글로벌 기업들이 앞다퉈 진입하고 있죠. 특히 중국과 인도는 매우 두드러지고요. 2010~2015년까지 3억 2천만 명의 새로운 중산층이 나타났습니다. 이런 추세라면 수년 내 개도국 메가시티에는 글로벌 기준으로 상당수의 중산층이 등장하게 될 것입니다. 특히 여성 소비자를 주목할 필요가 있는데, 보다 나은 교육을 받은 여성들이 메가시티의 로컬 및 글로벌 기업의 인재로서 중요한 역할을 담당하게 될 것입니다. 하지만 선진국에 비해 도농 간 격차가 큰 개도국에서는 보다 나은 직장과 삶의 터전을 찾아 이동하는 일이 빈번하기 때문에 새로운 메가시티의 거주자들 중 상당수가 도시의 새로운 빈민층으로 편입될 가능성이 높습니다.

천만 명이 넘는 사람들과 수많은 기업들을 유지하기 위해 교통, 통신, 주거 등에서 막대한 수요 증가도 예상됩니다. 그림을 보세요. 이처럼 개도국에서는 기존의 기반 시설이 부족하기 때문에 신규 건설 수요가 선진국에 비해 훨씬 크다는 점에 주목할 필요가 있고요. 더욱이 개도국 메가시티에 더 많은 중산층 소비자들이 나타나는 경우, 주거나 엔터테인먼트 같은 삶의 질과 관련된 진일보된 인프라, 서비스에 대한 수요는 더욱 늘어날 것으로 보입니다.

Track 05-3

인구집중은 메가시티가 직면할 문제의 가장 큰 원인이 될 것입니다. 물, 인프라 부족, 범죄와 테러 위협 증가, 교통 혼잡 등 높은 인구밀도로 인한 문제가 심화될 것이고요. 온실가스 배출과 이로 인한 기후 변화도 중요한 문제죠. 또 지진, 쓰나미, 신종 전염병, 테러 등이 인구밀도가 높은 메가시티에서는 중대한 위협 요인이 될 수밖에 없습니다. 물론 언급한 바와 같이 수많은 첨단 IT 기술과 친환경 기술들이 미래 메가시티의 문제와 고민을 해결하는 효과적인 솔루션이 될 것인데요. IT는 도시 전체를 총괄하는 거대한 시스템의 기반이 될 것입니다. 미래의 메가시티 시민들은 간단한 모바일 단말기만으로도 다른 사람들과의 소통, 생산활동, 취미나 여가활동 등을 다양하게 즐길 수 있고, 또 IT 기술을 이용해 도시를 USN(Ubiquitous Sensor Network)을 통해 관리함으로써 도시 내 시설의 노후화 관리에서 테러나 전염병, 자연재해에 이르는 다양한 정보를 신속하게 파악하고 통제 관리할 수 있을 것입니다. 그뿐만 아니라 온실가스 저감을 위해 건물의 외벽을 태양광 발전판으로 활용하는 BIPV 시스템(Building Integrated Photovoltaic System)을 통해 에너지 자급률을 높이고, 효율성이 높은 소형 원자로를 활용해 에너지를 생산한 후 무선 에너지 전송 시스템을 활용하여 전력을 공급할 수도 있겠지요. 이렇게 되면 별도의 충전 없이 모바일 기기를 사용하거나 전기 자동차를 운전하는 것도 가능합니다. 즉 거대한 도시를 더욱 스마트하고 친환경적으로 운영할 수 있게 되는 것이죠. 이러한 관점에서 미래의 메가시티는 '스마트 시티'이자 '에코 시티'가 될 것이라고 예측할 수 있습니다.

하지만 메가시티도 결국 사람이 사는 공간입니다. 첨단 기술과 거대한 규모, 빠른 경제성장 속에서 인간다운 삶을 누릴 수 있는 여건을 반드시 마련해야겠지요. 뒤처지거나 소외될 가능성이 큰 인구집단을 어떻게 돌볼 것인지가 미래 메가시티의 또 다른 숙제가 될 것입니다. 가족의 해체와 신체적·정서적 변화로 고통받는 고령자, 생활의 기본적 수요를 충족하지 못하는 도시 빈민층, 그리고 해외로부터 이주한 타 문화의 이방인들을 융화시키는 일은 지속가능한 메가시티를 만드는 전제가 될 것이고요. 포용과 다양성의 존중 속에서 창의력과 참여 등 지식경제 시대의 진정한 경쟁력을 확보할 수 있을 것입니다.

Track 05-4

① 오늘날 도시는 전 인류의 절반 이상이 생활하는 공간입니다.
② 메가시티가 정치의 중심이자 경제 거점으로서 중요한 역할을 하게 되겠죠?

Track 05-5

① 편리하고 효율적인 생활을 위해서는 각종 인프라의 신설과 유지 보수, 생존에 필요한 물과 식량의 수급, 생산과 이동 수단이 필요하고, 생활 공간을 유지하는 데에 막대한 에너지와 비용이 따르기 때문이죠.

Track 05-6

① 해외로부터 이주한 타 문화의 이방인들을 융화시키는 일은 지속가능한 메가시티를 만드는 전제가 될 것이다.

6과 언론의 역할

Track 06-1

여러분, 안녕하세요? 저는 임지선이라고 하고요, 이번 학기에 여러분과 함께 저널리즘 워크숍을 진행할 것입니다. 전반적으로 이 수업에서는 '기자라면 어떤 기사를 써야 하는가'에 대한 주제의식을 가지고 갈 거고…, 그중에서도 르포를 중심으로 다뤄보려고 합니다. 여러분 중에 혹시 시민 기자로서 기사 써본 사람 있나요? 뭐 아니면 취미로 기사를 좀 써봤다든지…. 어떤 기사 써봤어요? 뭐에 대해서? 네, 좋습니다. 요즘 젊은이들, 저도 그렇지만 4명 중 1명은 휴대폰으로 뉴스 보는 것 같고…, 꼭 포털 사이트나 뉴스 사이트 아니라도 여러분이 많이 하는 소셜 네트워크 서비스, 즉 SNS에서 뉴스 같은 거, 새 소식 많이 접하죠? 뭐, 제목으로 클릭을 유도하는 낚시 기사도 엄청 많고요. 다들 낚여본 경험 있으시죠? 인터넷뿐만 아니라 기성 언론에서도 천편일률적인 보도가 쏟아집니다. 기사 구성이나 문장, 내용 면에서 정말 기자가 쓴 거 맞나 싶을 정도로 보잘것없는 뉴스가 너무 많죠. 뿐만 아니라 이러한 뉴스를 어디까지 믿을 수 있을 것인지, 이 뉴스가 과연 객관적이고 공정한 시각으로 쓰였는지 하는 것도 문제가 됩니다. 이런 시대에 우리는 어떤 기사를 읽고, 어떤 기사를 써야 할까요?

이번 학기에 우리는 직접 뉴스를 취재하고 보도해 보는 활동을 통해 느낀 점을 중심으로 과연 어떤 기사를 써야 할지에 대해 이야기를 나누면서 수업을 진행해 보려고 합니다. 부지런히 발로 뛰고, 꼼꼼히 자료를 챙겨 읽고, 사안에 대한 관심과 애정의 끈을 놓지 않고 독자에게 보다 잘 전달될 수 있는 글의 형식을 고민하는 기자가 쓴 '진짜' 기사들도 물론 함께 읽어볼 거고요. 제 개인적인 바람은, 한 학기가 지난 후에 여러분 중에서 기자를 꿈꾸는 사람은 물론, 제대로 된 기사를 선택해 읽으며 살아가고 싶은 학생들에게도 이 수업이 좋은 가이드라인이 되었으면 하는 것입니다.

네, 이제 지각한 학생들도 거의 온 것 같은데 출석 좀 불러 볼게요.

Track 06-2

안녕하세요? 우리 수업… '한국 저널리즘의 이해', 출석 확인 못한 학생은 쉬는 시간에 앞으로 오시고요. 음…, 우선 … 지난주에 우리는 한국의 언론이 어떻게 발달해왔고, 지배 권력이 언론을 어떤 방식으로 통제해왔는지를 간단하게 살펴봤습니다. 연결해서 오늘은 한국 언론의 정파적 편향 보도 문제에 대해 살펴보려고 합니다.

어느 사회든 갈등은 존재하기 마련이죠. 사회적 관계가 발달하고 다원화될수록 갈등 양태는 다양하고 복합적으로 나타납니다. 한국 사회에서도 기본적인 사회관계의 갈등인 계급 갈등 외에도 계층 간, 지역 간, 집단 간, 세대 간, 그리고 문화 간 갈등이 일상적으로 표출되고 있어요. 문제는 한 사회가 얼마나 갈등 해결 능력을 가지고 있느냐인데요. 갈등이 뭡니까? 갈등은 '양립 불가능한 목표를 지녔다고 여겨지는 2~3개 집단 간의 관계'라고 정의할 수 있겠는데요. 이런 집단 간의 갈등을 원만하게 해결하는 능력을 보유한 사회는 상대적으로 신뢰 자산을 많이 보유한 사회라고 할 수 있을 거예요. 현대 사회에서 이런 갈등적 사안을 해결하는 과정에서 언론매체는 중요한 역할과 기능을 하게 마련인데, 이는 언론이 갈등적 이슈를 대중에게 전달해 주고 갈등 해결을 위한 공론장의 역할을 하기 때문이죠. 이때 어떤 이슈를 중요한 사회적 안건으로 취사선택하느냐 하는 언론의 의제설정 기능과, 이슈를 어떤 방식으로 보도하는가 하는 언론의 프레임 기능은 한 사회의 갈등 해결 능력과 밀접한 관계를 가지고 있어요.

Track 06-3

그런데 한국 사회에서 언론의 갈등 해결 능력은 좀 의심스러워요. 오히려 언론이 갈등을 조장하고 부추기는 것은 아닌지 반문해야 할 정돕니다. 언론이 자사의 정파적 이해관계나 경제적 이해관계에 의해서 엉뚱한 이슈를 매우 중요한 문제인 것처럼 들고 나오거나, 불공정 편향 보도를 하여 어느 한편을 억울하게 만들거나 분노하게 만드는 경우가 너무나 많거든요.

규범적 차원에서 보면 언론은 갈등적 사안에 대해 사건이나 현상을 사실적이고 객관적으로 보도하면서 대립하는 편들을 두루 살펴 각자의 입장을 이해하는 식으로 공정하게 보도하면 그만이죠. 언론의 객관적이고 공정한 보도는 사안의 갈등적 측면을 사람들에게 적나라하게 드러내 보여주면서, 갈등하고 반목하는 집단들이 서로 민주적 토론을 거쳐 문제를 해결하는 데 도움을 주게 되는 겁니다. 그런데 한국의 언론은 과연 그러한가라는 의문이 듭니다.

민주화 이후 한국 언론은 스스로 자기 정치권력화하면서 정파적 편향 보도 문제를 관행처럼 반복해 왔어요. 대통령 선거 과정에서 불공정 편파 보도를 비롯해 북한과 미국 문제 보도, 그리고 대통령 관련 보도에 있어서 보수 언론과 진보 언론은 공통적으로 이미 정해진 정파적 위치에 서서 사실을 왜곡하고 한쪽을 두둔하거나 공격하는 편파 보도를 일삼아 왔습니다.

아예 처음부터 찬반 입장이 먼저 정해지고, 거기에 맞춰 사실과 정보들을 편향적으로 취사선택 편집하여 이슈를 이상한 방향으로 끌고 가 버립니다. 언론들은 편파적 방향에 따라 저마다 코드가 맞는 취재원과 기고자들을 동원해요. 언론의 광우병 보도, 촛불시위 보도에는 저널리즘의 가장 근본적인 원칙이라고 할 수 있는 사실 보도, 객관 보도의 정신이 실종되어 있죠.

이뿐 아니에요. 언론들은 이제 의견과 주장이 다른 편에 대해 마구 공격을 쏟아부어요. 일부 언론의 공격 저널리즘은 언론들 간의 한바탕 싸움으로 이어지고, 그것은 시민집단 간의 분열적 다툼으로 비화됩니다.

Track 06-4

정도의 차이는 있지만 언론이 일정한 정파성과 이념적 성향을 가질 수 있어요. 세계적 정론지라 불리는 미국의 뉴욕타임스도 진보적 성향을 가지고 있다는 평가를 받고 있고, 경제지인 월스트리트저널은 보수적 성향을 가지고 있죠. 그럼에도 선진국 언론이 우리의 경우와 같은 편파 시비나 사회분열 시비에 휘말리지 않는 것은, 사실 보도와 의견 기사의 분리 원칙을 준수하고, 사회 내 갈등세력 간의 의견의 다양성, 그리고 정파적 신문의 의견의 다양성을 서로 인정하는 선진적인 문화가 바탕에 깔려 있기 때문이에요.

의견의 다양성을 인정하지 못하는 사회문화적 풍토에서 정파적으로 갈려진 정치집단과 언론집단들은 서로를 비방하고 공격하면서 감정의 골은 점점 깊어져 가고, 이를 따르는 대중집단 역시 분열된 사회 감정을 만들어내고 있는 것이 현실입니다.

그렇다면 언론의 정파적 편파 보도가 한국 사회의 분열로까지 이어지는 이러한 문제를 해결하기 위해서는 어떻게 해야 할까요? 먼저 언론들이 수준 낮은 정파적 언론의 함정에서 벗어나 정치적 독립성을 확보해야 합니다. 이와 동시에 민주적 저널리즘의 본래 가치로 돌아가서 언론들은 사실 보도, 객관 보도에 대한 성찰과 학습을 해야 하고요. 또한 정파성으로 인해 오염되고 거칠어진 저널리즘 언어의 품위를 회복시키고, 사회 내 다른 의견을 정중하게 배려해서 의견의 다양성을 구현해내는 관용의 정신을 학습하고 제도화하는 것이 필요합니다.

Track 06-5

① 집단 간의 갈등을 원만하게 해결하는 능력을 보유한 사회는 상대적으로 신뢰 자산을 많이 보유한 사회라고 할 수 있다.
② 어떤 이슈를 중요한 사회적 안건으로 취사선택하느냐 하는 언론의 의제 설정 기능은 사회의 갈등 해결 능력과 밀접한 관계를 가지고 있다.

Track 06-6

① 한국 언론은 스스로 자기 정치권력화하면서 정파적 편향 보도 문제를 관행처럼 반복해 왔다.

Track 06-7

① 선진국 언론이 편파 시비나 사회 분열 시비에 휘말리지 않는 것은 사실 보도와 의견 기사의 분리 원칙을 준수하기 때문이다.
② 언론들은 수준 낮은 정파적 언론의 함정에서 벗어나 정치적 독립성을 확보해야 한다.

7과 소비의 원리

Track 07-1

자, 여러분. 오늘 강의는 어떤 여자의 이야기로 시작해 볼게요. 음…, 이 여자의 이름을 수지라고 합시다. 날씨가 쌀쌀한 토요일 밤입니다. 그런데 우리 수지 씨는 찬바람이 별로 춥지가 않아요. 어제 회사에서 받은 보너스를 5만 원짜리로 인출해서 핸드백에 넣어 놨거든요. 보너스가 예상보다 많이 나와서 수지 씨는 오늘 몇 달 동안 멀리서 바라만 보던 명품관에 들어가 쇼핑을 하려고 합니다. 물론 수중에 돈이 없어도 명품관에 들어가 핸드백이나 구두를 살 것처럼 한번 보고 신어볼 수도 있겠죠. 하지만 소심한 수지 씨는 아무 때나 명품관에 들어갈 수가 없어요. 왜 그럴까요? 점원들은 귀신같이 알거든요. 손님이 구매 능력이 있는지 없는지요. 그렇죠? 여튼 그래서…, 우리 수지 씨는 퇴근 후에 백화점으로 갑니다. 백화점의 거대한 유리문을 밀치고 들어가는 당당한 이 느낌…, 자, 수지 씨는 아주 뿌듯한 기분으로 쇼핑을 마쳤습니다. 그리고 백화점 문을 열자마자 찬바람이 매섭게 불죠. 손에 들린 쇼핑백도 막 흔들리고요. 쇼핑백 안에는 점원들의 극진한 환대를 받으며 구매한 핸드백과 구두가 들어 있습니다. 이 명품 핸드백과 구두의 매력, 점원들의 친절한 응대…, 여러분 다 경험이 있으시겠지만 떨쳐버리기 힘든 유혹이죠. 그래서 원하는 것을 샀는데 이상하게 기묘한 결여감이 생깁니다. 여전히 뭔가 빠진 듯한 느낌이에요. 천천히 걸어가면서는 돈 쓸 일들이 막 떠오릅니다. 다음 주말부터 시작하기로 한 중국어 학원비, 다음 달 부모님 생신 선물, 연말에 떠나기로 한 해외여행 경비 등등…. 집으로 가는 지하철 계단을 내려가는 동안 머릿속에는 수입과 지출에 관련된 복잡한 계산이 막 왔다 갔다 합니다.

이것이 바로 우리가 일상적으로 겪는 소비의 경험이고요, 이 에피소드의 주인공은 사실 수지 씨가 아니라…, 뭘까요? 네, 바로 화폐, 즉 돈입니다. 화폐가 없으면 화려한 쇼핑 자체가 불가능하니까요. 수지 씨가 백화점 문을 나서는 순간을 다시 생각해 보시면요. 원하던 물건을 샀는데도 느껴지던

'무언가 빠진 듯한 결여감', 이게 뭘까요? 여기서 우리는 수지 씨가 백화점에 가기 전과 후의 분명한 차이에 주목할 필요가 있습니다. 백화점에 들어가기 전에 수지 씨가 가지고 있던 것이 화폐였다면, 백화점을 나온 뒤에 손에 든 것은 일종의 상품이기 때문이죠. 화폐가 있을 때와 달리, 구체적 상품을 가지게 된 여주인공이 결여감을 느낄 수밖에 없었던 이유는요? 그것은 화폐와 상품이 결코 동등한 것이 아니기 때문입니다. 다시 말해 화폐는 어떤 상품과도 교환할 수 있지만, 오히려 그 어떤 상품보다도 훨씬 더 가치가 있지요.

Track 07-2

우리는 수지 씨의 쇼핑을 통해 자본주의가 어떤 방식으로 전개되는지, 그리고 우리 여주인공은 어떤 자리에 있는지 알 수가 있습니다. 우리는 모두 자본주의라고 불리는 일종의 종교적 체계와도 같은 체제에서 살아가죠. 이곳에서는 화폐가 신의 노릇을 대행합니다. 게다가 화폐라는 신은 전통적인 신보다 훨씬 탁월하지요. 기존의 신들은 내세의 행복만을 약속하지만, 화폐는 바로 지금 현세의 행복을 약속합니다. 여기서 화폐가 신이다라는 말을 단순히 은유로만 이해해서는 결코 안 되고…, 이게 지금 우리 눈앞에서 발휘되는 위력이거든요. 돈을 가지고 있으면 우리는 귀족 부인처럼 당당하게 걸을 수가 있고요, 돈이 없으면 나도 모르게 초라해지죠. 초라한 어깨에 무거운 발걸음. 우리 수지 씨가 지하철 계단을 내려가면서 발걸음이 마냥 가벼울 수 없었던 이유도 바로 여기에 있습니다. 이제 수중에 돈이 별로 없기 때문에…, 다시 벌어야 되죠. 다시 노동의 세계로 들어가야 하고, 또 열심히 해보리라 다짐해야 합니다. 마법의 시간이 끝나고 불쌍한 그녀는 또다시 여신을 꿈꾸겠지요.

이렇게 자본주의는 각자의 노동을 통해서 살아가고 유지되는 체계입니다. 물론 노동의 대가로 임금이나 보너스가 제공돼요. 그러나 자본주의는 우리를 노동으로 계속 내몰기 위해 지속적으로 돈을 쓰도록 유혹하는 장치를 함께 고안했습니다. '끊임없이 돈을 쓴다.' '화폐를 소비하게 한다.' 그러려면 유혹의 장치는 그만큼 강렬해야죠. 자본주의의 진정한 목적은 또 다른 소비를 위해 다시 노동하게 하는 데에 있죠. 자본주의는 인간의 욕망을 길들이고 자극해서 끊임없이 상품을 소비하게 하고, 그 결과 노동으로 얻은 화폐가 소비되고, 또다시 노동을 하고…, 결국 소비와 노동이라는 다람쥐 쳇바퀴 같은 삶의 굴레를 벗어나지 못할 때, 자본주의는 계속해서 번영하고 발전할 수 있는 것입니다.

Track 07-3

자, 일단은 하나씩 하나씩 소비에 대해서 얘기를 해보면, 항상 이렇게 생각을 해봐야 되는 게 뭐가 있냐면, 첫째 직장 다니시죠? 매달 월급이 주어지죠. 왜 돈을 주느냐? 쓰라고 주죠. 돈을 줘서 물건을 사게 하는 겁니다. 어떤 사람이 삼성전자에 다녀요. 핸드폰을 만들어요. 어떤 사람은 삼양에 다니면서 설탕 같은 걸 만들어요. 그 돈 받아가지고 삼양에 다니는 사람은 핸드폰 사고, 삼성에 다니는 사람은 설탕 사죠. 결과적으로 팔려야 되죠. 여러분한테 월급을 안 주면 상품은 누가 삽니까? 우리는 내가 일해서 돈을 번다가 아니라, 나한테 왜 돈을 줄까를 고민해봐야 합니다. 물건 사라고 주는 겁니다.

여러분은 돈이 여러분한테 주어지고 다시 회수되는 과정 속에 살다가 한평생 보내는 거예요. 그러면 자본은 계속 그 이익이 축적되는 겁니다. 마르크스라는 사람이 예전에 '착취'라고 했던 게 그래서 그래요. 결과적으로 내가 돈 가지고 사는 게 뭐예요? 대자본이 만든 것들 아니에요? 우린 그 메커니즘에서 계속 움직이죠. 움직이다가 나이 들어가고 정리해고 돼요. 없어지고 죽죠. 죽으면 또 다른 아이들이 태어나서요, 스펙 쌓아가지고요, 돈 많이 벌어가지고 물건 사다가 쓰다가 죽어요. 그럼 자본은 계속 살아가는 거예요. 자본주의를 붕괴시키는 방법은 우리가 다 죽으면 돼요. 자본주의 붕괴시키는 방법 가르쳐 드릴까요? 우리가 물건 안 사면 되는 거 알죠? 불매운동만 하면 자본주의는 붕괴돼요. 돈을 줬는데 회수가 안 되면 이 체제가 유지가 안 되는 거죠. 돈은 다시 환수가 됩니다. 나는 돈 받고 일하고 한 달 동안 다 쓰고 가난해져요. 그런데 자본가는 아니죠.

여러분은 소비자이면서 노동자예요. 여러분은 소비자예요. 노동자가 소비자예요. 직장에서는 노동자죠. 소비를 강하게 할수록 내가 노동자라는 게 은폐돼요. 여러분들 돈 받죠. 여러분을 팔아서 돈을 받죠. 소비할 때는 노동자라는 걸 잊어버릴 수 있어요. 나한테 돈이 있으니까 당당하잖아요. 소비의 욕구요? 소비가 뭔데요? 자본주의잖아요. 간신히 주인의 느낌을 얻는 거예요. 주인의 느낌은 물건을 살 때 확 와요. 돈을 가지고 있을 때…. 메커니즘이 이해 되세요? 여러분이 억압을 받거나 스트레스를 느끼면 물건 사고 싶죠. 억압은 뭐예요? 내 뜻대로 안 되고, 누가 나 강제하고, 시험도 실패하고, 막 이럴 때 물건 사고 싶지 않아요? 마음대로 고를 수 있는 전지전능. 물론 돈은 한정되어 있어요. 자본주의에 자유가 딱 하나 있네요, 소비의 자유. 근데 그거는 약점이 하나 있죠. 돈이 있어야 되니까 결과적으로 돈의 노예인 걸 허용해야 소비의 자유가 가능해요. 여러분이 생각하는 자유는 돈 쓸 자유예요. 그러니까 돈이 떨어지면 자유는 갑자기 사라지는 느낌이 들죠. 그래서 목숨 걸고 돈 버는 거예요.

Track 07-4

① 구체적 상품을 가지게 된 여주인공이 결여감을 느낄 수밖에 없었던 이유는 무엇일까?

Track 07-5

① 우리는 모두 자본주의라고 불리는 일종의 종교 체계와도 같은 체제에서 살아간다.
② 자본주의는 인간의 욕망을 길들이고 자극해서 끊임없이 상품을 소비하게 하고, 그 결과 노동으로 얻은 화폐가 소비되는 것이다.

Track 07-6

① 그러면 자본은 계속 그 이익이 축적된다.
② 돈의 노예인 걸 허용해야 소비의 자유가 가능하다.

8과 한국어의 청자 반응 표현

Track 08-1

안녕하십니까? 한국어교육 전공 석사과정 정일입니다. 지금부터 논문 '한국어 {그러-}형 청자 반응 표현의 기능과 교육 연구 – 중국인 고급 학습자를 대상으로'에 대한 계획 발표를 시작하겠습니다.

이 논문은 중국인 고급 학습자를 대상으로 {그러-}형 청자 반응 표현 교육의 내용과 방법을 마련하는 것을 목표로 합니다. 즉 중국인 고급 학습자를 위한 청자 반응 표현의 필요성을 고찰하고, 의사소통 과정에서 {그러-}형 청자 반응 표현의 의미를 잘 인식하고 적절하게 사용할 수 있는 방법적 논의를 살펴보는 것이 본 연구의 목적입니다.

1970년대 이후로 외국어 교수 및 학습의 주요 목표는 문장 층위에서의 어휘와 문법 교육에서 벗어나 그 언어를 사용하여 상대방과 의사소통을 하는 능력, 즉 언어적 수행 능력을 기르는 데 있었습니다. 따라서 한국어 문법 교육도 기존의 문법 형식 및 문장 구조에 초점을 둔 언어 지식을 학습하는 활동에서 벗어나, 문장보다 더 큰 단위인 담화나 텍스트 관점에서의 문법 교육으로 변모하였습니다.

하지만 실제 교육 현장에서는 이를 제대로 구현하지 못하고 있고, 또한 교재에서도 문법의 담화 기능을 제시하지 않는 경우가 있습니다. 따라서 학습자는 배운 언어 지식의 사용 맥락을 모른 채 어휘와 문법의 의미를 문장 층위에만 초점을 두고 이해하게 되어, 실제 의사소통 할 때 지식을 상황과 결합시키기가 어렵습니다. 다시 말해서 어휘와 문법 지식을 가지고 있어도 그 지식을 사용하여 의사소통 상황에 맞게 언어를 구사하지 못하거나, 의사소통을 원활히 하지 못하는 경우가 많습니다. 그중 하나가 청자 반응 표현의 사용입니다. 본 연구에서는 해당 어휘와 문법의 맥락적 의미와 담화 기능을 교육할 수 있는 문법 교육의 한 모형을 제시하기 위해, 담화 차원에서만 다룰 수 있고 구체적인 맥락에서만 의미를 드러낼 수 있는 '청자 반응 표현'을 대상으로 그 의미 기능과 사용 양상을 고찰하고자 합니다.

'청자 반응 표현'은 의사소통 과정 중 화자의 발화에 대한 청자의 반응을 나타내는 발화로서, 화자와 청자가 상호 작용적으로 대화를 나누면서 협력적으로 대화를 이끌어 나가는 데 중요한 역할을 합니다. 의사소통 과정은 화자가 메시지를 일방적으로 전달하는 과정이 아니라, 화자와 청자가 대화를 나누면서 협력적으로 대화를 이끌어 나가는 과정이기 때문에, 의사소통 상황 속에서 화자의 이야기에 청자가 적절한 반응 표현을 하지 않으면 그 대화는 단절되거나 어색해집니다. 의사소통 과정에서는 화자의 의사소통 능력뿐만 아니라 청자의 역할도 대화를 전개·발전시키는 데 커다란 역할을 하기 때문에, 언어 연구나 언어 교육에 있어서 청자 반응 표현을 다룰 필요성이 크다고 하겠습니다.

Track 08-2

① 안녕하십니까? 한국어교육 전공 석사과정 정일입니다. 지금부터 논문 '한국어 {그려~}형 청자 반응 표현의 기능과 교육 연구 – 중국인 고급 학습자를 대상으로'에 대한 계획 발표를 시작하겠습니다.
② 본 연구에서는 해당 어휘와 문법의 맥락적 의미와 담화 기능을 교육할 수 있는 문법 교육의 한 모형을 제시하기 위해, 담화 차원에서만 다룰 수 있고 구체적인 맥락에서만 의미를 드러낼 수 있는 '청자 반응 표현'을 대상으로 그 의미 기능과 사용 양상을 고찰하고자 합니다.
③ '청자 반응 표현'은 의사소통 과정 중 화자의 발화에 대한 청자의 반응을 나타내는 발화로서, 화자와 청자가 상호 작용적으로 대화를 나누면서 협력적으로 대화를 이끌어 나가는 데 중요한 역할을 합니다. 의사소통 과정에서는 화자의 의사소통 능력뿐만 아니라 청자의 역할도 대화를 전개·발전시키는 데 커다란 역할을 하기 때문에 언어 연구나 언어 교육에 있어서 청자 반응 표현을 다룰 필요성이 크다고 하겠습니다.

Track 08-3

모든 언어적 청자 반응 표현의 의미 기능과 사용 양상을 다루기에는 한계가 있기 때문에 본 연구에서는 그 대상을 {그러-}형으로 제한하였습니다. {그러-}형 표현은 문어와 구어에서 모두 중요한 역할을 담당합니다. 문어에서는 선행문과 후행문을 연결하는 접속사로 사용되고, 구어에서는 발화를 연결시키고 화자의 의도를 드러내는 담화 표지로 쓰이며, 담화 과정에서 {그래}, {그래 그래}, {그렇지}와 같이 청자의 화자에 대한 반응 표현으로 쓰이기도 합니다.

화자와 청자의 대화 예를 몇 개 들어 보면, "선물 사 오라고! 또 빈손으로 왔지?" "그럼, 내일 밥이나 같이 먹자." "그래, 그거로 때우자."에서 '그래'는 '화자의 요청에 대한 수용'을 나타내는 기능을 하고 있습니다.

다음 대화 "사내자식이 푼돈에나 연연하다니, 찌질한 놈." "아, 그래요, 나 찌질해요, 찌질해."에서 '그래요'는 '청자의 어이없어 하는 태도'를 나타내고 있습니다.

그리고 "결혼은 조건이지, 사랑이 아니거든." "그래서, 조건 따져 결혼한 선배는 지금 행복해?"와 같은 대화에서 '그래서'는 '청자의 못마땅한 태도'를 표시하는 역할을 하고 있습니다.

예비 조사 결과, 한국어 학습자들이 한국어 모어 화자들이 빈번하게 사용하고 있는 {그러니까}, {그러게}와 같은 {그러-}형 반응 표현들을 이해하지 못하거나 부적절하게 사용하고 있음을 발견하였습니다. 이처럼 한국어 학습자들이 실제 의사소통을 할 때 청자 반응 표현을 인식하고 사용하는 데에 어려움을 겪고 있는 것은 청자 반응 표현에 대한 교육 내용의 부재, 교육 부족의 결과라고 할 수 있습니다.

본 연구에서는 '표준국어대사전'과 신현숙(1989)을 말뭉치 자료로 하여 {그래}, {그렇지}, {그러게}, {그러니까}, {그래서}, {그런데}, {그럼} 7개 표현을 연구 대상으로 선정하였습니다. 이 7개 {그러-}형 청자 반응 표현의 담화적 의미 기능을 분석하기 위해, 먼저 분석의 틀이 될 수 있는 이론들을 고찰하고, 그 틀에 따라 드라마 대본에 대해 담화 분석을 하여 연구 대상의 의미 기능을 분석하고자 합니다.

드라마 대본을 분석 자료로 선정한 이유는, 대본의 경우 청자 반응 표현이 나오는 대화 맥락과 대화자의 심리 상태가 비교적 잘 드러나므로 이를 분석 자료로 삼으면 연구자가 대화 맥락과 청자 반응 표현을 발화하는 청자의 의도를 주관적으로 이해할 때 생기는 오류를 피할 수 있기 때문입니다. 담화 분석을 위해 선정된 자료는, 한국에서뿐만 아니라 중국에서도 열풍을 불러일으킨 드라마 〈풀하우스〉, 〈커피프린스 1호점〉, 〈달자의 봄〉이며, 본 연구에서는 이들 대화 장면에서 나타나는 청자 반응 표현의 운용 방식을 분석할 것입니다.

이제 논문의 본문 내용 구성에 대해서 말씀드리겠습니다. 본문의 1장에서는 논문의 연구 목적과 연구 방법에 대해서 밝히고, 2장에서는 첫째로 청자 반응 표현의 개념, 청자 반응 표현의 유형 및 기능을 살펴보고, 둘째로 청자 반응 표현의 교육 필요성과 교재 수록 양상에 대해서 살펴볼 것입니다. 3장에서는 연구 대상 {그러-}형 청자 반응 표현을 선정하고 구체적인 맥락을 통해서 각 표현의 의미 기능에 대해 분석해 보고자 합니다. 4장에서는 한국어 모어 화자와 중국인 학습자가 {그러-}형 청자 반응 표현에 대해 인식하고 표현하는 양상을 조사하고 그 결과를 분석하며 이에 대한 논의를 하고자 합니다. 결론에서는 4장의 분석 결과를 바탕으로 {그러-}형 청자 반응 표현의 교육의 실제로서 교육의 목적과 내용, 교수 학습 활동을 제안할 것입니다.

이러한 작업이 지니는 의의는 크게 두 가지로 요약할 수 있습니다.

첫 번째는 이전의 연구에서 다루지 않았던 {그러-}형 청자 반응 표현의 교육 내용을 마련하고 교육 방안을 제안한다는 것입니다.

두 번째는 본 연구에서 제시한 교육 방안은 기본적인 의사소통 능력을 가진 중국인 한국어 학습자의 상호작용 의사소통 능력을 향상시키는 데에 실질적인 도움을 줄 수 있다는 것입니다.

발표는 여기까지입니다. 감사합니다.

Track 08-4

① A: 선물 사 오라고! 또 빈손으로 왔지?
   B: 그럼, 내일 밥이나 같이 먹자.
   A: 그래, 그거로 때우자.
② A: 사내자식이 푼돈에나 연연하다니, 찌질한 놈.
   B: 아, 그래요, 나 찌질해요, 찌질해.
③ A: 결혼은 조건이지, 사랑이 아니거든.
   B: 그래서, 조건 따져 결혼한 선배는 지금 행복해?

Track 08-5

사회자: 발표가 끝났습니다. 질문이 있으신 분은 손을 들어 표시해 주시기 바랍니다. 김철수 선생님 질문해 주시기 바랍니다.

질문자: 안녕하세요. 한국어교육 전공 석사과정 3학기 김철수입니다. 청자 반응 표현들 중 {그래}, {그런데}는 쉽게 이해가 가는데, {그러니까} 같은 것이 어떻게 청자 반응 표현으

로 사용되는지 쉽게 떠오르지 않습니다. 예가 있으면 좀 들어 주시면 좋겠습니다.

발표자: 네, 질문 감사드립니다. 드라마 〈커피프린스 1호점〉에서 주인공 은찬과 매니저의 대화 예인데요. 은찬이 찢어진 치마에 하이힐 차림으로 카페에 걸어들어와 매니저와 대화하는 장면입니다.

(은찬) "저, 저기 뭐부터 하면…."
(매니저, 한숨 쉬며) "너 그래서 일 하겠니?"
(은찬) "그니까요! 그럼 제가 주방에서 일하면 안 될까요?"

이 대화에서 매니저의 발화는 '찢어진 치마를 입고 있으면 일을 할 수 없다'는 비난의 뜻을 담고 있습니다. 이에 대한 은찬의 응답인 '그니까요'는 매니저의 생각에 동조를 표시하는 역할을 하고 있습니다. 즉 은찬은 홀에서 일하고 싶지 않았는데, 매니저의 발화를 듣고 혹시 홀에서 일하지 않아도 될지 모른다는 생각을 가지고 '그니까요'로 매니저의 생각에 강하게 동의를 표시한 것입니다.

사회자: 또 질문 있으신 분 있으십니까? 그럼 교수님들 말씀을 청해 듣도록 하겠습니다.

교수 A: 재미있는 현상이고 잘 모르는 부분인 건 분명한데 외국인 학습자한테 이런 것을 꼭 가르쳐야 하는가…, 좀 부수적인 부분이 아닌가?

발표자: 한국어 학습자들이 한국어 학습을 할 때 교과서와 한국어 사전을 이용하여 어휘를 학습하는 경우가 대부분인데요. 그런데 한국어 교재와 사전에 대한 고찰을 해보니, 현재의 한국어 교재나 학습 자료에서는 {그러-}형 표현의 의미 기능에 대한 기술이 부족한 것 같습니다. 언어를 습득하는 학습자들이 학습 자료에 의지하고 많은 언어 현상을 교재를 통해서 인식하는 것을 감안할 때, 일상 대화에서 중요한 역할을 하고 흔히 쓰이는 표현과 그의 기능에 대한 기술이 교재나 학습 자료에서 제시되는 것이 중요하다고 생각했습니다.

교수 B: 워낙 담화적인 표현이다 보니까 외국인으로서 그 의도 같은 것을 파악하기 힘들 수도 있는데, 객관적인 분석이 가능한가?

발표자: 네, 객관적인 분석을 하기 위해 먼저 분석의 틀이 될 수 있는 이론들을 고찰할 것입니다. 그리고 그 틀에 따라 드라마 대본에 대해 담화 분석을 하여 연구 대상의 의미 기능을 분석하려고 합니다.

교수 B: 연구자가 대화 맥락과 청자 반응 표현을 발화하는 청자의 의도를 주관적으로 이해하는 오류도 있을 수 있으니…, 그런 주관성은 조심하고 잘 분석해서 깊이 있게 한번 연구해 보세요.

발표자: 네, 감사합니다.

 Track 08-6

① 어휘와 문법 지식을 가지고 있어도 의사소통을 원활히 하지 못하는 경우가 많다.
② 이 표현은 화자와 청자가 상호 작용적으로 대화를 나누면서 협력적으로 대화를 이끌어 나가는 데 중요한 역할을 한다.

 Track 08-7

① 이 표현의 모든 의미 기능과 사용 양상을 다루기에는 한계가 있다.
② 본 연구에서는 이들 대화 장면에서 나타나는 청자 반응 표현의 운용 방식을 분석할 것이다.

 Track 08-8

① 언어를 습득하는 학습자들은 학습 자료에 의지하고 많은 언어 현상을 교재를 통해서 인식한다.

9과 원작과 각색

 Track 09-1

사회자: 다음은 상명대학교 김외곤 선생님의 '판소리의 영화화 과정에 나타난 문제점-임권택의 〈춘향뎐〉을 중심으로'를 발표해 주시겠습니다. 흥미로운 주제라 저도 기대가 큰데요. 발표는 서울대학교의 안호진 선생님께서 맡아주셨습니다.

발표자: 안녕하세요, 서울대학교의 안호진입니다. 오늘은

임권택 감독의 〈춘향뎐〉에서 판소리의 영화화 과정에 대해 발표하도록 하겠습니다. 아시다시피 임권택 감독은 한국 영화의 대표 감독이지요. 1993년에 〈서편제〉로 한국 영화사상 최초로 백만 관객을 돌파하는 쾌거를 이뤘는데요. 아시다시피 〈서편제〉는 이청준 원작으로 판소리 소리꾼의 인생을 다룬 영화죠. 이렇게 판소리를 영화로 옮겨 대성공을 거뒀는데, 그 연장선상으로 〈춘향뎐〉 역시 판소리를 다루고 있습니다. 그런데 이 〈춘향뎐〉은 판소리에 대한 이야기가 아니라, 판소리 공연 자체를 영화화했다는 점에서 차이가 있다고 할 수 있습니다. 이 영화는 전체적으로 전문 판소리꾼인 조상현 명창이 부르는 소리가 무려 55분이나 포함되어 있을 정도로 실제 판소리 공연을 그대로 보여주려고 하고 있죠. 실제 공연 장면도 삽입되어 있고요.

이렇게 판소리 자체를 영화화한 것은 전 세계적으로 유례를 찾아보기 힘든 독특한 사례입니다. 사실 '춘향전'은 아시다시피 여러 차례에 걸쳐 영화화된 바가 있죠. 지금까지 모두 19번이나 영화로 각색이 됐는데요, 그중에서도 이 〈춘향뎐〉은 판소리 자체를 보여주려는 시도를 함으로써 기존 영화와 차별화된다고 할 수 있습니다.

그렇다면 판소리를 영화로 각색함으로써 어떤 특징을 보이고 있는지 살펴볼 텐데요. 그전에 영화와 판소리 각각의 장르적 특성을 살펴보겠습니다. 먼저 영화란 어떤 것입니까? 영화는 기본적으로 시각을 통해 관객들에게 수용됩니다. 즉 시각적 감수성으로 전달되는 예술 장르지요. 또 영화는 일회적이며 한 방향으로만 이루어진다는 특징이 있습니다. 그래서 사건과 사건은 서로 연쇄를 이루어 순차적으로 절정을 향해 달려가지요. 따라서 복잡한 심리 묘사보다는 사건의 전개를 나타내는 서사가 중심이 됩니다. 주인공의 복잡한 내면세계도 몇 개의 사건을 통해 드러내어야 합니다. 이런 측면에서 소설과 비교하면 영화가 상상력의 깊이가 부족하다고들 말하는 것이죠. 물론 과거를 회상하는 '플래시백' 기법을 사용하여 시간의 역전을 표현할 수 있지만, 이를 너무 자주 사용하면 관객들은 내용 이해에 어려움을 겪게 됩니다.

반면 판소리는 어떻습니까? 판소리는 음악이면서 문학이고, 또 연극적인 특성을 가지고 있습니다. 먼저 복잡하고 긴 이야기로 이루어진 사설로 구성되어 있다는 점에서 문학이고, 주인공의 심정이 노래를 통해서 전달된다는 점에서 음악입니다. 몸짓을 통해 전달되고 대사를 통해 인물의 생각을 드러낸다는 점에서 연극과 같은 성격을 갖습니다. 음악이면서 문학이지만, 이 두 요소가 공연을 통해서 하나로 결합됐다고 할 수 있습니다.

Track 09-2

그렇다면 이러한 판소리 '춘향전'을 충실하게 각색한 임권택 감독의 〈춘향뎐〉은 어떤 모습일까요?

먼저 이 영화에서는 판소리가 직접 삽입되어 인물의 희로애락을 표현하고 있습니다. 그래서 일반적인 영화와는 달리 클로즈업 기법이 적게 사용되죠. 판소리로 인물의 희로애락이 표현되므로 굳이 영상을 통해 인물의 감정을 분명하게 드러내지 않아도 되는 겁니다. 원래 판소리 전체 중 40%를 담고 있어, 결국 영화 러닝 타임 2시간 12분 중 조상현 명창의 판소리는 무려 55분이나 됩니다. 이렇게 판소리로 인물의 내면을 묘사할 때, 영상은 그에 맞춘 적절한 화면을 보여주는 것으로 처리하고 있습니다.

이때 그 판소리의 내용을 어떻게 시각화하느냐가 중요한데요. 영화에서는 분명한 내용을 담은 가사가 주요 전달 수단이기 때문에 그 가사의 내용도 영상으로 구성하려고 했습니다. 음악의 리듬, 템포를 영상의 빠르기로 반영하는 겁니다. 그래서 그네를 타고 있는 춘향을 부르러 건너가는 장면, 포졸들이 사또의 명령대로 의기양양하게 춘향의 집으로 그녀를 잡으러 가는 장면은 창에 담긴 내용 그대로 영상으로 옮겼습니다.

결과적으로 이 영화는 뮤직비디오 같기도 하고 뮤지컬과도 같은 성격을 갖는다는 평을 듣습니다. 음악을 바탕으로 구성된 영상으로 음악이 작품의 중심적 역할을 담당하는 점이 뮤직비디오와 비슷하지요. 또 갑자기 독립적인 위치로서 노래와 춤이 나타나는 부분은 뮤지컬과 같은 느낌을 주기도 하지요. 그래서 '사랑가'나 '옥중가' 등은 뮤지컬 노래들과 비슷한 위치를 차지합니다.

이렇게 충실하게 각색을 하였지만 한계도 나타나는데요. 먼저, 역시 영화로서는 판소리 문학을 모두 반영하지는 못했다고 볼 수 있는 측면이 있습니다. 아무래도 문학의 표현 매체인 문자를 따라가지 못하는 것이지요. 또 판소리의 특성인 해학성도 드러나지 않습니다. 아무래도 영화화를 통해서 상상력이 제한되고 해학성이 축소된 부분이 있습니다.

한편 지나치게 판소리 문학을 반영하려다 보니, 영화적 측면에서는 부자연스러워지기도 했습니다. 판소리에 치중하다 보니, 실제로 영화에 나타나야 할 발자국 소리나 꾀꼬리 소리 등의 현장음은 상대적으로 미약해지는 등, 다소 작위적으로 보이는 부분이 나타나는 것이죠. 특히 둘이 껴안고 있는 자세를 좋을 '호'자와 비슷하게 하고 한자로 그래픽으로 처리한 장면이 있는데, 이 역시 영상 매체로서 매우 부자연스러운 장면이라고 할 수 있습니다.

 Track 09-3

판소리를 영화화했을 때 나타나는 특징과 한계점에 대해 말씀드렸는데요, 마지막으로 이러한 작업이 가지는 의의에 대해 말씀드리고 발표를 마치겠습니다.

임권택 감독의 〈춘향뎐〉은 영화사상 유례를 찾아보기 힘들 정도로 판소리를 영화로 충실하게 옮긴 희귀한 사례라고 할 수 있습니다. 이 영화의 가치는 무엇보다 판소리 본연의 가치를 살려 충실한 각색을 하였다는 점에 있습니다. 이러한 충실한 각색은 결국 판소리 내용을 보여줄 뿐만 아니라, 판소리가 무엇인지 알려주고자 하는 의도에서 비롯된 것입니다. 영화에서 객석의 관객이 호응하는 장면을 삽입한 것도 판소리 특유의 흥이라는 것을 보여 주려고 한 것이지요. 이런 점에서 이 영화는 판소리의 공연과 수용 방식을 교육하는 데 좋은 자료가 될 수 있는 것입니다.

또 이 영화는 한국적 미가 무엇인지 느끼게 해주는 작품이라고 할 수 있습니다. 계절에 따라 변하는 우리나라의 자연을 갖가지 색으로 화면에 담아내었고, 수많은 의상을 통해 한복의 멋스러움을 잘 표현했습니다. 한국적 미가 무엇인지를 느끼게 해주는 작품입니다.

물론 판소리 자체가 음악, 문학, 연극적 요소를 다 지니고 있기에 각각을 각색할 때 생길 수 있는 여러 문제점도 보여 주고 있는데, 이는 기본적으로 각색이 장르 간의 교섭이라는 성격을 갖기 때문에 어쩔 수 없는 측면이라고 할 수 있겠습니다.

앞으로 고전을 각색하는 방향은 다양하게 나타나야 할 것입니다. 〈춘향뎐〉과 같이 원작에 충실한 각색 외에도 고전을 재해석한 각색, 고전의 흔적을 찾아보기 힘들 정도로 새롭게 창조된 각색이 활발하게 진행될 필요가 있습니다. 추후 다양한 각색으로 관객의 상상력을 더욱 자극할 수 있는 새로운 영화가 나오기를 기대합니다.

 Track 09-4

① 이렇게 판소리를 영화로 옮겨 대성공을 거뒀다.
② 전 세계적으로 유례를 찾아보기 힘든 독특한 사례이다.

Track 09-5

① 판소리로 인물의 희로애락이 표현되므로 굳이 영상을 통해 인물의 감정을 분명하게 드러내지 않아도 된다.

Track 09-6

① 영화에서 객석의 관객이 호응하는 장면을 삽입한 것도 판소리 특유의 흥이라는 것을 보여 주려고 한 것이다.
② 고전의 흔적을 찾아보기 힘들 정도로 새롭게 창조된 각색이 활발하게 진행될 필요가 있다.

10과 에너지 소비와 환경

 Track 10-1

교수: 네, 여러분이 관심이 많은 평가에 대해서 말씀드리겠습니다. 평가 중에 조별 발표 비중은 40%구요, 과제 40%, 수업 참여 20%입니다. 공동 발표는 여러분이 두세 명씩 조를 짜서 공동 연구를 해서 발표를 하고, 기말에 보고서를 제출하는 건데요. 주제는 여러분이 아무거나 각자 자유롭게 정하시면 됩니다. 결과물은 학기 중에 일정에 따라 발표를 할 건데요, 발표 일정은 조가 짜여지는 대로 커뮤니티에 공지하겠습니다. 그리고 발표 외에, 서술형으로 보고서를 논문 작성 형식에 맞춰 따로 작성해서 이번 학기 끝나기 전에 커뮤니티에 올리면 됩니다. 아시겠죠? 질문 있으신가요?

학생 A: 주제는 아무거나 해도 되나요?

교수: 수업 주제를 고려하셔서 아무거나 하세요. (웃음) 혹시 이거 해도 되는지 모르겠다 하시면 따로 물어 보시면 됩니다. 아, 그리고 거기 쓰여 있는 대로, 특히 '지속가능한 친환경 서울대' 이런 주제에 대해서 우리가 볼 거기 때문에, 그 취지에 따라서 학내 환경 문제에 대해서 연구해도 됩니다. 학교 에너지 문제, 쓰레기 문제…, 뭐 우리 주변에서 환경 문제를 생각해 보는 것도 재미있고 실제적인 주제가 될 겁니다. 또 질문 있나요?

학생 B: 발표 평가 기준은 어떻게 됩니까?

교수: 네, 이에 대해 말하려고 했는데요. 조별 발표, 요즘 보니까 한 사람만 하던데, 그러면 절대 안 됩니다. 딱 보면 알아요. 여러 명이 힘을 합쳐서 의견을 조율해 가면서 공동으로 해야 되고요. 그런 것도 보고, 일단 발표 평가할 때 네 가지 기준이 있습니다. 창의성, 논리성, 발표력, 디자인인데요. 제가 발표에 대해 엄격하게 평가를 합니다. 학기 말에 워낙 클레임이 많아서요.

자, 먼저 창의성의 초점은 아이디어 면에서 학부 학생

들이 뽑아낼 수 있는 창조성, 남과 다른 특징을 가지고 있는지, 그런 것을 살핍니다. 남의 것을 흉내 내는 것이 아니라, 여러분이기 때문에 뽑아낼 수 있는 주제인지를 살핍니다. 그다음 논리성은 주제와 주제를 설명하는 전개 방식이 얼마나 일관성 있는지, 처음에서부터 끝까지 얼마나 일관성이 있는지를 보구요. 세 번째 발표 능력은 말 그대로 프레젠테이션 내용과 발표가 얼마나 설득력 있게 여러분의 관심을 집중시켜 가면서 진행됐는지를 봅니다. 네 번째 시각 자료는 프레젠테이션에서 사용한 파워포인트의 디자인이 얼마나 잘 되었는지, 또 효과적인지, 그런 걸 살핍니다. 아, 요즘 프레지도 많이 쓰시지요? 그런 시각 자료나 그런 것 모두를 살피는 겁니다.

서울대학교 내 신재생 에너지 발전소 건립 발표

여러분 최근 뉴스 들어보셨습니까? 서울대학교가 국내 많은 유수 대학들을 제치고 10년 연속 1위를 했다는 소식인데요. 여러분들 별로 놀라지 않으시는 것 같은데, 이것은 사실 놀라운 뉴스거든요. 아 저희가 중요한 부분을 빼 먹었네요, 에너지 소비에서 10년 연속 1위라는 말씀입니다. 여기서 보시다시피 서울대학교는 기타 대학과 비교했을 때 독보적으로 이산화탄소 배출량이 많고요. 이는 서울대학교 학생은 매년 감소하고 있는데 에너지 사용량이 매년 9% 정도 증가하고 있다는 측면에서 심각한 문제라고 할 수 있습니다. 2000년과 2007년을 비교해 보면 약 두 배에 가까운 수치죠.

그래서 오늘 저희는 서울대학교 캠퍼스 내 신재생 에너지 발전소 건립에 대해서 말씀드리겠습니다. 그럼 먼저 어떻게 저희가 이런 프로젝트를 제안하게 되었는지부터 말씀드리도록 하겠습니다.

우선 짧은 퀴즈로 시작해 보겠습니다. 우리나라 190개 에너지 다소비 기관 중에 23개가 이것입니다. 무엇일까요? 네, 여러분들 눈치 채신 것 같은데 바로 대학교입니다. 그리고 서울대학교는 이러한 대학 중 1위일 뿐만 아니라, 전체 기관 중에서도 4위를 차지하고 있습니다. 매우 심각한 문제가 아닐 수 없지요. 저희는 그래서 이를 보면서 '우리는 엄청난 성공 사례가 하나 필요한 시점이다'라는 생각을 했습니다. 그래서 우리 서울대학교의 문제를 해결한다면 에너지 다소비 기관인 대학의 문제를 해결할 수 있고, 나아가서 대한민국의 에너지 문제를 해결할 수 있을 것이라는 생각 때문에 이러한 프로젝트를 제안하게 되었습니다. 그래서 저희는 서울대학에서 지금 건립 중인 제3 플랜트를 신재생 에너지 플랜트로 건립하자고 제안하는 바입니다. 그러면 어떤 에너지원으로 해야 할까요?

에너지원에는 크게 열한 가지가 존재하고 있는데요. 이 중에서 저희는 세 가지 기준을 고려하고자 합니다. 그 기준은 과연 이것이 가능한가, 경제적인가, 적합한가인데요. 첫 번째 기준에 대해서는 쉽게 이해가 되실 것 같아요. 대학 내에 해양 발전소를 건립할 수는 없겠죠.

그렇다면 경제성에 대해서는 어떤 것이 있느냐면, 감가상각, 할인율, 신재생 에너지 대체율이 9%라는 점, 이런 점을 고려해서 비교를 했습니다. 그래서 저희는 지금 대학교에서 현재 시행하고 있는 방식과 저희가 제안하는 방식을 비교해서 저희의 방식이 더 경제적이라는 것을 말씀드리고 싶은 거지요. 현재 서울대학교는 한국전력에서 100% 에너지를 구입해서 사용하고 있습니다. 그렇기 때문에 투자비는 0인 반면, 연간 비용이 발생하게 되고요. 저희가 지금 제안을 드린 방식은 건설비를 필요로 하고, 또 여기에 발전 비용이 매년 발생하게 됩니다. 한국전력에서 전기를 전량 구입한다고 가정하면, 2007년에서 2037년까지의 기간을 봤을 때, 연간 누적 평가를 하면 연간 612억 원의 비용이 듭니다. 만약 저희가 제안한 방식이 이보다 적다면 경제성 면에서 우수하다고 할 수 있겠지요. 이렇게 경제적인가 그리고 이것이 실제 가능한가를 고려했을 때, 최종적으로 바이오매스와 폐기물 발전, 이 두 가지만이 가능한 군으로 나타나게 됩니다.

그리고 세 번째, 마지막 기준이었죠. 적합성을 고려해 봤을 때는 폐기물 발전이 최종적으로 선정이 되는데, 우선 저희가 고려한 것은 원료 조달이 가능한지, 지속 가능성이 있는지입니다. 조달 측면에서는 캠퍼스 내에 이미 쓰레기가 많이 있다는 것을 제가 확인했구요, 쓰레기까지 많이 줄일 수 있다는 점에서 지속가능성도 매우 높다고 볼 수 있습니다.

그렇다면 이제 어떻게 폐기물 발전을 해야 할지 말씀을 드리기 전에, 여러분, 저희가 잠깐 보여드릴 게 있는데요. 폐기물 발전에 대해 이야기를 하면 걱정되는 것들이 많이 있지요. 이런 취지의 강연을 하면 피켓을 들고 와서 항의를 많이들 하셨다고 하는데요. 오늘 발표를 들으시는 여러분의 표정에도 뭔가 불편한 게 보이고 오해가 있으신 것 같아요. 그래서 먼저 오해를 해결하고 가는 것이 좋을 거라고 생각해서 저희가 이 피켓을 가지고 나왔습니다.

우선 첫 번째로, 왜 우리만 이런 걸 해야 하나, 왜 이렇게 이상한 방식을 도입해야 하나, 이런 거였는데요. 그렇지 않습니다. 이미 폐기물 발전은 신재생 에너지 비중 중에서 70%를 차지하고, 약 480기의 발전소가 운용 중일 만큼 가장 많이 운용되고 있는 방식입니다.

그리고 두 번째로는 악취가 난다, 너무 더럽다, 이런 의견이 많았는데요. 실제로 에어 커튼을 설치하거나 건물을 밀폐하는 등 기술 발전을 통해서 악취 문제는 이미 해결되었습니다.

마지막으로, 다이옥신이 발생해서 우리 건강에 매우 안 좋을 것 같다, 이런 우려가 있었는데요. 실제로 기술 극대화를 통해서 오염물질 배출이 영에 가깝다는 연구 결과를 이미 가지고 있습니다.

그렇지만 이런 것들이 약간 멀게 느끼실 수 있을 것 같아서 실제 사례로 한번 증명해 보이도록 하겠습니다. 이것은 구리시의 자원 회수 시설 사진인데요. 여기도 처음에는 설립을 한다고 했을 때, 주민들이 반대를 많이 했습니다. 그렇지만 실제 이것이 설립된 이후에 아무런 해가 없다는 것을 주민들이 몸소 경험하였고, 또 그 안에 축구장, 실내 수영장, 사우나 같은 주민편의 시설을 도입함으로써 주민들로부터 사랑을 받게 되었습니다. 그래서 오늘날에는 친주민 시설, 친환경 시설로 이 지역의 대표적인 관광 명소로 자리매김 했다고 합니다.

또 재미있는 사례를 더불어 추가해 드리자면, 저 타워 위가 보이시죠. 저기에는 고급 레스토랑이 있고요, 그 앞에 축구장이 있습니다. 아무도 악취가 나는 곳에서 축구를 하거나 식사를 하고 싶지 않겠지요. 즉 아무런 문제가 없다는 것을 반증하는 사례라고 할 수 있겠습니다. "지저분할 줄 알았는데 너무 좋아요."라는 평들이 많이 있습니다.

그렇다면 구체적으로 발전소 건립을 어떻게 해야 할지 지금부터 말씀 드리도록 할게요.

우리는 서울대학교에서 여섯 개의 표본을 선정해서 어느 정도 폐기물이 발생하는지 먼저 살펴보았는데요. 대부분 가연 재료로서 연료화에 매우 적합한 것으로 판명이 됐습니다. 그리고 테니스장, 공대 주차장, 야구장 같은 다양한 부지가 있는데요. 이들 부지를 접근이 용이한지, 비용은 적절한지, 거부감을 최소화할 수 있는지, 이러한 채택 기준을 통해서 평가한 결과, 최종적으로 테니스장이 가장 적합한 부지로 선정되었습니다.

이렇게 건립을 하는 중에 저희는 세 가지 활동을 같이 병행하면 좋을 것이라고 제안합니다. 우선 오해를 하는 분들이 많을 것이기 때문에, 첫 번째로 학내 언론을 이용해서 오해를 최소화하고요. 두 번째로는 발전소 내 편의시설을 확충해서 우리 구성원들로부터 사랑받는 그런 시설이 되도록 할 것입니다. 또 마지막으로, 사실 이 발전이 많은 오해를 낳는 것은, 이름이 약간 혐오감을 불러일으키기 때문인 것 같아요. 그래서 친근한 이름으로 바꾼다면 훨씬 더 좋을 것 같습니다. 이것은 저희가 생각해 본 것인데, 학생들을 대상으로 공모전 같은 것을 한다면 훨씬 더 좋고 친근한 아이디어 많이 나올 수 있을 것 같습니다.

 Track 10-4

그러면 이렇게 건설하면 어떠한 기대 효과가 있을지에 대해서 지금 설명드리도록 할게요.

먼저 가장 큰 효과는 경제적 효과겠지요. 이러한 방법으로 발전을 하게 되면 설비비는 약 55억이 들고, 발전비는 약 152억이 들게 됩니다. 기존 방식과 비교해 볼 때 약 406억 원의 차익이 발생하는 것이구요. 쓰레기를 원료로 이용하는 것이기 때문에 122억의 쓰레기 처리 비용이 추가로 절감됩니다.

경제적 측면의 효과뿐만 아니라 환경적·사회적 측면의 효과도 살펴볼 수 있는데요. 우선 환경적 측면에서 이산화탄소를 줄일 뿐만 아니라, 서울대학교가 에코 캠퍼스로 탄생할 수 있고, 또 환경 교육의 장소가 될 수 있습니다.

또한 사회적 측면에서 봤을 때도, 서울대학교가 국립 대학교이지 않습니까? 국립 대학교가 먼저 하게 되면 선도 효과가 있을 것이고, 반님비를 실천하는 사례가 될 수 있을 것이라고 생각합니다.

그리고 이렇게 발생할 효과뿐만 아니라 우리 구성원들에게도 뭔가 복지 효과가 있어야겠지요. 그래서 다양한 혜택들을 알아 보았는데요. 우선 폐열이 나오게 되면 이것으로 무상으로 난방을 공급할 수 있게 됩니다. 그래서 샤워실이나 찜질방이나 화장실 온수 같은 것을 우리 학생들에게 무상으로 제공해 줄 수 있는 거지요. 그리고 남은 528억을 가지고는 다양한 활동을 지원할 수 있을 겁니다. 환경 장학금을 줄 수도 있고, 해외 봉사활동을 지원할 수도 있을 것입니다. 우리 구성원들이 정말 뭘 원하는지 설문조사를 하면 좀 더 좋은 방안이 나올 수 있을 거라고 생각합니다.

지금까지 저희가 진행했던 프로젝트에 대해서 설명을 드렸는데요. 요새 유가가 오른다, 에너지가 부족하다 등, 정말 많은 고민들이 뉴스에 나오고 있지요. 에너지 걱정이 그칠 날이 없는 것 같습니다. 그래서 이러한 서울대학교 에너지 프로젝트가 서울대학교의 문제를 해결하고, 나아가서 우리 대학의 문제를 해결하고, 또 다가오는 시대에 대한민국이 에너지 걱정이 없는 나라가 되는 데 도움이 됐으면 하는 소망으로 이 발표를 준비했습니다. 여러분, 좀 어려울 수도 있었는데 잘 들어 주셔서 감사합니다.

교수: 네, 깔끔하게 발표를 잘 해줬는데요. 그럼 여러분, 질문 있나요? … 아 저기 저 학생 질문해 주세요.

학생: 발표 재미있게 잘 들었습니다. 폐기물을 활용해서 이제 전력을 생산한다, 이런 제안을 정말 실효성 있게 제시해 주셨는데요. 사실 제 발표 주제가 폐기물 처리 방안이거든요. (다들 웃음) 다음 주 발표라서 저희도 지금 열심히 준비

하고 있는데요. (다들 웃음) 조사해 보니까 학내 폐기물이 상당 부분 건축물 폐기물이더라고요. (다들 아아~~) 건축물 폐기물은 대부분 콘크리트, 철근, 그런 거잖아요. 이런 걸로도 폐기물 발전이 가능한 건지 궁금합니다.

발표자: 아, 좋은 질문 감사합니다. 사실 저희가 발표 시간이 부족해서 간략하게 넘어간 부분인데, 아까 저희가 학교에서 여섯 개의 표본을 선정해서 어느 정도의 폐기물이 발생하는지 살펴보았다고 말씀드렸는데요. 대부분 가연 재료라서 연료화가 가능한 걸로 나타났습니다. 저희가 조사한 것은 일반적으로 학내 학생들이 접근가능한 쓰레기통이었는데요. 그러니까 당연히 말씀하신 건축물 쓰레기는 여기에 포함되지 않았습니다. 그렇지만 어쨌든 연료화 가능한 가연 쓰레기가 충분하다는 결론을 내린 거고요. 즉 건축물 쓰레기는 이 폐기물 발전소에서 활용하고자 하는 폐기물의 대상이 아닙니다. 건축물 쓰레기 처리 문제는 다음 주 발표에서 잘 해결해 주시면 되겠습니다.

교수: 네, 좋습니다. 시간 관계상 여기까지 하겠습니다. 수고하셨습니다.

Track 10-5

① 오늘 저는 서울대학교 캠퍼스 내 신재생 에너지 발전소 건립에 대해서 말씀드리겠습니다.
② 우선 짧은 퀴즈로 시작해 보겠습니다.
③ 서울대학교는 한국전력에서 100% 에너지를 구입해서 사용하고 있습니다.
④ 적합성을 고려해 봤을 때는 폐기물 발전이 최종적으로 선정이 됩니다.

11과 전통의 보존과 개발

Track 11-1

사회자: 오늘은 '한옥 마을 지정, 어떻게 볼 것인가'라는 주제로 토론을 하겠습니다. 토론 규칙과 예절을 지켜 끝까지 이성적이고 예의 바르게 토론해 주십시오. 먼저 찬성 측 첫 번째 토론자인 홍은지 씨의 입론부터 시작하겠습니다.

홍은지(찬성 측 토론자): 최근 전주시 등에서는 한옥이 밀집한 지역을 한옥마을 보존 지구로 정하여 정책적으로 한옥마을을 보존하고자 노력하고 있습니다. 이에 대해 저는 전통 주거양식 중 하나인 한옥은 반드시 보존되어야 하기에 한옥마을 지정은 타당하다고 생각합니다. 지금까지 급격한 도시화·현대화 과정에서 많은 한옥들이 사라졌습니다. 사람들은 더 이상 한옥을 짓지 않으며, 한옥이라고 하면 시대에 뒤떨어진 낡은 것이라고 생각하기도 합니다. 하지만 한옥은 과학성을 갖춘 우리의 소중한 문화유산 중 하나입니다. 이제라도 관심을 갖고 보존 대책을 강구하지 않으면 우리의 소중한 전통 유산인 한옥은 생활의 편리와 개발이라는 명목 하에 우리 주변에서 점점 사라지고 말 것입니다. 특히 한옥이 밀집한 지역을 한옥마을로 지정하여 보존할 필요가 있습니다. 있는 그대로의 한옥을 보존하는 것은 전통을 계승한다는 점에서 매우 의미 있는 일이기 때문입니다.

김승우(반대 측 토론자): 저는 한옥마을을 지정하자는 주장에 반대합니다. 굳이 한옥마을을 지정하지 않더라도 우리 것에 대한 사람들의 관심은 사라지지 않을 것이므로 한옥의 전통은 계속 이어질 것이라고 생각합니다. 하지만 한옥마을을 지정하게 되면 그곳에 거주하고 있는 사람들의 재산권과 자유권을 침해할 수 있습니다. 한옥마을 보존 지구에 사는 사람들은 한옥에 살기 싫어도 한옥에 살아야 하며, 한옥을 허물고 새 건물을 짓고 싶어도 그렇게 할 수 없을 것입니다. 개인의 자유권과 재산권은 헌법이 보장하는 권리입니다. 또한 누구나 평등하게 누려야 할 권리이기도 합니다. 한옥마을에 살지 않는 외부인들을 위해 도시 경관을 보존하고, 한옥의 전통을 계승한다는 명분으로 개인의 주거권과 재산권을 침해한다면 그 피해는 누가 보상해 줄 수 있다는 말입니까?

박진규(찬성 측 토론자): 공공의 이익을 위해서 개인의 자유와 권리는 일부 제한될 수 있는 것이 아닐까요? 개인의 이익만을 생각하여 공공의 이익을 고려하지 않는다면 결국 개인의 이익도 지켜지지 않을 것입니다. 지금은 세계화 시대이고 외국인 관광객도 많이 유치할 필요가 있습니다. 외국인 관광객들은 우리 문화의 고유성을 발견하고 싶어 합니다. 그러므로 한옥과 같은 관광 자원을 잘 보존하여 국제 경쟁력을 갖출 필요가 있습니다. 우리가 우리 것을 소중히 보존하지 않는다면 누가 볼거리를 찾아 우리나라에 오겠습니까? 우리 문화인 한옥을 보존하는 일은 바로 세계화 시대에 국제 경쟁력을 갖추는 일이기도 합니다.

Track 11-2

　공공의 이익을 위해서 개인의 자유와 권리는 일부 제한될 수 있는 것이 아닐까요? 개인의 이익만을 생각하여 공공의 이익을 고려하지 않는다면 결국 개인의 이익도 지켜지지 않을 것입니다. 지금은 세계화 시대이고 외국인 관광객도 많이 유치할 필요가 있습니다. 외국인 관광객들은 우리 문화의 고유성을 발견하고 싶어 합니다. 그러므로 한옥과 같은 관광 자원을 잘 보존하여 국제 경쟁력을 갖출 필요가 있습니다. 우리가 우리 것을 소중히 보존하지 않는다면 누가 볼거리를 찾아 우리나라에 오겠습니까? 우리 문화인 한옥을 보존하는 일은 바로 세계화 시대에 국제 경쟁력을 갖추는 일이기도 합니다.

Track 11-3

김윤지(반대 측 토론자): 외국인에게 우리의 전통문화를 보여주는 것만이 중요한 일일까요? 과거보다는 현재 우리의 삶이 더 중요합니다. 외국인에게 보여주어야 한다는 이유로 우리의 현재 생활을 희생할 수는 없습니다. 경제적인 이유 혹은 막연한 전통 보존이라는 명분만으로 우리의 현재 생활을 희생한다면 진정한 의미의 전통 창조와 계승은 어려운 일이 될 것입니다. 현재 우리의 삶을 풍요롭게 하지 못하는 전통의 보존이란 죽은 과거에 집착하는 것에 불과할 것입니다. 한옥마을을 지정하기보다는, 한옥을 우리의 현대 생활에 맞게 변형시켜 자연스럽게 한옥의 전통을 이어가는 것이 바람직하다고 생각합니다.

김승우(반대 측 토론자): 전통이란 고정불변의 것이라기보다는 현재를 살아가는 우리들이 찾아내고 만들어야 하는 것입니다. 한옥도 마찬가지입니다. 지금의 삶에 도움이 될 한옥의 모습을 제시하는 것이 전통 계승이라고 생각합니다. 옛날 그대로의 것만을 전통이라고 한다면 전통의 현대적 계승은 불가능한 일일 것입니다. 또한 새로운 것을 만들어 내어 후대에게 전통으로 물려줄 수도 없을 것입니다. 실제로 문화재로 지정된 한옥도, 외형적으로는 한옥의 모습이 잘 보존되어 있지만 그 내부를 보면 입식 부엌과 수세식 화장실이 설치되어 있는 등 현대 생활에 맞게 개량된 경우가 많습니다. 그 이유는 무엇일까요? 전통 한옥 그대로의 구조는 현대 생활에 맞지 않기 때문입니다. 그러므로 전통적 한옥의 장점을 살리되, 현대 생활에 불편함이 없게 변용하는 것이 진정한 전통의 계승이라고 생각합니다. 외국인들도 한옥이 창조적으로 개량된 모습에서 우리 문화의 전통을 발견할 수 있을 것입니다.

홍은지(찬성 측 토론자): 전통이란 현대적 의미가 있어야 하고 시대에 따라 바뀔 수 있다는 말은 옳습니다. 그렇지만 현재 우리가 한옥을 현대 생활에 맞게 잘 변용하여 그 전통과 가치를 제대로 살리고 있는지 살펴봅시다. 우리의 실제 생활 속에서 한옥의 모습은 찾아보기 힘들며, 우리의 주거 문화는 대부분 서구식으로 바뀐 지 오래입니다. 일반적으로 사람들은 아파트를 선호하지 한옥에서 살기를 원하지 않습니다. 한옥이라고 하면 구시대의 유물쯤으로 치부하는 경향도 있습니다. 이렇게 바쁘고 여유가 없는 현대 생활에 도대체 한옥은 어울리지 않는다고 생각하는 것이지요. 이런 상황에서 만일 모든 것을 개인의 취향과 선택에만 맡긴다면 그 사회의 핵심 가치를 지켜내는 힘은 어떻게 만들어질 수 있겠습니까? 어느 정도는 제도적 강제가 있어야 우리 문화가 지켜질 수 있습니다. 그래서 한옥마을을 지정하여 보존하는 것이 한옥의 전통을 지키고 보존하는 유효한 방법일 수 있습니다.

Track 11-4

실제로 문화재로 지정된 한옥도, 외형적으로는 한옥의 모습이 잘 보존되어 있지만 그 내부를 보면 입식 부엌과 수세식 화장실이 설치되어 있는 등 현대 생활에 맞게 개량된 경우가 많습니다.

Track 11-5

김윤지(반대 측 토론자): 제도적으로 한옥마을을 보존하지 않더라도 지금 우리의 주거 형태에는 한옥적 요소가 많이 있다고 생각합니다. 우리가 살고 있는 아파트를 살펴봅시다. 개인 공간 대 공동 공간으로 나누어진 서양식 아파트와 달리, 현관문을 열면 바로 거실에서 침실, 주방, 화장실로 이어지는 우리나라 아파트의 구조는 전 세계에서 유일한 것으로, 한옥의 동선 형식이 아파트에서 재현된 것이라고 할 수 있습니다. 아파트의 내부뿐만이 아니라 외부 구조에서도 옛 마을의 정취를 살리고 있는 측면이 많습니다. 옛날 마을 입구에 장승과 도당 나무를 두는 것처럼, 오늘날 아파트 입구에도 'OO마을 OO아파트'라고 쓰인 커다란 바윗돌을 놓고 그 옆으로 큰 나무를 심거나 정자를 세운 것을 흔히 볼 수 있습니다. 이렇게 보면 지금 우리가 살고 있는 아파트도 한옥의 전통을 계승하고 있다고 할 수 있을 것입니다. 한옥의 전통을 계승하는 것은 한옥마을을 지정하는 등의 제도적 장치를 통해서만 가능한 것이 아니라, 일상적인 생활 속에서도 충분히 가능한 일이라고 생각합니다.

박진규(찬성 측 토론자): 하지만 현실에 맞게 변화된 것 모두를 전통 계승과 관련하여 생각한다면 전통문화를 구분하기 어렵습니다. 물론 우리나라 아파트에서 발견되는 한옥적 요소를 인정하지 않는 것은 아닙니다. 하지만 우리나라 아파트에서 발견되는 일부 한옥적 요소를 가지고 아파트가 한옥을 현대적으로 계승했다고 보는 것은 논리적으로 비약이 있다고 생각합니다. 예를 들어 한옥 문화의 핵심은 자연과의 어울림입니다. 한옥은 자연을 집 안으로 끌어들여 집 안에서도 하늘을 볼 수 있습니다. 하지만 아파트는 인공적인 벽으로 둘러싸여 자연과 내부 공간이 단절되어 있습니다. 또 한옥은 신체가 원활하게 움직이도록 하여 신체의 리듬을 유지시켜 줍니다. 대청마루에 올라서거나 문지방을 넘어 방을 넘나들다 보면 몸을 적절히 굽혔다 펴게 되어 자연스럽게 건강을 유지할 수 있습니다. 하지만 아파트에서는 오르내림과 꺾임이 한옥처럼 많지 않습니다. 이러한 것들은 아파트가 아닌 오직 우리 전통의 한옥에만 있는 것들입니다. 조상의 숨결과 지혜가 배어 있는 우리 한옥을 정책적으로 보존하지 않는다면, 우리의 소중한 문화유산인 한옥의 본래 모습과 그 속에서 숨 쉬던 우리 민족의 우수성을 잃어버리게 될 것입니다. 이를 볼 때 찬성 측의 주장이 합리적이고 옳다고 봅니다.

사회자: 네, 좋습니다. 양쪽 모두 열심히 토론을 준비하고 참여해 주셨습니다. 이번 토론을 통해 주거와 생활공간의 측면에서 우리 전통 한옥의 우수성이 무엇이고, 한옥의 전통을 어떻게 이어가는 것이 창조적으로 계승하는 것인가 하는 근본적인 물음에 대해 생각해 볼 수 있었습니다. 이제 판정을 부탁드려야 할 것 같습니다. 승패를 떠나 이번 토론을 위해 모두 수고하셨고, 이번 토론이 여러분에게 좋은 경험이 될 것이라고 생각됩니다. 서로 악수하고 격려해 주시기 바랍니다.

 Track 11-6

우리나라 아파트에서 발견되는 일부 한옥적 요소를 가지고 아파트가 한옥을 현대적으로 계승했다고 보는 것은 논리적으로 비약이 있다고 생각합니다. 예를 들어 한옥 문화의 핵심은 자연과의 어울림입니다. 한옥은 자연을 집 안으로 끌어들여 집 안에서도 하늘을 볼 수 있습니다. 하지만 아파트는 인공적인 벽으로 둘러싸여 자연과 내부 공간이 단절되어 있습니다. 또 한옥은 신체가 원활하게 움직이도록 하여 신체의 리듬을 유지시켜 줍니다. 대청마루에 올라서거나 문지방을 넘어 방을 넘나들다 보면 몸을 적절히 굽혔다 펴게 되어 자연스럽게 건강을 유지할 수 있습니다. 하지만 아파트에서는 오르내림과 꺾임이 한옥처럼 많지 않습니다. 이러한 것들은 아파트가 아닌 오직 우리 전통의 한옥에만 있는 것들입니다.

 Track 11-7

찬성 측: 전통 주거양식 중 하나인 한옥은 반드시 보존되어야 하기에 한옥마을 지정은 타당하다고 생각합니다. 한옥은 과학성을 갖춘 우리의 소중한 문화유산 중 하나입니다. 있는 그대로의 한옥을 보존하는 것은 전통을 계승한다는 점에서 매우 의미 있는 일이기 때문입니다.

반대 측: 저는 한옥마을을 지정하자는 주장에 반대합니다. 한옥마을을 지정하게 되면 그곳에 거주하고 있는 사람들의 재산권과 자유권을 침해할 수 있습니다. 한옥마을에 살지 않는 외부인들을 위해 도시 경관을 보존하고, 한옥의 전통을 계승한다는 명분으로 개인의 주거권과 재산권을 침해한다면 그 피해는 누가 보상해 줄 수 있다는 말입니까?

찬성 측: 공공의 이익을 위해서 개인의 자유와 권리는 일부 제한될 수 있는 것이 아닐까요? 개인의 이익만을 생각하여 공공의 이익을 고려하지 않는다면 결국 개인의 이익도 지켜지지 않을 것입니다.

반대 측: 현재 우리의 삶을 풍요롭게 하지 못하는 전통의 보존이란 죽은 과거에 집착하는 것에 불과할 것입니다. 한옥마을을 지정하기보다는, 한옥을 우리들의 현대 생활에 맞게 변형시켜 자연스럽게 한옥의 전통을 이어 가는 것이 바람직하다고 생각합니다.

찬성 측: 우리의 실제 생활 속에서 한옥의 모습은 찾아보기 힘들며, 우리의 주거 문화는 대부분 서구식으로 바뀐 지 오래입니다. 이런 상황 속에서 어느 정도는 제도적 강제가 있어야 우리 문화가 지켜질 수 있습니다.

남: 제도적으로 한옥마을을 보존하지 않더라도 지금 우리의 주거 형태에는 한옥적 요소가 많이 있다고 생각합니다. 한옥의 전통을 계승하는 것은 한옥마을을 지정하는 등의 제도적 장치를 통해서만 가능한 것이 아니라, 일상적인 생활 속에서도 충분히 가능한 일이라고 생각합니다.

여: 하지만 우리나라 아파트에서 발견되는 일부 한옥적 요소를 가지고 아파트가 한옥을 현대적으로 계승했다고 보는 것은 논리적으로 비약이 있다고 생각합니다.

Track 11-8

① 경제적인 이유 혹은 막연한 전통 보존이라는 명분만으로 우리의 현재 생활을 희생할 수는 없다.
② 전통이란 현대적 의미가 있어야 하고 시대에 따라 바뀔 수 있다는 말은 옳다.

Track 11-9

① 한옥의 동선 형식이 아파트에서 재현된 것이라고 할 수 있다.
② 아파트 외부 구조에서도 옛 마을의 정취를 살리고 있는 측면이 많다.
③ 조상의 숨결과 지혜가 배어 있는 한옥을 정책적으로 보존하지 않는다면, 한옥의 본래 모습과 그 속에서 숨 쉬던 우리 민족의 우수성을 잃어버리게 될 것이다.

12과 함께 사는 사회

Track 12-1

본격적으로 토의를 하기 전에 먼저 여러분에게 토의란 무엇인지, 토의의 유형과 태도 등에 대해 알려 드리겠습니다.

우리는 살아가면서 다양한 문제에 부딪치는데, 어떤 경우에는 개인의 지혜나 힘으로 해결하기도 하지만, 또 어떤 경우에는 여러 사람의 지혜를 모아서 해결하기도 하지요. 토의란 이처럼 여러 사람이 모여 어떤 문제에 대한 다양한 정보나 지식 그리고 의견을 나누고 이를 토대로 문제의 해결책을 찾아 나가는 집단적이고 협동적인 의사결정 방식입니다. 집단적인 말하기라는 점에서 토론과 비슷하죠? 그렇지만 토론이 특정 주제에 대해 찬성과 반대 의견을 교환하면서 결론을 끌어내는 과정이라면, 토의는 특정한 문제를 해결하기 위해 다양한 해결 방안을 찾아내는 과정이라는 점에서 서로 다릅니다.

토의의 유형에는 패널 토의, 심포지엄, 포럼 등이 있는데요, 토의 유형에 따라 토의의 진행 절차가 달라집니다. 패널 토의는 3~6명의 토의자가 일반 청중 앞에서 의견을 조정하여 해결책을 모색하는 형태인데, 주로 시사 문제나 특정 분야의 전문적인 문제를 다룹니다. 패널 토의는 다양한 결론이 도출되는 논제를 토의하는 데 적합하지요. 심포지엄은 토의 문제를 여러 측면으로 나누어서 토의자가 각자의 의견을 발표하여 해결책을 제안하는 형태입니다. 학술적이고 전문적이며 포괄적인 문제를 주로 다루는데, 이 토의는 주제에 대해 전문가나 권위자가 각자의 입장을 발표하기 때문에 청중은 그 문제에 대해 권위 있는 설명을 들을 수 있다는 장점이 있습니다. 그리고 포럼은 토의자가 청중을 상대로 강연을 한 다음에 청중이 직접 참여하여 의견을 교환하는 토의 형태입니다. 포럼은 주로 사회자, 전문가 1~2명, 청중으로 구성됩니다.

대체로 토의는 사회자, 토의자, 청중이 참여해 함께 만들어 나가기 때문에, 토의 참여자들은 토의의 여러 규칙을 지키며 토의에 참여해야 합니다. 다른 사람의 의견에도 주의를 기울이고, 의견을 제안할 때에는 사회자에게 발언권을 얻어야 하고요. 자신의 의견이 받아들여지지 않을 경우에도 일단 합의된 결정에 따를 줄 아는 민주 의식이 필요합니다.

Track 12-2

사회자: 오늘은 '사회적 약자를 배려하는 방안에는 어떤 것들이 있는가?'라는 주제로 토의를 진행하겠습니다. 먼저 오늘 함께해 주신 토의자분들을 소개하겠습니다. 관악구청에서 사회복지사로 일하고 계시는 오미정 선생님 나오셨습니다. 그리고 사회적 기업 '나눔사'의 정다미 대표님 참석해 주셨습니다. 십여 년 전 교통사고로 다리를 다친 뒤, 장애인 관련 단체에서 일하며 장애인의 처우 개선을 위한 운동을 벌여 오신 김석호 간사님도 모셨습니다. 여러분, 반갑습니다. 그럼 토의를 시작해 볼까요? 먼저 '우리 사회의 사회적 약자'에 대한 이야기를 나누어 보겠습니다. 토의자분들께서는 우리 사회의 사회적 약자에 어떤 이들이 있다고 생각하시나요? 먼저 오미정 선생님 말씀해 주시겠습니까?

오미정: 저는 독거노인, 장애인 등 사람들이 흔히 사회적 약자라고 부르는 이들 외에도, 자기 스스로 정상적인 생활이나 생계를 이어 나가는 데에 어려움을 겪는 이들이 있다면 그 사람들도 사회적 약자로 봐야 한다고 생각해요. 그런 의미에서 약물 중독자, 신용 불량자, 재정 상태가 나쁜 미혼모 등도 우리 사회에서 소외받는 사회적 약자라고 생각합니다.

사회자: 정상적인 생활이나 생활을 스스로 이어 나가는 데에 어려움을 겪는 이들이 우리 사회의 사회적 약자층을 이루고 있다는 말씀이시군요. 그럼 다른 두 분은 어떻게 생각하시나요?

정다미: 저는 작은 사회적 기업을 운영하고 있습니다. 주로 혼자 사시면서 경제적 능력이 부족한 노인, 몸이 아파 일할 기회를 얻지 못해 힘들어하는 장애인, 정부에서 돈을 받기

는 하지만 그 돈으로 생활을 꾸려 나가기에는 턱없이 부족한 기초생활 수급자들과 함께 일하고 있지요. 저는 여기에 더해 차상위 계층, 소년소녀 가장 등도 사회적 약자에 속한다고 생각합니다.

김석호: 우리 사회에서 고통받고 소외받는 사회적 약자는 누구보다도 장애인이라고 봅니다. 장애인은 몸이 아프고 불편해서 힘들기도 하지만, 자기 힘과 능력으로 일해서 생계를 이어 갈 수 없다는 이유 때문에 고통스럽기도 합니다. 저만 해도 오래전 불의의 사고로 장애인이 되었습니다. 그런데 다니던 직장에서 충분히 일할 수 있었는데도 반강제로 퇴직해야 했습니다. 그러면서 우리 사회에서 장애인이라는 사회적 약자에 대한 편견과 불공정이 얼마나 뿌리 깊은지 느끼게 되었고요.

Track 12-3

저는 작은 사회적 기업을 운영하고 있습니다. 주로 혼자 사시면서 경제적 능력이 부족한 노인, 몸이 아파 일할 기회를 얻지 못해 힘들어하는 장애인, 정부에서 돈을 받기는 하지만 그 돈으로 생활을 꾸려 나가기에는 턱없이 부족한 기초생활 수급자들과 함께 일하고 있지요. 저는 여기에 더해 차상위 계층, 소년소녀 가장 등도 사회적 약자에 속한다고 생각합니다.

Track 12-4

사회자: 김석호 간사님이 장애인과 같은 사회적 약자에 대한 편견을 언급해 주셨는데요. 그럼 이와 관련하여 사회적 약자에 관한 우리의 시선과 관점에 대해 좀 더 의견을 나눠 볼까요?

정다미: 사람들은 사회적 약자라고 하면 '도와주고 보호해 주어야 할 대상'이라기보다는 '멀리하고 차별해야 할 대상'으로 보는 경우가 많은 것 같아요. 저만 해도 사회적 기업을 해서 우리 사회에서 소외받는 사람들에게 일자리를 제공하고 싶다고 했을 때, 주변에서 많이들 말렸거든요. 왜 하필이면 그런 사람들을 고용해서 일하려 하냐고요. '그런 사람들'이라니요? 단지 어느 면에서 평균적인 수준보다 조금 뒤처질 뿐, 그들 역시 우리 사회의 당당한 일원이고 자기만의 능력과 포부가 있습니다. 그런데 사람들은 그걸 잘 몰라요. 자신은 '멀쩡한 사람'이고 사회적 약자는 '안 멀쩡한 사람'이라고 선을 그어 버리죠.

사회자: 사회적 약자를 편견과 오해의 시선으로 바라보고 있다는 말씀으로 정리해 볼 수 있을 것 같은데요. 오미정 선생님은 어떠십니까?

오미정: 저는 그보다는 낙관적입니다. 물론 우리 사회에서 사회적 약자에 대한 편견, 선입견, 오해 등이 존재하는 것은 사실입니다. 하지만 그런 부정적인 시선이 많이 희미해져 가고 있다고 생각해요. 제가 일하고 있는 구청에도, 어떻게 하면 어려운 사람들을 도와줄 수 있느냐는 문의 전화가 예전에 비해 눈에 띄게 늘었습니다. 독거노인을 모셔서 식사를 대접하거나 몸이 불편한 분들 가정을 방문해 보살펴 드리는 일에 자원하여 봉사하시는 분들도 참 많아졌고요.

사회자: 네, 사회적 약자에 대한 시선이 점점 더 긍정적으로 바뀌고 있다는 의견 주셨습니다. 그럼 이쯤에서, 사회적 약자를 배려하려면 어떻게 해야 할지 의견을 나눠 볼까요?

김석호: 무엇보다 기업에서 장애인을 많이 고용해야 한다고 봅니다. 지금도 그에 관한 정책이 있기는 하지만, 너무 소극적일뿐더러 잘 지켜지지도 않아요. 그러므로 규모가 일정 수준을 넘는 기업이라면 장애인을 의무적으로 고용하게 더 강력히 의무화하고, 고용한 장애인에 대한 처우가 공정한지 지속적으로 점검하며 관리해야 해요.

사회자: 기업의 장애인 고용에 대한 정책을 좀 더 강력하게 점검해야 한다고 보시는군요. 오미정 선생님은 어떠십니까?

오미정: 저는 장애인 고용 등과 같이 눈에 보이고 강제적인 정책도 중요하다고 보지만, 그에 못지않게 정서적인 측면의 배려도 중요하다고 생각합니다. 사회적 약자를 보면, 다른 사람들과 동떨어져 있고 교류하지 못한다는 소외감이 상당히 크거든요. 그런 의미에서 각 관청에서 독거노인이나 소년소녀 가장 등 다른 사람의 따뜻한 보살핌을 경험하지 못하는 이들에게 찾아가 말벗도 되어 주고 고충도 들어 주는 팀을 꾸려야 하지 않을까 싶습니다.

사회자: 정서적 차원에서 사회적 약자 층을 배려해야 한다는 말씀을 해 주셨습니다.

정다미: 지금까지 말씀해 주신 의견은 다 외부에서 사회적 약자에게 '이렇게 저렇게 해 주어야 한다', '이런 도움을 베풀어야 한다' 하는 쪽인 것 같습니다. 제 생각은 조금 다른데요. 아니, 접근 방법이나 방향이 다르다고 해야 할까요? 사회적 약자 스스로 경쟁력을 키워야 한다고 생각하거든요.

오미정: 좋은 말씀이긴 합니다만, 경제적·사회적으로 소외된 계층에 아무런 지원도 없이 '경쟁력을 키워 봐요' 할 수는 없지 않을까요?

정다미: 물론 그렇습니다. 그러니까 경쟁력을 키울 수 있는 정책을 마련해 줘야겠죠. 장애인의 경우 재활 프로그램이나 사회적응 훈련 프로그램을 마련하는 방법이 있을 테고, 차상위 계층의 경우 그들의 수입을 높일 수 있을 만한 직업 훈련 등을 제공해 소득 수준을 끌어올리는 방법이 있다고 봅니다.

Track 12-5

사회자: 네, 지금까지 우리 사회의 사회적 약자, 사회적 약자에 대한 우리의 시선, 사회적 약자를 배려하는 구체적 방법, 이렇게 세 단계로 나눠 토의자분들의 의견을 들어봤습니다. 그럼 이쯤에서 방청객 여러분의 질문을 들어 볼까요? 네, 말씀해 주십시오.

방청객 1: 사회적 약자에 대한 인식을 바꾸어야 한다는 의견이 나왔는데, 그 구체적 방법을 알려주실 수 있나요?

김석호: 제가 답변해 보겠습니다. 일단 장애인이나 독거노인 등의 사회적 약자가 우리와 다를 바 없이 소중한 사람이라는 사실을 가슴 깊이 깨달아야겠죠. 누구나 예기치 못하게 장애인이나 독거노인이 될 수 있습니다. 저만 해도 건강할 때는 제가 장애인이 되어 고생할 거라고는 꿈도 꾸지 못했으니까요. 그러므로 '저 사람은 장애인', '저 사람은 소수자', 이렇게 구분을 짓지 말고, '우리는 모두 인간', '우리는 모두 한국의 국민', 이런 큰 틀에서 그들을 바라봐야 합니다. 그렇다고 해서 '당신들은 우리와 같으니 우리와 모든 것을 같은 조건에서 해라' 이건 또 안 되겠죠. 그들의 처지를 고려해 지원해 주고 배려해 주되, 우리와 똑같이 가치 있고 평등한 존재로 대하자는 거죠.

사회자: 잘 들었습니다. 질문 하나 더 받겠습니다. 네, 마이크 넘겨 드리지요.

방청객 2: 동네의 학교 등 작은 공동체에서 사회적 약자를 위해 할 수 있는 일이 있을까요?

오미정: 돈을 모아 사회적 약자를 위해 일하는 단체에 기부하는 방법도 있겠고, 주변에 있는 사회적 약자를 방문해 직접 도움을 드리는 방법도 있어요. 주변에 있는 사회적 약자를 자신이 속한 공동체로 끌어들여 그들에게 자신이 공동체의 일원이라는 점을 인식하게 하는 것이 도움이 됩니다.

사회자: 지금까지 '사회적 약자를 배려하는 방안에는 어떤 것들이 있는가?'라는 주제 아래 여러 토의자, 방청객과 이야기를 나누어 보았습니다. 오늘 토의에서 세부적인 의견 차이는 있었지만, 사회적 약자 역시 우리 사회의 당당한 일원이고, 사회적 약자를 좀 더 따뜻하고 세심한 시선으로 바라보며 보살펴야 한다는 데에는 다들 동의하신 것 같습니다. 그것만으로도 적지 않은 성과가 아닐까 싶은데요. 그럼 오늘 토의를 여기에서 마무리하겠습니다. 여러분, 감사합니다.

Track 12-6

① 장애인 관련 단체에서 일하며 장애인의 처우 개선을 위한 운동을 벌여 오신 분입니다.
② 자기 스스로 정상적인 생활이나 생계를 이어 나가는 데 어려움을 겪는 이들도 사회적 약자로 봐야 합니다.

Track 12-7

① 어떻게 하면 어려운 사람들을 도와줄 수 있느냐는 문의 전화가 예전에 비해 눈에 띄게 늘었습니다.

Track 12-8

① 사회적 약자가 우리와 다를 바 없이 소중한 사람이라는 사실을 가슴 깊이 깨달아야겠죠.
② 그들의 처지를 고려해 주고 배려해 주되, 우리와 똑같이 가치 있고 평등한 존재로 대하자는 거죠.

13과 새똥 섬의 몰락

 Track 13-1

진행자: 한때 세계 수준의 부자였다가 순식간에 세계 최빈국 수준으로 망해 버린 나라가 있습니다. 공화국으로서는 세계에서 가장 작은 나우루 공화국이라는 나라인데요. 새똥 섬이라고 불리기도 하는 이 섬나라의 극과 극을 달리는 이야기를 취재했습니다.

해설: 인천 국제공항에서 10시간을 넘게 날아 도착한 호주, 그곳에서 다시 또다시 7시간 가까이 비행해야 도착할 수 있는 남태평양의 외딴 섬나라, 나우루 공화국이다. 한눈에 섬 전체가 들어오는 나우루 공화국의 규모는 일주일에 단 한 번 운행되는 국제선 비행기와 아담한 공항을 보면 어렵지 않게 짐작할 수 있다. 산호섬으로 이루어진 나라답게 나우루에 도착하면 제일 먼저 반기는 것은 바닷새들. 섬을 일주하는 데는 차로 20분, 여의도 면적의 2.5배밖에 되지 않는 이 나라에는 1만 2천 명의 사람들이 소설 같은 역사를 쓰며 살아가고 있다. 지구상에 일어날 모든 일들을 겪어 내고 있는 나라 나우루, 태평양의 푸른 바다 위에 세계가 주목해야 할 나라, 나우루 공화국이 있다. 태평양의 다른 섬나라에 비해 잘 알려지지 않은 나우루 공화국은 어떤 나라일까? 낚시로 물고기를 잡아 자급자족하며 행복하게 살던 나우루 사람들, 하지만 그들이 가진 특별한 자원을 탐낸 나라들이 세계 곳곳에서 들어오면서 불행이 끊이지 않았다. 독일, 영국, 일본, 호주 등의 통치를 받던 나우루는 1968년 UN이 물러나면서 진정한 독립을 얻었다. 그리고 다른 나라에 빼앗겼던 부국의 열쇠를 거머쥐게 되었다.

나우루 대통령: 사람들은 나우루 섬 전체가 고품질 인광석으로 덮여 있다는 사실을 알아냈습니다. 그 후 값싼 노동자를 이용해서 인광석 채굴을 시작했고, 손으로 파서 자루에 담아 수출했습니다.

해설: 이젠 희귀종이 되어 세계적인 보호를 받고 있는 새, 앨버트로스. 그 앨버트로스가 산호초 위에 본 배설물이 세월이 지나 쌓여 인광석의 형성에 영향을 줬고, 그렇게 만들어진 섬이 바로 나우루인 것이다. 섬 어느 곳이든 파기만 하면 바로 그것이 인광석이었다. 사람들은 경작지를 밀어내고 고급 비료의 원료가 되는 인광석을 채굴하기 시작했다. 그렇게 나우루는 손쉽게 엄청난 양의 인광석을 얻어냈다.

채굴 책임자: 이것들이 모두 인광석 조각들입니다. 다른 공장에서 건조한 후 더 작은 크기로 깨뜨립니다. 이게 모두 돈입니다.

해설: 1981년 당시 나우루의 1인당 국민 소득은 무려 2만 달러, 엄청난 수준이었다. 일을 하지 않아도 원하는 모든 것을 얻을 수 있었던 나우루 사람들의 하루하루는 항상 축제와 같았다. 인광석이 벌어다 준 돈으로 인생을 즐길 수 있었던 것이다. 복지 혜택 역시 상상을 초월한다. 교육과 전기, 의료 서비스와 결혼 시에는 집이 공짜로 제공되는 데다 그 어떤 세금도 없었다.

 Track 13-2

해설: 그렇게 천국과 같았던 나우루의 생활은 그리 오래 가지 않았다. 영원할 것 같았던 인광석은 90년대 접어들며 급속히 양이 줄기 시작해, 2000년대에 들어서며 바닥을 드러낸 것이다. 경작지를 밀어내고 닥치는 대로 인광석을 파낸 결과, 도로와 주거 지역을 제외한 모든 곳에 기괴한 모양의 바위가 모습을 드러내고 말았는데, 그 면적이 무려 섬 전체의 80%에 달한다. 줄어든 채굴량과 더불어 수출량도 줄었다. 과거 연간 2백만 톤에 달하던 수출량은 현재 10분의 1 이하로 줄어들었고, 화물선에 인광석을 싣기 위해 사용하던 철제 다리는 이제 사용하지 않는 흉물이 되어 버렸다. 취재진이 연료를 채우기 위해 들른 시내의 한 주유소에서 나우루의 심각한 상황을 알 수 있었다. 디젤 주유기 옆에 있는 휘발유 주유기가 운행을 멈춘 상태로 있었던 것이다. 현재의 나우루의 경제력으로는 기름의 수입도 쉽지 않은 상황이다. 이렇게 되기 전에 나우루도 나름의 노력은 했다. 인광석의 수익으로 하와이와 호주 등지에 부동산 투자를 해둔 것이다. 하지만 그것도 국내 소비를 이기지 못해 모두 잃고 말았다.

나우루 대통령: 나우루가 부유했을 때 저지른 실수는 벌어들인 돈을 외국에만 투자했다는 것입니다. 나우루 내부에 대한 실질적인 투자는 전혀 없었습니다. 제 생각에 과거 지도자들은 국내 투자도 해야 했었습니다.

해설: 현재 나우루의 생활은 세계 최빈국 수준이다. 취재진이 찾은 한 가정의 생활이 현재 나우루의 현실을 보여주는 듯했다. 기존의 형태를 알아볼 수 없게 망가진 가구와 살림살이 속에서 대가족은 생활하고 있었다. 벽지도 바르지 않은 방에서 아이들이 가지고 놀고 있는 물건들만이 과거에 풍유했던 시절을 보여줄 뿐이다.

나우루 주민 1: 예전에는 하고 싶은 것을 하고 원하는 것을 살 수 있었지만, 이제는 최소한의 음식밖에 살 수 없습니다.

해설: 먹는 것이라고 해도 그리 풍족하진 않다. 한창 자랄 아이들의 힘을 채워 주기에는 부족해 보이는 식사, 이러한 상황에서 취재진의 눈길을 끄는 또 다른 것이 있었다. 집 주변 곳곳에 널려 있는 자동차들, 놀라운 것은 모두가 가족들이 사용하던 자가용이라는 사실이다.

나우루 주민 2: 예전에 갖고 있던 차는 괜찮았지만, 기름을 살 수가 없어서 사용할 수 없었습니다. 차는 여전히 괜찮았지만 50달러에 팔아버렸습니다.

해설: 문제는 이런 형편에도 불구하고 많은 나우루 사람들이 생계를 위해 적극적으로 직업을 가지고자 하지 않는다는 사실이다. 그렇게 편안한 생활을 추구하는 데다, 뚱뚱한 사람을 미인으로 여기는 문화 때문에 나우루는 세계 최고 비만 국가가 되었다. 경작지를 없앤 이후 통조림 음식을 즐기고 외식을 하면서 증가한 나우루의 성인 비만율은 무려 97%. 덕분에 문전성시를 이루는 곳은 다름 아닌 병원이다. 많은 사람들이 불어난 체중 때문에 각종 성인 질환으로 병원을 찾고 있다.

의사: 사람들은 인광석 수입으로 풍요한 식사와 움직임 없는 생활 방식을 가지게 되었습니다. 이러한 것들이 당뇨병에 쉽게 걸리게 했고 고혈압, 심장병 등 각종 질환을 몰고 왔습니다.

Track 13-3

해설: 특히나 당뇨 합병증이 심각해 관련 사망률도 높아지고 있다. 이렇게 열악해진 모든 상황은 나우루 사람들에게 변화의 바람을 일으켰다. 긴 시간 노동을 하지 않고 살아온 사람들이 이제 서서히 노동을 통해 생계를 해결하려는 것이다.

나우루 주민 3: 지금은 기름값을 벌기 위해 고기를 잡아서 팔고 있습니다. 그리고 가족에게도 나눠 주고 살아가기 위해서 물고기를 잡고 있습니다.

해설: 경제 난국이 사람들을 변화시킨 것이다.

나우루 대통령: 나우루 국민은 모든 것을 누려도 보았고 모든 것을 잃어도 보았습니다. 아무도 돈이 없었고, 돈을 받을 수도 없었고 사람들은 모두 굶주려 있었습니다. 그래서 이제 사람들은 중요한 교육을 얻었습니다.

해설: 나우루는 현재 어려움을 벗어나기 위한 방법으로 교육을 선택했다. 다양한 경제 개혁 정책과 함께 교육 정책 강화에 힘을 쏟고 있는 것인데, 학교의 유지·보수는 물론 기본적인 교육 여건을 가장 좋게 만들기 위해서 노력하고 있다.

나우루 대통령: 우리는 나우루의 개혁을 계속해서 추진해 나갈 것입니다. 우리는 국민을 가르치고 교육해서 우리 아이들에게 어떤 미래가 좋은지 알도록 해 줄 것입니다.

해설: 미래에 대한 대책 없이 소비해 버린 행운, 그 뒤에 찾아온 난국, 나우루는 과연 어떻게 현실을 극복할 것인가? 과연 이 아이들에게 어떤 미래를 선사해 줄 것인가?

진행자: 나우루 공화국을 위협하는 것은 경제적인 파국뿐만이 아닙니다. 지구 온난화로 해수면이 높아져서 언제 섬이 물에 잠길지 모를 위기도 느끼고 있습니다. 이러한 나우루 공화국을 보면서 일각에서는 지구의 표본이라고들 말하고 있습니다. 대책 없이 사용한 자원의 고갈과 지구 온난화의 위협, 과연 나우루 공화국은 지금의 어려움을 헤쳐 나갈 수 있을까요? 그리고 지구는요….

Track 13-4

미래에 대한 대책 없이 소비해 버린 행운, 그 뒤에 찾아온 난국, 나우루는 과연 어떻게 현실을 극복할 것인가? 과연 이 아이들에게 어떤 미래를 선사해 줄 것인가?

Track 13-5

① 그들이 가진 특별한 자원을 탐낸 나라들이 세계 곳곳에서 들어오면서 불행이 끊이지 않았다.
② 사람들은 경작지를 밀어내고 고급 비료의 원료가 되는 인광석을 채굴하기 시작했다.

Track 13-6

① 화물선에 인광석을 싣기 위해 사용하던 철제 다리는 이제 사용하지 않는 흉물이 되었다.
② 많은 사람들이 불어난 체중 때문에 발생한 각종 성인 질환으로 병원을 찾고 있다.

Track 13-7

① 특히나 당뇨 합병증이 심각해 관련 사망률도 높아지고 있다.
② 이렇게 열악해진 모든 상황은 나우루 사람들에게 변화의 바람을 일으켰다.

14과 내가 만난 사람

 Track 14-1

장: 안녕하세요?

강수진: 안녕하세요, 강수진입니다.

장: 늘 무대를 통해서만 만나던 발레리나 강수진 선생님을 직접 뵙게 되니 무척 기쁩니다. 선생님을 만나면 여쭤보고 싶은 게 많았습니다.

강수진: 시간을 들여 찾아와 주시니 제가 더 고맙지요. 저한테 어떤 것들이 궁금하셨나요?

장: 첫 번째로 여쭤보고 싶은 것은 골든타임이라는 말인데요, 선생님에게 힘든 위기 상황이 있었는지요? 그리고 그것을 어떻게 딛고 해결하셨는지요?

강수진: 그런 골든타임은 너무 많았어요. 그럴 때마다 매번 딛고 다시 살아났죠. 저한테는 그런 일이 별로 특별하지가 않아요. 사람들은 그걸 참 심각하게 생각하는데, 저는 그냥 그때 그때 살아남기 위해서 열심히 살다 보니까 또 극복하게 되더라고요.
  제 인생은 항상 발레하고 연결되어 있죠. 발레를 하는 사람으로서 여러 가지 부상을 당합니다. 그게 힘든 시기라면 시기인데, 다시 또 못할 줄 알고 모든 사람들이 못할 거라고 그랬지만, 시간이 지나가고 다시 시작하니까 또 되더라고요. 그러니까 그런 걸 극복이라고 그러겠죠. 그런데 극복한다는 게 쉬운 게 아니죠. 근데 하고 나면 그때 그 시간에 감사드려요. 그만큼 저를 강하게 만들어 주거든요. 2년 뒤면 제가 50세인데, 그때 그런 시간이 없었으면 이렇게 편안하게 이렇게까지 제 나이에 대해서 감사드리면서 살지 못했을 거예요. 고생을 안 하고 싶어 하는 사람들도 있는데, 저는 고생 때문에 이 자리까지 왔고, 그래서 감사드려요.

장: 요즘 한국 사회에서도 오디션 열풍이 불고 있는데요. 오디션은 몇 번 보셨죠?

강수진: 저는 오디션은 그렇게 많이 보지 않았어요. 발레단에 들어갈 때 한 번, 그리고 비자를 받기 위해서 한국에서 참가했던 콩쿠르와 로제 콩쿠르 정도가 다예요. 저는 경쟁하는 거 별로 좋아하지 않아요. 그래도 다행히 할 때마다 다 붙었네요.

장: 그러면 모나코 갈 때 오디션 보신 건가요? 많이 떨리진 않으셨나요?

강수진: 아니요. 모나코는 픽업이 돼서 갔고, 슈투트가르트 발레단에 들어갈 때 오디션 보고 들어갔어요. 사실 저는 모든 콩쿠르나 오디션을 될 거라는 생각을 안 하고 가기 때문에, 다른 사람들은 다 떨고 경쟁이다 이러는데 전 재미있게 했어요.

장: 욕심이 없으신가 봐요?

강수진: 예, 없어요. 하지만 나 자신한테는 욕심이 많아요. 내 스스로 나에게 원하는 것이 많지요. 다른 사람에게는 욕심이 없어요. 다른 사람이 갖고 있는 것을 갖고 싶어 한 적은 없어요. 다른 사람하고 똑같은 걸 싫어하거든요. 다른 사람들하고 똑같이 되는 거 아주 싫어해요. 나 자신과 경쟁했다고 말할 수 있죠. 그런데 그게 제일 힘든 것 같아요.

장: 완성된 것과 조금 모자란 것, 그 차이는 뭐라고 생각하세요? 아마추어와 프로페셔널의 차이점 말씀인데요.

강수진: 보통 아마추어는 돈을 안 받고 하는 거고, 프로페셔널은 받고 하는 게 차이겠죠. 직업으로 생각하느냐 아니냐죠. 그런데 프로가 됐다고 다 프로페셔널은 아니에요. 직업을 갖고 있어도 어떤 분들은 직업 정신이 없는 분들이 있어요. 프로페셔널 정신이라는 건 자기가 100% 책임감을 가지고 돈을 받는 만큼 거기에 맞는 대가를 치르는 그런 것이죠. 이런 분들도 있어요. 자신감 있는 거는 굉장히 중요한데, 그게 자만심으로 떨어질 때가 있고, 또 게으른 사람도 있어요. 내가 제일 싫어하는 사람이 게으른 사람이에요. 어떤 정도의 자리에 올라가 있는 분들은 그만큼 뭔가가 노력을 한 것이고, 그만큼 실력이 있는 것이죠. 그런데 또 한 가지 힘든 것은, 올라갔을 때 그것을 유지할 수 있느냐 하는 것이죠. 이것도 프로 정신이 얼마나 강하냐에 달려 있다고 생각해요. 계속 자기를 채찍질해야 하는데, 올라갔다고 거기서 딱 멈추고 내가 원하는 것을 얻었다 그래요. 거기서 멈추는 분들은 아래 계시는 분들하고 똑같아요. 아마추어랑 다를 바 없는 거죠. 프로 정신이라는 건 끝이 없어요. 직업이 있든 없든 자기에 대한 책임감이 있어야 해요. 자기가 할 수 있는 100%를 하는 것, 이게 중요하죠.

 **Track 14-2**

장: 요즘 아이돌 열풍인데요. 그들의 댄스가 과연 춤인가? 어떻게 생각하세요?

강수진: 사람들 나름대로의 취향이라는 게 있는 것 같아요. 지금 발레에서도 여러 작품들이 있잖아요 그래서 저는 관객들을 위해서는 한쪽만 보여주는 게 아니라, 여러 가지 다양한 작품들을 보여주고 선택할 수 있게 하는 것이 중요하다고 생각해요. 저는 사실 지금의 아이돌들은 잘 몰라요. 어쨌든 자기만의 색깔을 찾기 위해서 굉장히 노력을 많이 하는 것 같아요. 자라는 아이들에게 나쁜 영향을 주지 않는다면 나름대로의 색깔을 찾는 노력은 좋아요. 춤이라는 게 소울이 있어야 하잖아요.

제가 누구라고 아이돌의 춤을 댄스다 아니다 할 수 있겠어요. 제가 아는 그 영역보다 더 큰 범주의 문제잖아요. 그런데 새로운 것만 찾고 여기에 급급하다 보니까 그냥 데굴데굴 굴러도 이게 댄스라고 하고 그건 문제예요. 원래 발레도 비슷해요. 그러니까 클래식이 있고, 네오클래식이 있고, 현대무용이 있고, 컨템퍼러리가 있죠. 어느 정도의 테크닉도 필요하고 수준도 있어야 하지만, 어떤 분들이 봤을 때는 그냥 걷는 것도 무용이라 그러고 뭐도 무용이라 하는데, 제가 그걸 비판할 수는 없는 것 같아요. 왜냐하면 제가 봤을 때는 아니지만, 그 사람들이 봤을 때는 이게 무용이야 하는 느낌을 받는 거니까요. 내가 생각하는 댄스로서는 너무 부족한 게 있는데, 그분이 봤을 때는 그걸로 만족을 느낄 수 있죠. 사람들의 취향 차이인 거죠.

장: 우리나라가 단일 민족이라고 외국인들을 엄청 편견을 가지고 대했는데요. 사실 외국인과 같이 걸어만 가도 좋지 않은 시선으로 보곤 했죠. 선생님은 이제 그 멋진 분, 툰치 소크멘 씨와 만나 결혼을 하셨는데, 앞으로 우리나라의 다문화 가정, 이런 거에 대해 사람들이 어떻게 봐줬으면 좋겠는지 말씀해 주세요.

강수진: 예전과 지금 참 많이 바뀌었지요? 제가 처음 외국에 나갔을 당시에는 전 세계 사람들이 한국을 잘 몰랐죠. 한국이라는 나라가 어디 붙어 있는지도 모르니까 못 들어온 적도 있어요. 비자 문제가 생겨 가지고…. 그런데 저는 어렸을 때부터 동양 사람이고 한국 사람이고 차별 같은 것을 생각 안 하고 살았어요. 외국에서 살았을 때 정말 느낀 것은, 어느 나라든지 실력으로 견뎌내는 거지, 내가 동양인이고 한국인이기 때문에 나를 취급을 안 해 준다는 느낌은 한 번도 못 받았어요. 모나코의 발레 학교에서도, 여러 나라 발레리나들이 모여 있는 독일의 발레단에서도 그렇게 느끼게 한 사람은 없었어요. 내가 실력이 좋으면 항상 인정을 받았고, 실력 때문에 올라갔죠.

그런데 한국 사람들이 오디션을 봤는데 안 됐다 그러면 꼭 핑계를 대시더라고요. 그래서 저는 솔직히 얘기했어요. 만약에 실력이 똑같으면 당연히 외국에서 사니까 그 나라 사람을 뽑는 거라고. 그렇기 때문에 뭔가 더 특별하거나 개성이 있어야 한다고 말해요. 남자 만나는 것도 그래요. 저는 동양 사람이다, 서양 사람이다 구분해 본 적 없어요. 인간은 다 똑같으니까요. 내가 좋아했던 거는 남편의 성격이에요. 무뚝뚝한 사람이 발레를 보고 나한테 사랑에 빠졌다고 그러니까, 처음에는 그냥 그런가 보다 하다가 좋아하게 된 거고, 사랑하게 된 거고, 이제 남편이 제일 최고예요. 나한테는 내 인생에서. 문화가 다른 것은 참 좋은 것 같아요. 나라마다 음식이 다르고, 생각하는 거, 정서가 다르고, 이런 거 재미있어요. 좋아요. 많은 것을 배울 수 있으니까요. 저희 부모님은 7년 넘게 결혼에 반대하시다가 허락하셨어요. 굉장히 힘들었어요. 지금은 저희 부모님도 "툰치, 툰치" 하시면서 굉장히 달라졌어요. 저희 부모님처럼 고지식하시던 분들도 오픈하셨잖아요.

한국인도 많이 달라졌죠. 그래도 많이 오픈을 했지만, 그래도 한꺼번에 좋아질 수는 없어요. 단일 민족으로서의 역사가 있잖아요. 그래도 이렇게 많이 바뀌었다는 게 존경스럽고 존중해요. 지금 더 힘들어진 것은 자기만의 개성을 찾고 색깔을 찾는 거예요. 예전에는 나라마다 색깔이 있었어요. 좋은 것은 계속 갖고 가면서 더 발전시킬 수 있는 나만의 것을 찾는 게 중요한 것 같아요.

 **Track 14-3**

장: 뻔한 질문일 수도 있는데, 선천적 재능하고 후천적 노력 중에 뭐가 더 중요하다고 생각하시는지요?

강수진: 예술 같은 경우든 어느 분야든 다 비슷할 것 같아요. 그러니까 하나만 있다는 것은 거짓말인 것 같아요. 선천적인 재능은 아예 없는데 후천적인 노력만 가지고 됐다는 것은 말이 안 돼요. 선천적으로 뭔가가 있는데 그걸 개발하려는 노력이 있어야지 뭔가가 이루어져요. 노력이 굉장히 중요해요. 선천적인 게 몇 %가 있었는지는 모르지만 발레를 하면서 내가 몰랐던 나를 많이 알게 됐어요. 모든 사람들이, 모든 선생님들이 내가 뭔가가 있다고 했어요. 테크닉은 아니고, 뭔가가 있는데 그 뭔가는 하나의 선물이죠. 카리스마 같은 것, 무대에서 아무 것도 안 하고 있어도 뭔가가 있다고 선생님들이 말해 줬죠. 그런데 다행히도 그런 게 나한테 있었다는 것을 나는 몰랐고, 무조건 열심히 노력했죠. 테

크닉 면에서 누구보다도 뛰어난 사람도 있고, 아니면 테크닉은 좀 부족하지만 뭔가 다른 면을 끌어낼 수 있는 뭔가가 몇 %라도 있다면, 이것을 발전시켜서 후천적으로 노력을 해서 좋은 결과를 얻을 수 있죠. 그런데 선천적인 것만 가지고 있고 게으른 사람들도 꽤 있어요. 이게 좀 밸런스가 안 맞는 적이 많아요. 선천적인 것은 아예 없는데 좋아하니까 노력만 가지고 될 수 있다고 믿는 것도 이것도 약간 문제죠. 그래서 제 생각에는 중요한 것은 끌어주는 사람, 선생님이에요.

장: 지금 노령화 사회죠. 초고령화 사회라고 하는데, 노년에 어떻게 지내실 건가요?

강수진: 아! 행복하게 살 수 있으면 건강이 제일 중요한 것 같아요. 어느 시기든지 아무리 있을 것 다 있어도 건강이 없으면 아니에요. 도로아미타불! 건강하려면 우선 건강한 정신이 붙어 있어야 할 것 같아요. 왜냐하면 몸만 건강해서는 건강한 게 아니에요. 몸은 금방 병들어요. 정신적으로 건강하지 않으면 안 돼요. 정말 곱게 늙고 싶어요. 그러려면 제가 자기 자신한테 노력을 많이 해야 할 거예요. 겉으로만이 아니라 안으로도…. 안의 아름다움이 밖으로 나타난다는 거 진짜 맞는 말이에요. 안이든지 겉이든지 노력을 해가지고 곱게 늙을 수 있는 게 제일 좋은 것 같아요.

장: 은퇴 공연을 하실 거라고 하셨다던데요. 정말 은퇴하실 건가요? 무대가 끝나지 않고 계속됐으면 하는 생각은 없으신지요?

강수진: 네, 2016년 7월 20일 제 남편 생일에 할 거예요. 은퇴는 여기 국립 발레단 단장이 되는 순간에 결정했어요. 그전에는 은퇴 언젠가 하겠지, 뭐 그랬어요. 은퇴는 사실 오늘 해도 괜찮아요. 왜냐하면 100% 살잖아요. 그리고 정말 후회 없어요. 네 은퇴 공연 해요. 쉰 살…, 충분히 해요. 무대가 끝나지 않았으면 하는 생각이요? 아니요. 해본 적 없어요. 저는 항상 나한테 맞는 작품을 고르고, 그리고 각 나이의 과정에서 늦기 전에 제가 먼저 그만둬요. 저한테는 그게 중요해요. 왜냐하면 걷기만 하는 것은 저한테는 무용이 아니에요. 무용 수준이 위에 있을 때 그만둬야 한다는 생각을 젊었을 때부터 했어요. 그런데 서른이 넘어갈 줄 몰랐어요. 서른 살이 넘어가다 보니까 또 그 사이에 일 년 쉬게 되고, 다 못한 다고 그랬는데 또 시작했잖아요. 사람들이 원하고, 그럼 나도 하게 되고…. 마흔 살 넘어갈 줄 몰랐어요. 마흔 살 넘어가니까 재밌더라고요. 건강이 또 훨씬 예전보다 좋았고…. 그런데 쉰 살, 그때는 놓치기 싫어요. 그때는 어쩌면 늦을 것 같아요. 그래서 은퇴하겠다고 말했지만, 사람 일은 몰라요. 하하. 발레 덕분에 못 살아본 삶이 없어요. 그래서 후회가 없어요. 역이란 역은, 인간으로서 해볼 역은 다 해봤어요. 그러니까 미련 같은 건 남을 수 없어요. 그래서 오늘 그만둬도 괜찮다는 말이고…. 그리고 한 역을 할 때 후회가 없도록 제가 할 수 있는 100%를 해요.

장: 마지막 질문입니다. 내 인생의 좌우명은 무엇인지 말씀해 주시겠어요? 명사의 명언도 좋고….

강수진: 누가 말했는지 모르지만 '오늘 하루 열심히 살아라, 최선을 다해서', '시작을 했으면 끝을 맺어라'가 제 좌우명이라고 할 수 있어요. 하루를 열심히 살다 보면 후회 없이 살게 되요. 그런데 그게 제일 힘든 것 같아요. 매일 하면서도, 힘들어 죽겠다 하면서도 하니까요. 내일 일어났을 때 후회하기 싫으니까 하는 거죠. 열심히 살아가는 과정이라는 거 자체가 중요한 거지, 결과는 그 과정의 일부인 것 같아요. 결과만 보고 꿈만 꾸는 거는 허망한 것 같아요. 오늘 얼마만큼 해 가지고 저녁에 즐겁게 끝내느냐, 그걸 수십 년 동안 해왔잖아요. 정말 힘들어요. 아침에 일어나서 미칠 정도로 아플 때도 있지만, 그래도 해요. 내가 할 수 있는 만큼 해요. 그러면 나에 대해서 후회를 안 하고 어깨를 토닥여 줄 수 있어요. 그런데 그렇게 안 하고 말로만 하거나 게으름 피우고 핑계 대는 것은, 결국 자기한테 안 좋아요. 중요한 것은 시작을 하는 거예요. 이렇게 하는 사람들은 다 성공해요.

장: 선생님, 말씀 감사합니다. 오늘 직접 찾아뵙고 말씀을 들으니 선생님의 춤에 담긴 의미를 더 많이 이해할 수 있게 되었습니다. 또 어떤 자세로 살아야 하는지도 배우게 되었습니다. 선생님, 건강관리 잘 하시고 무대에서 자주 뵐 수 있기를 바랍니다.

 Track 14-4

① 선생님에게 힘든 위기 상황이 있었는지요? 그것을 어떻게 딛고 해결하셨는지요?
② 프로 정신이라는 건 끝이 없어요. 직업이 있든 없든 자기에 대한 책임감이 있어야 해요.

 Track 14-5

① 사람들 나름대로의 취향이라는 게 있는 것 같아요.
② 외국에 살았을 때 느낀 것은, 어느 나라든지 실력으로 견뎌내는 거지, 내가 동양인이기 때문에 나를 취급을 안 해

준다는 느낌을 한 번도 못 받았어요.

 Track 14-6

① 건강하려면 우선 건강한 정신이 붙어 있어야 할 것 같아요.

15과 디지털 중독

 Track 15-1

학생: 안녕하세요? 저는 서울대학교 교육학과 1학년 유진호라고 합니다. 청소년의 디지털 중독에 관해 취재하고자 선생님을 찾아뵈었습니다.

전문가: 반갑습니다. 청소년미디어중독예방센터의 조희원 실장입니다.

학생: 일정을 조절하면서까지 면담을 허락해 주셔서 감사합니다. 제가 이곳을 찾게 된 것은 수업 시간에 받은 모둠별 과제 때문입니다. 과제의 주제는 일상에서 겪는 고민이나 문제를 해결하기 위해 전문가와 면담하는 것입니다. 그래서 저희들은 면담 주제를 무엇으로 할까 고민을 했습니다.

전문가: 이런, 고민이나 문제를 해결하려다 새로운 고민이 생겨 버렸네요.

학생: 하하, 그런 셈입니다. 과제의 주제를 찾던 중 '청소년의 디지털 중독'에 관한 심층 취재 기사를 보고 주제를 결정했습니다. 사실 저도 디지털 기기와 관련된 씁쓸한 기억을 한두 개씩 가지고 있거든요. 공부는 안 하고 게임이나 문자 메시지에 푹 빠져 엄마에게 야단맞은 일, 귀가 먹먹해지도록 하루 종일 음악만 들은 일 등등….

전문가: 그랬군요. 그런데 요즘 그런 일을 겪지 않은 학생이 어디 있겠어요?

학생: 공감해 주셔서 감사합니다. 문제는 그런 일이 한두 번이 아니라는 것이지요. 말로만 듣던 디지털 중독이 이런 것이 아닐까 하는 생각이 들었습니다. 이와 관련된 자료를 책, 신문, 인터넷 등에서 찾다가 그 신문 기사 말미에 '청소년미디어중독예방센터'가 나와 있는 것을 보았어요. 그래서 이렇게 연락드리게 되었습니다.

전문가: 하하, 그 신문 기사가 우리를 이렇게 만나게 했군요.

학생: 예, 그렇습니다. 이곳 명칭이 '청소년미디어중독예방센터'인데, 구체적으로 어떤 일을 하는 곳인가요?

전문가: 말 그대로 청소년의 미디어 중독을 예방하는 일을 하는 기관입니다. 이곳에서 하는 일은 크게 세 가지입니다. 첫째는, 각종 미디어 중독을 예방하기 위한 프로그램을 만들어서 청소년과 학부모, 그리고 학교 선생님을 교육합니다. 둘째는, 상담을 합니다. 개인 상담이나 집단 상담은 물론 사이버 상담도 하지요. 마지막으로 원인 분석과 치료를 위한 각종 연구를 수행합니다.

학생: 그러니까 청소년의 미디어 중독에 관한 모든 일을 관장하고 있군요. 저희들의 고민을 해결해 주실 전문가를 제대로 찾아왔습니다.

전문가: 하하, 그런가요? 제 설명이 도움이 되었으면 좋겠네요.

학생: 그런데 실장님께선 디지털 중독이 아니라 미디어 중독이라 말씀하시는데….

전문가: 미디어에는 아날로그 방식과 디지털 방식이 있지요. 요즘의 미디어는 대부분 디지털 방식이니까 디지털 중독을 예방하는 곳이라 해도 그리 틀린 말이 아닙니다. 그럼 앞으로는 디지털 중독이라 할까요?

 Track 15-2

학생: 네, 실장님, 과연 디지털 중독이란 무엇인가요?

전문가: 디지털 중독이란 디지털 카메라, 디지털 텔레비전, 휴대폰, 컴퓨터, MP3 등 디지털 방식으로 작동하는 미디어에 중독되는 것입니다. '중독'이라 표현하니까 꽤 부정적인 느낌이 들지요?

학생: 중독이란 무엇엔가 지나치게 빠져 역효과가 날 때 쓰는 말이잖아요.

전문가: 바로 그거예요. 디지털 중독은 디지털 미디어에 지나치게 빠져서 신체적·정신적·심리적 불균형을 이루는 상태를 말합니다.

학생: 실장님, 오늘날 사람들은 디지털 기기와 떼려야 뗄 수 없는 생활을 하고 있지 않습니까? 그래서 어느 정도가 되어야 지나친 것인지 잘 모르겠습니다.

전문가: 그럴 겁니다. 휴대폰을 예로 들어 볼까요? 진호 학생은 휴대폰을 주로 어떤 용도로 쓰고 있나요?

학생: 전화 통화를 할 때도 있지만, 주로 문자 메시지를 주고받아요.

전문가: 그렇지요. 진호 씨처럼 우리나라의 청소년은 음성 통화보다 문자 메시지를 많이 사용해서 문자 메시지를 입력하는 속도나 손놀림이 여간 예사롭지 않아요. 그만큼 휴대폰과 친숙하다는 뜻인데, 문제는 그다음입니다. 생활의 도구에 불과한 휴대폰이 어느 순간 주인 행세를 하기 시작합니다. 친구에게 문자 메시지를 보냈는데 답이 오지 않으면 불안하고 초조해집니다. 휴대폰을 집에 둔 채 외출이라도 하는 날엔 아무 일도 손에 잡히지 않지요. 이쯤 되면 휴대폰이 주인이 되어 나를 지배하는 셈이지요. 요컨대 일상생활에 지장을 줄 만큼 휴대폰에 지나치게 집착하게 되는 것입니다.

학생: 그런 상태에 이르면 문제가 많이 생기겠군요.

전문가: 맞아요. 우선 공부에 방해가 됩니다. 마음이 휴대폰이라는 콩밭에 가 있는데 책이 눈에 들어올 리 없지요. 이번에는 컴퓨터 게임 중독의 문제점을 들어 볼까요? 장시간 컴퓨터로 게임을 하게 되면 머리가 어질어질 하고 손목이나 목덜미가 뻐근하지요. 잠도 부족해 온몸이 피곤합니다. 이렇게 오랫동안 계속되면 몸이 상하게 됩니다. 특히 게임의 경우 게임하는 사람의 행동에 영향을 미치기도 해서 문제가 됩니다. 가상 공간에서 펼쳐지는 공격적 행동이 현실 세계에까지 확장된다고나 할까요. 심한 경우엔 가상 공간과 현실 세계를 구분하지 못할뿐더러 아예 현실 세계를 벗어나 가상 공간으로 도피하기도 하니까요.

학생: 실장님께선 휴대폰 중독과 게임 중독의 문제에 대해 말씀하셨는데, 그렇다면 현재 청소년들의 디지털 중독의 실태는 어떠한가요? 구체적인 통계가 있나요?

전문가: 물론 구체적인 자료가 있습니다. 흔히 디지털 중독은 미디어의 종류에 따라 인터넷 중독, 게임 중독, 휴대폰 중독, 텔레비전 중독, MP3 중독 등으로 구분합니다. 그리고 미디어의 사용 행동과 내용에 따라 커뮤니티 중독, 인터넷 채팅 중독, 음란물 중독, 휴대폰 문자 중독 등으로 나누기도 하지요. 그중에서 중독 비중이 큰 휴대폰 중독과 인터넷 중독을 볼까요?

학생: 휴대폰 중독과 인터넷 중독은 디지털 중독의 대표적인 유형이군요.

전문가: 그렇지요. 통계 조사에 의하면 휴대폰 중독은 중학생이 가장 많고, 인터넷 중독은 고등학생이 가장 많은데, 여학생은 휴대폰 중독이 심하고 남학생은 인터넷 중독이 심한 것으로 나타났어요. 네, 이 통계를 통해 알 수 있는 것은 학년이나 성별에 따라 중독의 정도나 종류에 차이가 있다는 점입니다. 어찌 되었건 평균적으로 청소년의 65.5%가 휴대폰 중독 성향을 보이고, 12.7%가 인터넷 중독 성향을 보이는 것으로 나타났는데, 꽤 우려되는 현상이지요. 더군다나 휴대폰에 개인용 컴퓨터 기능과 인터넷 기능이 추가된 스마트폰이 빠르게 보급되고 있는 현재의 흐름에 비추어 보건대, 청소년의 휴대폰 중독률은 더 높아질 가능성이 있습니다.

 Track 15-3

학생: 통계를 들어보니 디지털 중독의 실태가 얼마나 심각한지 알겠네요. 그렇다면 청소년이 디지털 중독에 빠지게 되는 원인은 과연 무엇인가요?

전문가: 원인이야 다양하겠지만 크게 보아 세 가지 정도로 정리해 볼 수 있습니다. 첫째, 환경입니다. 휴대폰이나 인터넷을 어떤 환경에서 사용하는지가 의외로 중요한 문제입니다. 이런저런 이유로 부모가 자녀의 생활을 제대로 관리해 주지 못하는 환경에서는 미디어가 그 빈 자리를 슬쩍 차지합니다. 미디어가 청소년인 자녀를 돌보는 셈이지요. 그러면 자녀는 정서적으로 미디어에 의존할 수밖에 없습니다. 미디어에 지나치게 의존하는 것, 그게 바로 중독이지요.

학생: 그럼 둘째 원인은 무엇일까요?

전문가: 그것은 과다 몰입, 푹 빠지는 것입니다. 때로 몰입은 좋은 결과와 성취감을 낳는 긍정적 계기가 되기도 하지요. 예를 들면 스포츠 선수들이 경기에 집중해서 좋은 결과를 얻을 때처럼요. 그러나 과다 몰입은 부정적 결과와 허탈감을 불러옵니다. 오랜 시간 게임을 하고 난 뒤 피로감이나 허탈감을 느낀다면 그것은 과다 몰입 때문이지요. 과다 몰입이 지속되면 중독이 될 가능성이 높습니다. 단순히 학업에 대한 스트레스를 풀려고 시작한 인터넷 게임, 어느새 과다하게 몰입하고 있지는 않습니까?

학생: 점점 무서운 말씀을 하시는데요. 마지막 원인은 무엇인가요?

전문가: 디지털 중독에 빠지는 마지막 원인은 개인의 기질이나 성향입니다. 사람은 누구나 제 나름의 기질이나 성향을 지니고 있습니다. 예를 들어, 어떤 사람은 휴대폰에 내장되어 있는 여러 기능에 매료되지만, 어떤 사람은 그런 기능에 무덤덤합니다. 마찬가지로 어떤 사람은 자신의 의지를 적절하게 조절하여 미디어를 사용하지만, 어떤 사람은 그렇게 조절하는 일이 어려울 수도 있지요. 의지를 제대로 조절하지 못하면 중독에 빠지기 쉽습니다.

학생: 세 가지 차원에서 중독의 원인을 말씀하셨는데, 원인이 있다면 이처럼 무서운 중독에서 벗어날 방법도 있지 않을까요?

전문가: 물론이지요. 디지털 중독을 해결하기 위해서는 기본적인 원칙과 일반 행동 수칙을 알아두는 게 도움이 됩니다. 기본적인 원칙부터 말하지요. 먼저, 미디어를 사용하는 자신의 습관을 점검하는 것입니다. 언제, 어디서, 얼마나 많은 시간을 들여 미디어를 사용하는가, 이에 대한 자각이 있어야 합니다. 그다음에는 미디어의 성격을 살펴봐야 합니다. 미디어 고유의 특성과 쓰임새가 있습니다. 인터넷 강의를 시청하기 위해 구입한 미디어가 오락용으로 쓰이고 있다면 그 성격에 맞지 않게 사용하고 있다는 뜻이겠지요.

학생: 그렇군요. 그럼 일반 행동 수칙은 무엇인가요?

전문가: 이 일반 행동 수칙이 중요합니다. 이 수칙에 따라 자신의 중독을 예방하거나 해결할 수 있을 테니까요. 일반 행동 수칙은 크게 세 가지로 말씀드릴 수 있습니다. 첫째, 목적을 정하고 디지털 기기를 사용해야 합니다. 디지털 기기를 사용하기 전에 사용 목적이 무엇인지 마음속으로 점검하는 게 좋습니다. 둘째, 시간을 정해두고 사용해야 합니다. 학교 수업이 그렇듯, 시간을 정해서 어느 정도 사용한 후에는 10분 정도 휴식을 하는 게 바람직해요. 장시간 움직이지 않고 디지털 기기를 사용하면 혈액 순환이 원활하지 않아 신체적으로 문제가 생각 수 있거든요. 셋째, 될 수 있으면 개방된 공간에서 사용해야 합니다. 거실과 같이 가족이 공유하는 개방된 공간에서 사용하면 가족의 시선을 의식해서 지나친 사용을 자제할 수 있습니다.

학생: 잘 알겠습니다. 이런 수칙을 책상 앞에 써놓으면 디지털 중독을 예방하는 데에 도움이 될 것 같습니다. 역시 전문가의 설명을 듣고 나니 문제의 심각성을 깨닫고 실천해야 할 점도 배우게 되는군요. 긴 시간, 면담에 응해 주신 실장님께 감사드립니다.

전문가: 저도 즐거웠습니다. 조금이나마 도움이 되었길 바랍니다.

 Track 15-4

① 과제의 주제는 일상에서 겪는 고민이나 문제를 해결하기 위해 전문가와 면담하는 것이다.
② 디지털 기기와 관련된 씁쓸한 기억을 한두 개씩은 가지고 있다.

 Track 15-5

① 중독이란 무엇엔가 지나치게 빠져 역효과가 날 때 쓰는 말이다.
② 가상 공간에서 펼쳐지는 공격적 행동이 현실 세계에까지 확장된다고 할 수 있다.

 Track 15-6

① 과다 몰입은 부정적 결과와 허탈감을 불러온다.
② 장시간 움직이지 않고 디지털 기기를 사용하면 혈액 순환이 원활하지 않아 신체적으로 문제가 생길 수 있다.

부록: 어휘 색인

ㄱ

가연 94
가치관 26
각색하다 84
갈등 56
개량되다 104
개혁 124
객관 보도 56
거대화 46
검증 10
결론 73
결여 66
경쟁하다 134
경제적인 수치 18
계승 104
고갈 124
고유성 104
고찰하다 74
공통점 26
교훈 124
구사하다 74
구현하다 74
극복 134
기술 10

ㄴ

난국 124
노동 66
논문 발표 73
녹음 기술 36
논리적 근거 10

ㄷ

다양성 56
담화 74
대중 매체 36
도시 인프라 46
도입 73

ㅁ

맥락 74
메가시티 46
몸짓 86
몰입하다 144
무보수 18
무상 94
문화유산 104
문화재 104
밀폐 94

ㅂ

반응 표현 74
발표 73
발화 76
배려하다 114
보존되다 104
분석 10
비화폐 경제 18

ㅅ

사설 84
사회적 약자 114
상담 144
상호 작용적 76
생산하다 18
서사 84
선도 94
소비 66
소비하다 18
소외감 114
수용 84
시각화 84

시장 18
신체 접촉 26
신호 36

ㅇ

악보 36
악취 94
언론 56
에너지원 94
예방하다 144
예절 26
욕망 66
위기 상황 134
유래하다 26
유혹 66
융화시키다 46
은퇴 134
의례 36
의사소통 26
의제 설정 56
의존하다 144
인구 밀도 46
인구 집중 46
인정 134

ㅈ

자본주의 66
재현되다 104
쟁점 10
전개 73
정서적 114
정책 114
정파적 56
제안하다 74
주제 73
조달 94

좌우명 134
중독 144
증가세 46
증명 10
지배하다 144
집착하다 144

ㅊ
채굴하다 124
청자 76
최빈국 124
취향 36

침해하다 104

ㅌ
토론 103
특이하다 26

ㅍ
판소리 공연 84
편견 114
편파 보도 56
평등하다 114
표본 124

프로슈머 18
프로페셔널 정신 134

ㅎ
해결하다 144
해학성 84
핵심 주장 10
헤쳐 나가다 124
혁명 36
화자 76
화폐 66
화폐 경제 18

*이 책은 각각 다음 내용을 바탕으로 집필되었습니다.

1과 학술적 글쓰기
「학술적 글쓰기: 리포트 작성을 중심으로」(2007학년도 수시합격자를 위한 학습지원 프로그램, 서울대학교 중앙도서관 특강 동영상)

2과 보이지 않는 경제
엘빈 토플러, 『청소년 부의 미래』, 「보이지 않는 돈, 보이지 않는 경제」, 2007, 청림출판사, 106-110쪽.

3과 여러 나라의 인사법
이노미, 『말하는 문화』, 2004, 청아출판사.

4과 음악의 역사
직접 집필

5과 도시의 미래
박영숙, 제인 글렌, 테드 고든, 엘리자베스 플로레스큐, 『유엔미래보고서 2030』, 2012, 교보문고.

6과 언론의 역할
http://cafe.naver.com/univfree/2422

7과 소비의 원리
강신주, 『상처받지 않을 권리』, 2009, 프로네시스, 12-23쪽

8과 한국어의 청자 반응 표현
직접 집필

9과 원작과 각색
김외곤, 「판소리의 영화와 과정에 나타난 문제점: 임권택의 〈춘향뎐〉을 중심으로」, 『고전문학과 교육』 26, 2013, 325-346쪽

10과 에너지 소비와 환경
「서울대학교 에너지 사용 현황」 http://prezi.com/5l15dpw3w33h/presentation/

11과 전통의 보존과 개발
『고등학교 국어』, 「한옥 마을 지정 어떻게 볼 것인가」, 2011, 지학사, 239-245쪽

12과 함께 사는 사회
『3-1 중학교 생활 국어』, 2012, 지학사, 36쪽
『똑똑샘 국어, 창비 중학교 3-2 국어, 생활 국어 자습서』, 2012, 창비, 142-143쪽

13과 새똥 섬의 몰락
『중학교 3-1 생활 국어』, 2012, 지학사, 87쪽
MBC World Wide Weekly, 「새똥 섬의 몰락-나우루 공화국 편」(2007년 10월 5일 방송)

14과 내가 만난 사람
2016년 강수진 은퇴 전 인터뷰

15과 디지털 중독
『중학교 3-2 국어』, 2012, 지학사, 240-248쪽

서울대 학문 목적 한국어⁺ 시리즈

말하기·듣기·읽기·쓰기

집필진

안효경	서울대학교 국어국문학 학사
	서울대학교 국어국문학 석사
	가톨릭대학교 국어국문학 박사
	서울대학교 언어교육원 한국어교육센터 대우전임강사
이슬비	서울대학교 국어교육/영어교육 학사
	서울대학교 한국어교육전공 석사
	서울대학교 한국어교육전공 박사
	(전)서울대학교 언어교육원 한국어교육센터 시간강사
	국립국어원 학예연구사

서울대 한국어⁺
학문 목적 듣기

초판 1쇄 발행 2019년 2월 28일
초판 2쇄 발행 2024년 3월 30일

지은이   서울대학교 언어교육원

펴낸곳   서울대학교출판문화원
주소   08826 서울 관악구 관악로 1
도서주문   02-889-4424, 02-880-7995
홈페이지   www.snupress.com
페이스북   @snupress1947
인스타그램 @snupress
이메일   snubook@snu.ac.kr
출판등록   제15-3호

ISBN 978-89-521-1919-3 04710
     978-89-521-1920-9 (세트)

ⓒ 서울대학교 언어교육원, 2019

이 책은 저작권법에 의해서 보호를 받는 저작물이므로
무단 전재와 복제를 금합니다.

The MP3 audio and video files can be accessed and downloaded through the SNU Language Education Institute website http://lei.snu.ac.kr/klec, and the QR code on the right.